21 世纪全国高职高专土建立体化系列规划教材

建设工程安全监理

主　编　沈万岳
副主编　林滨滨　石立安
主　审　王云江　刘学应　杜　力

内 容 简 介

本书以培养学生的"三大能力"(专业能力、方法能力和社会能力)为目标编写，内容贴近岗位工作实际，通过学习能符合工作岗位的能力要求。本书体例新颖，便于教师教学与学生学习。

本书实用性、可操作性强，内容丰富、齐全。全书共分 8 章，分别介绍了建设工程安全监理概述；施工准备阶段安全监理的主要工作；施工阶段安全监理的主要工作；建设工程安全监理的内业工作；建设工程现场安全监理检查要点；建设工程安全风险管理；建设工程安全监理相关案例和建设工程安全监理相关法规。全书除附有大量工程案例外，还增加了课程标准、章节导读、特别提示等模块，且每章后面有本章小结和思考与拓展题。

本书可作为建设水利类工程监理专业的教材，也可作为监理企业安全监理人员的操作手册或指导书，还可作为各企事业单位工程管理人员的参考书。

图书在版编目(CIP)数据

建设工程安全监理/沈万岳主编．—北京：北京大学出版社，2012.7

(21 世纪全国高职高专土建立体化系列规划教材)

ISBN 978-7-301-20802-1

Ⅰ.①建…　Ⅱ.①沈…　Ⅲ.①建筑工程—安全生产—监管制度—高等职业教育—教材　Ⅳ.①TU714

中国版本图书馆 CIP 数据核字(2012)第 127612 号

书　　名：建设工程安全监理
著作责任者：沈万岳　主编
策 划 编 辑：王红樱
责 任 编 辑：翟　源
标 准 书 号：ISBN 978-7-301-20802-1/TU・0242
出　版　者：北京大学出版社
地　　址：北京市海淀区成府路 205 号　100871
网　　址：http://www.pup.cn　http://www.pup6.cn
电　　话：邮购部 62752015　发行部 62750672　编辑部 62750667　出版部 62754962
电 子 邮 箱：pup_6@163.com
印　刷　者：北京世知印务有限公司
发　行　者：北京大学出版社
经　销　者：新华书店
787 毫米×1092 毫米　16 开本　14.75 印张　338 千字
2012 年 7 月第 1 版　2012 年 7 月第 1 次印刷
定　　价：28.00 元

前　言

“安全第一，预防为主，综合治理”是我国的安全管理方针。“安全第一”体现了以人为本的重要思想，把人身安全放在第一位。“以人为本、构建和谐社会”是目前国家发展的主旋律。“以人为本”是各个企业建设安全文化的核心和基础。任何企业都必须首先保证员工的生命安全。人是最宝贵的、是第一位的，人的安全是必须优先考虑的问题。“安全第一”在很多地方、很多企业竟然还没有得到真正落实，“说起来重要，做起来次要，忙起来不要”，绝不是个别现象。“预防为主”含义是要在事前做好安全工作，防患于未然。两千年前的荀子说：“一曰防，二曰救，三曰戒。先其未然谓之防，发而止之谓之救，行而责之谓之戒。防为上，救次之，戒为下”。荀子说了三种办法：第一种办法是在事情没有发生之前就预设警戒，防患于未然，这叫预防；第二种办法是在事情或者征兆刚出现就及时采取措施加以制止，防微杜渐，这叫补救；第三种办法是在事情发生后再行责罚教育，这叫惩戒。荀子认为，预防为上策，补救是中策，惩戒是下策。“综合治理”是一种新的安全管理模式，是保证“安全第一，预防为主”的安全管理目标实现的重要手段。《建设工程安全监理》一书体现了“安全第一、预防为主、综合治理”这一方针的重要思想。

随着我国建筑行业体制改革的深入，建设监理制度已得到全面推广。建设单位、施工单位和监理单位都认识到：安全是人类最重要和最基本的需求；安全生产既是人们生命健康的保证，也是企业生存与发展的基础，更是社会稳定和经济发展的前提和条件；抓好安全工作也是保证建设工程施工工期和发挥投资效益的基础。

如何搞好建设工程安全监理，已成为所有监理单位研究的重要课题。

为适应安全监理业务的需求，监理单位要对从事安全监理工作的人员进行安全监理业务培训，本书可作为安全监理人员提高监理业务水平的培训教材。

安全监理人员必须在自觉提高自身安全监理业务素质的同时，强化项目监理人员安全监理责任意识，牢固树立“安全第一，预防为主，综合治理”的思想，真正把安全监理作为监理的主要工作之一，并始终贯穿于工程项目监理的全过程。

当前我国正处于经济快速增长的转型期，建设工程安全生产事故时有发生，随着建设工程监理制的不断深入，安全监理逐渐走向规范化、程序化、具体化。

本书主要从建设工程安全生产的监理环境、工作内容、程序、监理责任、内业工作、监理重点、风险应对措施、事故案例分析以及法律法规等方面进行介绍。本书第1、2、3章由林滨滨高级工程师编写，第4章由石立安副教授编写，第5、6、7、8章由沈万岳高级工程师编写，全书由沈万岳负责统稿并担任主编，林滨滨、石立安任副主编。书稿由王云江(副教授)、刘学应(教授)、杜力(教授级高工)联合主审。本书在编写过程中得到了浙江建设职业技术学院、浙江省建设监理协会、杭州市建设监理协会、浙江水利水电专科学校、杭州市建筑工程监理有限公司、杭州中研工程监理有限公司、浙江建设工程监理有限公司专家们的大力支持和关心，在此表示感谢。

本书在编写过程中，参考了大量资料，在此谨向相关作者表示衷心感谢！由于时间仓促，编者水平有限，书中难免有疏漏之处，敬请读者不吝批评指正。

编者

2012 年 1 月

目录

第1章

建设工程安全监理概述

课程标准

课程内容	知识要点	教学目标
建设工程安全监理的相关概念	① 建设工程安全监理的依据、范围与性质 ② 监理单位与监理工程师的法律责任，建设工程其他相关各方责任主体的安全责任	① 了解建设工程安全监理的基本概念、特点 ② 掌握建设工程安全监理的依据及法律责任
建设工程安全监理工作的内容和程序	① 建设工程安全监理工作的内容 ② 建设工程安全监理工作的程序	① 熟悉建设工程安全监理工作的内容 ② 掌握建设工程安全监理工作的程序
建设工程安全监理人员的职责和监理工作制度	① 建设工程安全监理人员的职责 ② 建设工程安全监理工作制度	① 掌握建设工程安全监理人员的职责 ② 掌握建设工程安全监理工作制度

▶▶章节导读

建设工程安全管理是一个系统工程，需运用多种学科的理论和办法从各个不同学科的侧面研究工程中造成人体伤害的有害因素，从而保护从业人员的安全与健康。随着建设工程个性化的加强，高层、超高层、地下建设工程的涌现，工程结构、施工工艺的复杂化，新技术、新材料、新设备等的广泛应用，给建设工程施工安全技术与管理带来了新的挑战。同时，随着我国市场经济的深入发展，传统建设工程安全生产管理模式也将受到挑战。目前应充分发挥市场机制，调动社会、企业的力量，加强安全生产管理以及安全技术的研究与运用，探索建设工程安全生产管理的新模式。除了施工企业对安全全面自控外，其他如建设工程安全监理制、安全中介机构安全咨询、工程保险等，还应从多角度、多层次地对建设工程安全生产管理实施监督，从而有利于遏制或减少安全事故。实行建设工程安全监理制具有以下几方面的作用。

1. 有利于防止或减少生产安全事故，保障人民群众生命和财产安全。

2. 有利于实现工程投资效益最大化。

3. 有利于规范工程参与建设各方主体的安全行为。

4. 有利于促使施工单位保证建设工程施工安全，提高行业的整体安全管理水平。

实行建设工程安全监理制，通过对建设工程安全生产实施三重监控，即施工单位自身的安全控制、工程监理单位的安全监理、政府的安全生产监督管理。一方面，有利于防止和避免安全事故，另一方面，政府通过改进市场监管方式，充分发挥市场机制，通过工程监理单位、安全中介服务公司等的介入，对施工现场安全生产的监督管理，共同形成安全生产监管合力，从而提高我国建设工程安全生产管理水平。

综上所述，建设工程实行安全监理对实现建设工程全过程的安全控制能够发挥非常重要的作用。根据《中华人民共和国建筑法》(以下简称《建筑法》)的规定，我国建设监理是依照法律、行政法规及有关的技术标准、设计文件和建筑承包合同，对承包单位在施工质量、建设工期和建设资金使用等方面，代表建设单位实施监督。2004 年 2 月 1 日颁布实施的《建设工程安全生产管理条例》(以下简称《条例》)，规定了监理单位在工程建设监理工作中的安全责任。根据国家发改委和建设部《建设工程监理与相关服务收费管理规定》(发改价格[2007]670 号)的规定："建设工程监理与相关服务是指监理人员接受发包人的委托，提供施工阶段的质量、进度、费用控制管理、合同信息等方面的协调管理和安全生产监督管理。"因此，《条例》已经赋予了监理单位要对安全生产进行监理的法律职责，在监理工作中落实监理的安全责任也包含了相关费用。2006 年 10 月 16 日实施的建设部《关于落实建设工程安全生产监理责任的若干意见》(建市[2006]248 号)已经明确了建设工程监理的安全责任。

因此，监理人员和其他工程管理人员必须明确责任，加强对建设工程安全监理知识与技能的学习，尽快适应我国现实的监理制度环境。随着我国建设行业安全管理的不断完善及安全管理体制机制的转变，安全监理必将在各个方面对建设工程的安全管理水平的提高发挥更加重要的作用。

特别提示

"安全第一"公理源起何处？最早提出"安全第一"公理的是美国人。1906 年，美国 U.S 钢铁公司生产事故频发，亏损严重，濒临破产。公司董事长 B.H. 凯理在多方查找原因的过程中，对传统的生产经营方针"产量第一、质量第二、安全第三"产生质疑。经过全面计算事故造成的直接经济损失、间接经济损失，还有事故影响产品质量带来的经济损失，凯理得出了结论：是事故拖垮了企业。凯理力排众议，不顾股东的反对，把公司的生产经营方针来了个"本末倒置"，变成了"安全第一、质量第二、产量第三"。老凯理首先在下属单位伊利诺伊制钢厂做试点，本来打算是不惜投入抓安全的，不成想事故减少后，质量提高了且产量也增加，成本反而降低了。然后，在公司内全面推广。"安全第一"公理立见奇效，U.S 钢铁公司由此走出了困境。安全第一，警钟长鸣！只有懂得建设工程安全监理的重要性和必要性，才能做好安全监理工作。

▶▶引例

北京西西事件的思考

2005 年 9 月 5 日晚 10 时，于北京市西城区西单北大街西侧，由某建设公司施工的西西工程 4 号地项目，在进行高大厅堂顶盖模板支架预应力混凝土空心板现场浇筑施工时，模板支撑体系坍塌，造成 8 人死亡、21 人受伤。

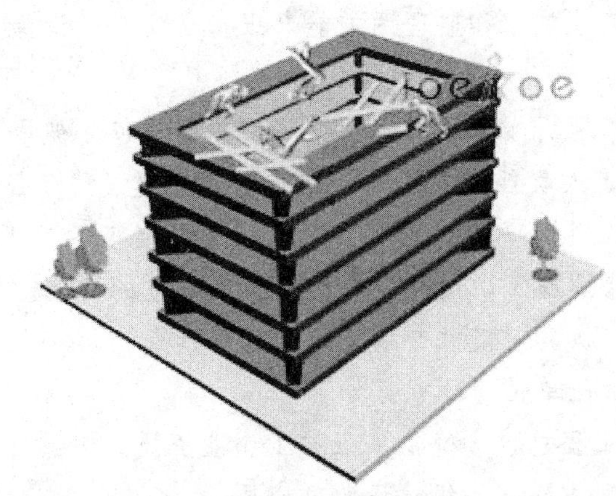

引例图 A　工人高空坠落示意图

引例图 B　坍塌现场大量变形的钢筋和钢管支架形成散乱漩涡

事后，北京市组织专家对事故发生原因进行了鉴定，专家组报告结论为，造成事故的根本原因是计算错误。但对事故发生的具体责任人，施工单位与监理单位各执一词。施工单位监理方律师团成员苏某解释说，搭建模板支架是为了在模板上浇筑混凝土，脚手架搭建起来后，如果不浇筑混凝土，根本不会造成坍塌。浇筑混凝土后，由于计算错误造成模板支架承载力不够，才造成坍塌。按工程要求，工程施工必须经过监理单位同意。那么，谁允许浇筑则是案件责任分担的关键。施工方表示浇筑是经过监理方同意的，并且有监理方同意施工的书面证据。而监理方则坚持己方从未同意浇筑，对施工方提供的证词证人提出质疑。

且不论事情最终处理的结果如何，在事故发生后施工和监理方出现的责任不明确的问题凸显出中国国内安全监理制度下的隐患。“这实际上是两个利益集团的博弈。如果监理方同意浇筑，施工方责任就小一点；如果监理方没同意，监理方责任就小了。”监理方律师坦言事故相关人对于本次安全事故相关责任人的心态，但从另一个角度考虑，相关责任人有多少人能站在伤亡者的亲人和行业从业人员的角度看待这个问题，如何才能有效地杜绝此类事件的发生，如何让施工和监理两方能真正密切配合，消除安全隐患，这才是我们需要真正思考的问题。

市建委通报对西单工地坍塌事故的处理结果，工程总包方被取消在京建筑市场招投标资格12个月，5名涉嫌重大责任事故罪的相关责任人被建议移交公安机关处理。市建委新闻发言人表示，西西工程坍塌事故，是由于工程总包方在模板施工中不按专项施工方案，未履行审批手续就违章指挥施工，最终导致这起重大事故的发生。监理公司在对该工程实施监理时，不按法规规定认真对模板专项施工方案审核查验，对在模板方案未审批就开始施工的行为不予制止。责任单位处理意见如下：

1. 建议建设部给予工程总包方降低一级施工企业资质。
2. 建议建设部对监理方降低一级建设监理资质。
3. 提请河北省建设厅对工程总包方安全生产许可证实施处理。
4. 取消工程总包方在北京建筑市场招投标资格12个月。
5. 责成工程总包方立即对其在北京市所属的施工项目全面停工整顿。
6. 取消监理方在北京市建筑市场投标资格12个月。

1.1 建设工程安全监理的相关概念

1.1.1 建设工程安全监理的基本概念

“安全监理”术语首次出现是在2006年建设部《关于落实建设工程安全生产监理责任的若干意见》中。按照该文的描述，“安全监理”的概念是：监理单位根据《建设工程安全生产管理条例》(以下简称《条例》)的规定，落实安全生产监理责任，做好建设工程安全生产的监理工作，简称“安全监理”。它包括法律法规和监理委托合同所规定的，监理单位在建设工程安全生产工作中的安全责任、工作内容、工作程序和工作职责。

监理单位的法定代表人对本单位监理工程项目的安全生产监理工作全面负责，总监理工程师对工程项目的安全生产监理工作负总责，并根据工程项目特点确定具体安全工作监理人员，明确其工作职责。安全工作监理人员在总监理工程师的领导下，从事安全生产监理工作。它与施工企业的安全管理不同，侧重点在“监控”。

1.1.2 建设工程安全监理的依据与范围

1. 建设工程安全监理的依据

(1) 国家和地方有关建设工程安全生产、劳动保护、消防方面的法律、法规和工程建设标准规范，详见第8章。

(2) 工程建设文件。除经过批准的建设工程项目设计文件外，还包括建设工程项目规划许可证、施工许可证、拆除工程备案资料，以及建设单位提供的施工现场及毗邻区域内供水、排水、供电、供气、供热、通信、地下管线资料、气象和水文观测资料，相邻建筑物和构筑物、地下工程的有关资料。

(3) 建设工程委托监理合同、建设工程施工承包合同以及有关的施工安全协议文件。

2. 建设工程安全监理的范围

建设工程安全监理的范围主要是对施工总承包单位与分包单位履行安全管理责任方面的行为以及在工程安全设施投入方面进行监督管理，也包括监理单位与安全监理行为的本身。主要包括两个方面：

(1) 监理单位接受业主委托，配合工程质量和安全监督机构加强对施工企业落实安全管理措施的监督检查，保障人民生命财产安全，维护公众利益。

(2) 工程质量和安全监督机构有权监督检查监理单位自身在履行施工安全监理责任过程中的行为是否符合法律法规与合同要求，是否规范。

根据《建筑工程安全生产监督管理工作导则》第5章5.1条“对监理单位的安全生产监督管理”的规定，建设行政主管部门对工程监理单位安全生产监督检查的主要内容是：

(1) 将安全生产管理内容纳入监理规划的情况，以及在监理规划和中型以上工程的监理细则中制定对施工单位安全技术措施的检查方面情况。

(2) 审查施工企业资质、安全生产许可证、三类人员及特种作业人员取得考核证书和操作资格证书情况。

(3) 审核施工企业安全生产保证体系、安全生产责任制、各项规章制度和安全监管机构建立及人员配备情况。

(4) 审核施工企业应急救援预案和安全防护、文明施工措施费用使用计划情况。

(5) 审核施工现场安全防护是否符合投标时承诺和《建筑施工现场环境与卫生标准》等标准要求情况。

(6) 复查施工单位施工机械和各种设施的安全许可验收手续情况。

(7) 审查施工组织设计中的安全技术措施或专项施工方案是否符合工程建设强制性标准情况。

(8) 定期巡视检查危险性较大工程作业情况。

(9) 下达隐患整改通知单，要求施工单位整改事故隐患情况或暂时停工情况；整改结果复查情况；向建设单位报告督促施工单位整改情况；向工程所在地建设行政主管部门报告施工单位拒不整改或不停止施工情况。

(10) 其他有关事项。

1.1.3 建设工程施工的特点与安全监理的性质

1. 建设工程施工的特点

建筑业的生产活动危险性大，不安全因素多，建筑施工伤亡事故发生率高，这是由建筑施工的特点决定的。建筑施工的主要特点如下。

1）建筑产品的多样性决定了建筑安全生产的多变性

建筑产品的结构形式、建筑规模以及施工工艺等都具有多样性。建造不同的建筑产品对人员、材料、机械设备、防护用品和设施、施工技术等均有不同的要求，而且施工现场环境也千差万别，这些差别决定了建筑施工过程中总会面临各种新的安全问题，安全生产永远是一项新的课题。

2）建筑工程的固定性及组织施工的特点决定了建筑安全环境的特殊性

建筑工程的固定性及组织施工的特点使得施工队组需要经常更换工作环境。建筑施工的工作场所和工作内容是动态的、不断变化的，随着工程建设的推进，施工现场则会从最初地下的基坑逐步变成耸立的高楼大厦。因此，建筑工程中的周边环境、作业条件、施工技术、人员类别和数量等都是在不断发生变化的，而相应的安全防护设施往往滞后于施工过程，施工现场存在的不安全因素复杂多变。建筑施工现场的噪声、热量、有害气体和尘土等，都使得工人经常面对多种不利的工作环境和负荷，容易导致安全事故的发生。

3）建筑产品的庞体性决定了建筑施工高处作业的普遍性

随着社会的发展建筑产品的空间高度和深度都在不断地增加，而众多的人员和设备在复杂多变的高处作业，使得施工的难度和危险性也随之增大，所以建筑施工行业也是最危险的行业之一，危险源时刻伴随在施工的周围，极易发生安全事故。

4）企业管理机构的特性决定了建筑安全生产管理的特殊性

许多施工单位往往同时承接多个工程项目的建设，而且通常上级公司又与项目部经常处于分离的状态，致使公司的安全措施并不能及时在项目部得到充分的落实。这使得现场安全管理的责任更多的由项目部来承担。但是，由于工程项目的临时性和建筑市场竞争的日趋激烈，各方面的压力也相应增大，公司的安全措施往往被忽视，并不能在工程项目上得到充分的贯彻和落实，因而存在较多的安全隐患。

5）多个建设主体的并存及其关系的复杂性使得建筑安全管理的难度较大

工程建设涉及多个建设主体，一般包括建设、勘察、设计、监理及施工等诸多单位。建筑安全虽然是由施工单位负主要责任，但其他责任单位也是影响安全生产的重要因素。加之分包单位的介入、各类人员的流动性以及不同的管理措施和安全理念，导致安全管理的难度较大。市场经济中目标导向使得建设单位承受较大的压力和风险，而这些压力和风险又往往最终施加在施工单位身上，使得一些施工单位往往只要结果(产量)不求过程(安全)，而安全管理恰恰是体现在过程上的管理，加之资源供应的限制和施工的复杂性，建筑施工现场的安全管理难度较大。

6）施工作业的非标准化使得施工现场危险因素增多

建筑产品是一个现场制造的产品，存在较多的非标准构件，不可能按照固定的模式进行安全生产，并且建筑业生产过程的低技术含量决定了从业人员的素质相对普遍较低，加之劳动和资本的密集、人员的流动性大，造成施工单位对施工人员的培训严重不足，使得施工人员违章操作现象时有发生。而当前的安全管理手段又比较单一，技术和管理水平相对落后，很多还是依赖经验、监管和安全检查等方式，所以建筑安全施工面临的问题较多。

除上述特点外，自然环境的影响、露天作业、资源投入的限制、人员素质等也是影响建筑工程安全生产的因素。

2. 建设工程安全监理的性质

建设工程安全监理虽然是工程建设监理的组成部分，但其与监理对工程质量、进度、费用的控制不同，监理对工程建设的安全监理并非是完全受业主的委托，而是法规赋予的，因此监理人员对工程建设的安全监督工作是具有强制性、科学性、公正性和独立性以及经常性。

1）强制性

工程建设监理单位对施工承包单位的安全监督管理权限，是《条例》所规定的因而是强制性的。监理单位应及时做好施工监理的安全监管记录，对安全隐患进行督促整改，适当地履行报告义务，以规避施工安全监理的风险。

2）科学性

建设工程安全监理要求监理从业人员掌握建设工程项目管理，包括施工安全管理的理论和方法，并掌握专业的建设工程安全技术知识。建设工程安全监理既有社会科学的内容，又有自然科学的内容；既有工程建设方面的专业内容，又涉及工业卫生、环境保护、职业健康等方面的专业知识。做好施工安全监理工作，还需要具有丰富的施工安全监理工作经验、科学的工作态度和严谨的工作作风。目前在国内建设工程安全监理工作已全面展开，但因安全监理人员在安全管理、安全技术知识方面的欠缺，尚难以主动和全面发现施工现场存在的安全隐患，建设工程安全监理知识的学习普及已经非常必要。

3）公正性和独立性

建设工程安全生产涉及参建各方主体的工作，安全监理工作势必与建设、设计、勘察、施工、材料设备供应单位有着密切的联系。工程监理从业人员在实施安全监理工作中，应当严格按照法律、法规、部门规章、规范标准、监理委托合同的规定，排除干扰，坚持原则，协调好关系，公正独立地开展安全监理工作，履行安全监理义务。

4）经常性

建设工程安全监理工作必须坚持经常性，注重日常管理和长效管理。监控不安全因素的时间要贯穿建设工程施工的全过程。这是因为工程施工过程中人、机、料、法、环境(4M1E)的各项因素是经常变化的，从开工到竣工的全过程中随时有可能产生人的不安全行为、物的不安全状态，这就需要及时实施安全监理。

实践证明：建设工程安全监理工作要做到月月抓、天天抓、时时抓、反复抓，高度戒备，警钟长鸣。只有这样，才能减少和避免事故的发生。

1.1.4 建设工程安全监理和质量的关系

质量和安全是建筑施工中永恒的主题。

把施工图样上的各种线条在指定的地点变成实物，这个过程就叫做建筑施工。这个过程复杂，涉及的范围广大，考核的指标多，但其中有两个实质性的内容：一个是质量，一个是安全。质量是对“实物”而言，建造的“实物”的功能完全实现了设计意图和符合规范要求，即为合格工程；建造的“实物”很多功能都不能实现设计的要求和不符合规范要求，即为不合格工程。所谓安全是指建造“实物”的人在建造“实物”过程中的生命安全和身体健康。如果说质量是对物而言，安全则是对人。各类建筑物、构筑物、公路、桥梁等是建筑业的产品，没有产品质量，建筑业就无法生存和发展。那么不能保证施工人员的安全和健康，就难以生产出产品，没有产品，建筑业也就不存在。因此质量和安全是工程建设中永恒的主题，安全工作搞好了，施工人员能在安全舒适的环境中作业，自然会生产出优质产品。安全是工程质量得以保证的前提条件，而工程质量，也是以安全为目的。低劣的工程质量可能造成建筑物倒塌，那就直接威胁着人们的安全和健康。如果说质量是业主所追求的最终目标，那么安全则是实现这一目标的基本环境条件，而安全监理则是这一环境条件的保护神之一。

1.1.5 工程监理单位与监理工程师的法律责任

建设工程安全监理的法律责任分为民事责任、行政责任和刑事责任三类。

民事责任是民事主体违反民事义务所应承担的法律后果。工程监理单位接受了建设单位的委托与授权，对工程建设实施工程监理，也就被法规赋予了有关建设工程项目施工安全监理的服务范围和内容，就要遵守国家有关法律法规的规定。

行政责任是由国家行政机关认定的，行为人因违反行政法律规范所应当承担的法律后果。

刑事责任是指具有刑事责任能力的人实施了刑事法律规范所禁止的行为所必须承担的刑事法律后果。

2003 年 11 月国务院公布的《条例》，首次以法规的形式规定了建设活动各方主体的安全责任，其中包括工程监理单位对于建设工程安全生产应承担的法律责任，这是目前判定施工安全监理行政法律责任的重要法规依据。

1. 工程监理单位的行政法律责任

工程监理单位在实施监理过程中，发现存在安全隐患的，应当要求施工单位整改；情况严重的，应当要求施工单位暂时停止施工，并及时报告建设单位。施工单位拒不整改或不停止施工的，工程监理单位应当及时向有关主管部门报告。工程监理单位和监理工程师应当按照法律、法规和工程建设强制性标准实施监理，并对建设工程安全生产承担监理责任。

《条例》第七章法律责任的第 57 条，重申了工程监理单位的四种违规行为，并规定了相应的处罚办法。即工程监理单位有下列行为之一的，责令限期改正；逾期未改正的，责令停业整顿，并处 10 万元以上 30 万元以下的罚款；情节严重的，降低资质等级，直至吊销资质证书；造成重大安全事故，构成犯罪的，对直接责任人员，依照刑法有关规定追究刑事责任；造成损失的，依法律承担赔偿责任：

（1）未对施工组织设计中的安全技术措施或者专项施工方案进行审查。

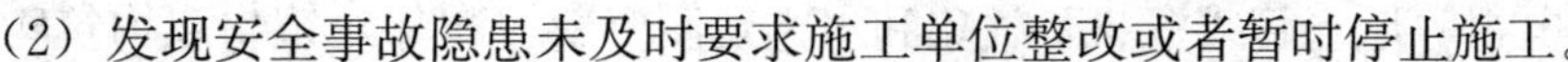

(2) 发现安全事故隐患未及时要求施工单位整改或者暂时停止施工。

(3) 施工单位拒不整改或者不停止施工，未及时向有关主管部门报告。

(4) 未依照法律、法规和工程建设强制性标准实施监理。

2. 监理工程师的行政法律责任

《条例》第七章法律责任的第58条对注册执业人员违规行为规定了处罚办法，其中包括注册监理工程师。该条文规定：

注册职业人员未执行法律、法规和工程建设强制性标准的，责令停止执业3个月以上1年以下；情节严重的，吊销执业资格证书，5年内不予注册；造成重大安全事故的，终身不予注册；构成犯罪的，依照刑法有关规定追究刑事责任。

工程监理单位也要承担建设工程安全生产责任，主要有以下三方面原因：

(1) 建设工程具有投资大、规模大、周期长、环节多、参与方多等特点，不论哪一参与方或哪一环节存在缺陷，都会导致安全隐患。建设工程的安全责任是参与方多种行为的综合结果，可能是某一参与方的行为，也可能是若干参与方关联行为的结果，绝不仅仅是施工单位一方的行为后果。有行为就有责任，工程监理是建设工程管理的责任主体之一，规定其安全生产责任也就理所当然。

(2) 我国推行的工程监理制度与国际上做法略有不同。国际惯例是业主自愿委托监理，而我国国情决定其带有强制性，因此，法律、行政法规、部门规章，以及地方性法规、规范标准也进一步明确工程监理必须对建设工程安全生产实施监理。

(3) 建设工程安全生产直接影响着工程质量、费用、工期目标的实现，工程监理接受建设单位的委托，代表建设单位对承包单位进行监督，就要对施工的各个环节把关。因而工程监理单位对安全生产也要负一定责任，从而对建设单位负责。

3. 监理工程师的刑事法律责任

有关安全监理刑事责任的条款《中华人民共和国刑法》第137条规定，工程监理单位违反国家规定，降低工程质量标准，造成重大安全事故的，对直接责任人员，处5年以下有期徒刑或者拘役，并处罚金；后果特别严重的，处5年以上10年以下有期徒刑，并处罚金。

特别提示

安全事故处理“四不放过”指的是什么？答：指事故原因调查不清不放过，职工没有受到教育不放过，没有防范措施不放过，事故责任人没有受到处理不放过。

1.1.6 建设工程其他相关各方责任主体的安全责任

在《条例》中，对建设工程其他相关各方责任主体的安全责任和义务都做了明确的规定，具体如下。

1. 建设单位的安全责任

(1) 建设单位应当向施工单位提供施工现场及毗邻区域内供水、排水、供电、供气、供热、通信、广播电视等地下管线资料，气象和水文观测资料，相邻建筑物和构筑物、地下工程的有关资料，并保证资料的真实、准确、完整。

建设单位因建设工程需要，向有关部门或者单位查询前款规定的资料时，有关部门或者单位应当及时提供。

(2) 建设单位不得对勘察、设计、施工、工程监理等单位提出不符合建设工程安全生产法律、法规和强制性标准规定的要求，不得压缩合同约定的工期。

(3) 建设单位在编制工程概算时，应当确定建设工程安全作业环境及安全施工措施所需费用。

(4) 建设单位不得明示或者暗示施工单位购买、租赁、使用不符合安全施工要求的安全防护用具、机械设备、施工机具及配件、消防设施和器材。

(5) 建设单位在申请领取施工许可证时，应当提供建设工程有关安全施工措施的资料。

依法批准开工报告的建设工程，建设单位应当自开工报告批准之日起 15 日内，将保证安全施工的措施报送建设工程所在地的县级以上地方人民政府建设行政主管部门或者其他有关部门备案。

(6) 建设单位应当将拆除工程发包给具有相应资质等级的施工单位。

建设单位应当在拆除工程施工 15 日前，将下列资料报送建设工程所在地的县级以上地方人民政府建设行政主管部门或者其他有关部门备案：

① 施工单位资质等级证明；

② 拟拆除建筑物、构筑物及可能危及毗邻建筑的说明；

③ 拆除施工组织方案；

④ 堆放、清除废弃物的措施。

实施爆破作业的，应当遵守国家有关民用爆炸物品管理的规定。

2. 勘察、设计单位的安全责任

(1) 勘察单位应当按照法律、法规和工程建设强制性标准进行勘察，提供的勘察文件应当真实、准确，满足建设工程安全生产的需要。

勘察单位在勘察作业时，应当严格执行操作规程，采取措施保证各类管线、设施和周边建筑物、构筑物的安全。

(2) 设计单位应当按照法律、法规和工程建设强制性标准进行设计，防止因设计不合理导致生产安全事故的发生。

设计单位应当考虑施工安全操作和防护的需要，对涉及施工安全的重点部位和环节在设计文件中注明，并对防范生产安全事故提出指导意见。

采用新结构、新材料、新工艺的建设工程和特殊结构的建设工程，设计单位应当在设计中提出保障施工作业人员安全和预防生产安全事故的措施建议。

设计单位和注册建筑师等注册执业人员应当对其设计负责。

3. 施工单位的安全责任

(1) 施工单位从事建设工程的新建、扩建、改建和拆除等活动，应当具备国家规定的注册资本、专业技术人员、技术装备和安全生产等条件，依法取得相应等级的资质证书，并在其资质等级许可的范围内承揽工程。

(2) 施工单位主要负责人依法对本单位的安全生产工作全面负责。施工单位应当建立健全安全生产责任制度和安全生产教育培训制度，制定安全生产规章制度和操作规程，保证本单位安全生产条件所需资金的投入，对所承担的建设工程进行定期和专项安全检查，并做好安全检查记录。

施工单位的项目负责人应当由取得相应执业资格的人员担任，对建设工程项目的安全施工负责，落实安全生产责任制度、安全生产规章制度和操作规程，确保安全生产费用的有效使用，并根据工程的特点组织制定安全施工措施，消除安全事故隐患，及时、如实报告生产安全事故。

(3) 施工单位对列入建设工程概算的安全作业环境及安全施工措施所需费用，应当用于施工安全防护用具及设施的采购和更新、安全施工措施的落实、安全生产条件的改善，不得挪作他用。

(4) 施工单位应当设立安全生产管理机构，配备专职安全生产管理人员。

专职安全生产管理人员负责对安全生产进行现场监督检查，发现安全事故隐患，应当及时向项目负责人和安全生产管理机构报告；对违章指挥、违章操作的，应当立即制止。

专职安全生产管理人员的配备办法由国务院建设行政主管部门会同国务院其他有关部门制定。

(5) 建设工程实行施工总承包的，由总承包单位对施工现场的安全生产负总责。

总承包单位应当自行完成建设工程主体结构的施工。

总承包单位依法将建设工程分包给其他单位的，分包合同中应当明确各自的安全生产方面的权利、义务。总承包单位和分包单位对分包工程的安全生产承担连带责任。

分包单位应当服从总承包单位的安全生产管理，分包单位不服从管理导致生产安全事故的，由分包单位承担主要责任。

(6) 垂直运输机械作业人员、安装拆卸工、爆破作业人员、起重信号工、登高架设作业人员等特种作业人员，必须按照国家有关规定经过专门的安全作业培训，并取得特种作业操作资格证书后，方可上岗作业。

(7) 施工单位应当在施工组织设计中编制安全技术措施和施工现场临时用电方案，对下列达到一定规模的危险性较大的分部分项工程编制专项施工方案，并附具安全验算结果，经施工单位技术负责人、总监理工程师签字后实施，由专职安全生产管理人员进行现场监督：①基坑支护与降水工程；②土方开挖工程；③模板工程；④起重吊装工程；⑤脚手架工程；⑥拆除、爆破工程；⑦国务院建设行政主管部门或者其他有关部门规定的其他危险性较大的工程。

对前款所列工程中涉及深基坑、地下暗挖工程、高大模板工程的专项施工方案，施工单位还应当组织专家进行论证、审查。

(8) 建设工程施工前，施工单位负责项目管理的技术人员应当对有关安全施工的技术要求向施工作业班组、作业人员作出详细说明，并由双方签字确认。

(9) 施工单位应当在施工现场入口处、施工起重机械、临时用电设施、脚手架、出入通道口、楼梯口、电梯井口、孔洞口、桥梁口、隧道口、基坑边沿、爆破物及有害危险气体和液体存放处等危险部位，设置明显的安全警示标志。安全警示标志必须符合国家标准。

施工单位应当根据不同施工阶段和周围环境及季节、气候的变化，在施工现场采取相应的安全施工措施。施工现场暂时停止施工的，施工单位应当做好现场防护，所需费用由责任方承担，或者按照合同约定执行。

(10) 施工单位应当将施工现场的办公、生活区与作业区分开设置，并保持安全距离；办公、生活区的选址应当符合安全性要求。职工的膳食、饮水、休息场所等应当符合卫生标准。施工单位不得在尚未竣工的建筑物内设置员工集体宿舍。

施工现场临时搭建的建筑物应当符合安全使用要求。施工现场使用的装配式活动房屋应当具有产品合格证。

(11) 施工单位对因建设工程施工可能造成损害的毗邻建筑物、构筑物和地下管线等，应当采取专项防护措施。

施工单位应当遵守有关环境保护法律、法规的规定，在施工现场采取措施，防止或者减少粉尘、废气、废水、固体废物、噪声、振动和施工照明对人和环境的危害和污染。

在城市市区内的建设工程，施工单位应当对施工现场实行封闭围挡。

(12) 施工单位应当在施工现场建立消防安全责任制度，确定消防安全责任人，制定用火、用电、使用易燃易爆材料等各项消防安全管理制度和操作规程，设置消防通道、消防水源，配备消防设施和灭火器材，并在施工现场入口处设置明显标志。

(13) 施工单位应当向作业人员提供安全防护用具和安全防护服装，并书面告知危险岗位的操作规程和违章操作的危害。

作业人员有权对施工现场的作业条件、作业程序和作业方式中存在的安全问题提出批评、检举和控告，有权拒绝违章指挥和强令冒险作业。在施工中发生危及人身安全的紧急情况时，作业人员有权立即停止作业或者在采取必要的应急措施后撤离危险区域。

(14) 作业人员应当遵守安全施工的强制性标准、规章制度和操作规程，正确使用安全防护用具、机械设备等。

(15) 施工单位采购、租赁的安全防护用具、机械设备、施工机具及配件，应当具有生产(制造)许可证、产品合格证，并在进入施工现场前进行查验。

施工现场的安全防护用具、机械设备、施工机具及配件必须由专人管理，定期进行检查、维修和保养，建立相应的资料档案，并按照国家有关规定及时报废。

(16) 施工单位在使用施工起重机械和整体提升脚手架、模板等自升式架设设施前，应当组织有关单位进行验收，也可以委托具有相应资质的检验检测机构进行验收；使用承租的机械设备和施工机具及配件的，由施工总承包单位、分包单位、出租单位和安装单位共同进行验收。验收合格的方可使用。

《特种设备安全监察条例》规定的施工起重机械，在验收前应当经有相应资质的检验检测机构监督检验合格。

施工单位应当自施工起重机械和整体提升脚手架、模板等自升式架设设施验收合格之日起30日内，向建设行政主管部门或者其他有关部门登记。登记标志应当置于或者附着于该设备的显著位置。

(17) 施工单位的主要负责人、项目负责人、专职安全生产管理人员应当经建设行政主管部门或者其他有关部门考核合格后方可任职。

施工单位应当对管理人员和作业人员每年至少进行一次安全生产教育培训，其教育培训情况记入个人工作档案。安全生产教育培训考核不合格的人员，不得上岗。

(18) 作业人员进入新的岗位或者新的施工现场前，应当接受安全生产教育培训。未经教育培训或者教育培训考核不合格的人员，不得上岗作业。

施工单位在采用新技术、新工艺、新设备、新材料时，应当对作业人员进行相应的安全生产教育培训。

(19) 施工单位应当为施工现场从事危险作业的人员办理意外伤害保险。

意外伤害保险费由施工单位支付。实行施工总承包的，由总承包单位支付意外伤害保险费。意外伤害保险期限自建设工程开工之日起至竣工验收合格止。

4. 其他相关单位的安全责任

(1) 为建设工程提供机械设备和配件的单位，应当按照安全施工的要求配备齐全有效的保险、限位等安全设施和装置。

(2) 出租的机械设备和施工机具及配件，应当具有生产(制造)许可证、产品合格证。

出租单位应当对出租的机械设备和施工机具及配件的安全性能进行检测，在签订租赁协议时，应当出具检测合格证明。

禁止出租检测不合格的机械设备和施工机具及配件。

(3) 在施工现场安装、拆卸施工起重机械和整体提升脚手架、模板等自升式架设设施，必须由具有相应资质的单位承担。

安装、拆卸施工起重机械和整体提升脚手架、模板等自升式架设设施，应当编制拆装方案、制定安全施工措施，并由专业技术人员现场监督。

施工起重机械和整体提升脚手架、模板等自升式架设设施安装完毕后，安装单位应当自检，出具自检合格证明，并向施工单位进行安全使用说明，办理验收手续并签字。

(4) 施工起重机械和整体提升脚手架、模板等自升式架设设施的使用达到国家规定的检验检测期限的，必须经具有专业资质的检验检测机构检测。经检测不合格的，不得继续使用。

(5) 检验检测机构对检测合格的施工起重机械和整体提升脚手架、模板等自升式架设设施，应当出具安全合格证明文件，并对检测结果负责。

特别提示

法律法规对监理单位安全责任是有明确界定的。监理单位的安全责任不同于施工单位和建设单位的安全责任，也不同于建设行政主管部门的安全监理管理，这一点反映在《中华人民共和国建筑法》和《建设工程安全生产管理条例》中，对建设主体各方的安全责任和工作内容的规定是不一样的，不应混淆或替代。

1.2 建设工程安全监理工作的内容和程序

1.2.1 建设工程安全监理的主要工作内容

监理单位应当按照法律、法规和工程建设强制性标准及监理委托合同实施监理，对所监理工程的施工安全生产实施安全监理，重点在事前与事中监理，具体包括施工准备、施工过程两阶段的工作内容。

1. 施工准备阶段安全监理的主要工作内容

(1) 监理单位应根据《条例》的规定，按照工程建设强制性标准、《建设工程监理规范》(GB 50319—2000)和相关行业监理规定的要求，编制包括安全监理内容的项目监理规划，明确安全监理的范围、内容、工作程序和制度措施，以及人员配备计划和职责等。

(2) 对中型及以上项目和《条例》第二十六条规定的危险性较大的分部分项工程，监理单位应当编制监理实施细则。实施细则应当明确安全监理的方法、措施和控制要点，以及对施工单位安全技术措施的检查方案。

(3) 审查施工单位编制的施工组织设计中的安全技术措施和危险性较大的分部分项工程安全专项施工方案是否符合工程建设强制性标准要求。审查的主要内容应当包括以下几点。

① 施工单位编制的地下管线保护措施方案是否符合强制性标准要求。

② 基坑支护与降水、土方开挖与边坡防护、模板、起重吊装、脚手架、拆除、爆破等分部分项工程的专项施工方案是否符合强制性标准要求。

③ 施工现场临时用电施工组织设计或安全用电技术措施和电气防火措施是否符合强制性标准要求。

④ 冬季、雨季等季节性施工方案的制订是否符合强制性标准要求。

⑤ 施工总平面布置图是否符合安全生产的要求，办公、宿舍、食堂、道路等临时设施设置以及排水、防火措施是否符合强制性标准要求。

(4) 检查施工单位在工程项目上的安全生产规章制度和安全监管机构的建立、健全及专职安全生产管理人员配备情况，督促施工单位检查各分包单位的安全生产规章制度的建立情况。

(5) 审查施工单位资质和安全生产许可证是否合法有效。

(6) 审查项目经理和专职安全生产管理人员是否具备合法资格，是否与投标文件相一致。

(7) 审核特种作业人员的特种作业操作资格证书是否合法有效。

(8) 审核施工单位应急救援预案和安全防护措施费用使用计划。

2. 施工阶段安全监理的主要工作内容

(1) 监督施工单位按照施工组织设计中的安全技术措施或专项施工方案组织施工，及时制止违规作业。

(2) 定期巡视检查施工过程中的危险性较大工程作业情况。

(3) 核查施工现场施工起重机械、整体提升脚手架、模板等自升式架设设施和安全设施的验收手续。

(4) 检查施工现场各种安全标志和安全防护措施是否符合强制性标准要求，并检查安全生产费用的使用情况。

(5) 督促施工单位进行安全自查工作，并对施工单位自查情况进行抽查，参加建设单位组织的安全生产专项检查。

1.2.2 建设工程安全监理的工作程序

(1) 监理单位按照《建设工程监理规范》和相关行业监理规范要求，编制含有安全监理内容的监理规划和监理实施细则。

(2) 在施工准备阶段，监理单位审查核验施工单位提交的有关技术文件及资料，并由项目总监在有关技术文件报审表上签署意见；审查未通过的，安全技术措施及专项施工方案不得实施。

(3) 在施工阶段，监理单位应对施工现场安全生产情况进行巡视检查，对发现的各类安全事故隐患，应书面通知施工单位，并督促其立即整改；情况严重的，监理单位应及时下达工程暂停令，要求施工单位停工整改，并同时报告建设单位。安全事故隐患消除后，监理单位应检查整改结果，签署复查或复工意见。施工单位拒不整改或不停工整改的，监理单位应当及时向工程所在地建设主管部门或工程项目的行业主管部门报告，以电话形式报告的应当有通话记录，并及时补充书面报告。检查、整改、复查、报告等情况应记载在监理日志、监理月报中。

监理单位应核查施工单位提交的施工起重机械、整体提升脚手架、模板等自升式架设设施和安全设施等验收记录，并由安全监理人员签收备案。

(4) 工程竣工后，监理单位应将有关安全生产的技术文件、验收记录、监理规划、监理实施细则、监理月报、监理会议纪要及相关书面通知等按规定立卷归档。

1.3 建设工程安全监理人员的职责和监理工作制度

根据《关于落实建设工程安全生产监理责任的若干意见》(建市[2006]248 号)的要求，落实安全生产监理责任的主要工作如下。

1. 健全监理单位安全监理责任制

监理单位法定代表人应对本企业监理工程项目的安全监理全面负责。总监理工程师要对工程项目的安全监理负责，并根据工程项目特点，明确监理人员的安全监理职责。

2. 完善监理单位安全生产管理制度

在健全审查核验制度、检查验收制度和督促整改制度基础上，完善工地例会制度及资料归档制度。定期召开工地例会，针对薄弱环节提出整改意见并督促落实；指定专人负责监理内业资料的整理、分类及立卷归档。

3. 建立监理人员安全生产教育培训制度

监理单位的总监理工程师和安全监理人员需经安全生产教育培训后方可上岗，其教育培训情况记入个人继续教育档案。

根据上述工作的要求，建设工程安全监理在人员配置、职责和监理工作制度等方面进行考虑。

1.3.1 建设工程安全监理人员配置

建设工程安全监理是建设工程监理的组成部分，监理企业组建项目监理机构时，应根据施工安全监理工作的技术风险程度和工作量等因素，同时统筹配置适应工作需求的施工安全监理人员。一般情况下项目监理机构宜设立专职施工安全监理人员1～2人，同时配备兼职施工安全监理人员多人。大型工程项目必要时还应设立专门的施工安全监理组(部)，以适应该项目施工安全监理工作的需要。

由于施工安全监理工作涉及土建、机械、电气等多类专业，因此项目监理机构配置的专职和兼职的施工安全监理人员应专业配套。例如，房屋建筑工程的项目监理机构可配备电气专业监理工程师负责临时用电的施工安全监理；机械专业监理工程师负责起重吊装和各类施工机械设备装拆等的施工安全监理；土建专业监理工程师负责基坑、模板、脚手架、高处作业等的施工安全监理；资料监理人员同时负责施工安全监理资料管理。从事施工安全监理的人员不仅要具备有关专业的安全技术和管理的业务知识，还必须具有施工现场安全管理工作的实际经验和健康的体魄。建设部印发的《建筑施工企业安全管理机构设置及专职安全生产管理人员配备办法》(建质[2008]91号)要求施工安全管理人员必须经施工安全管理业务教育培训，考核合格，持证上岗。监理企业也应参照上述办法中对施工企业专职安全管理人员数量要求进行专职施工安全监理人员配备。

1.3.2 安全监理工作分工及职责

工程监理企业的法定代表人对本企业的施工安全监理工作全面负责。工程监理企业的技术负责人领导本企业施工安全监理的技术管理工作，对本企业施工安全监理负技术领导责任。工程项目的总监理工程师对工程项目的施工安全监理工作负责。施工安全监理工程师和施工安全监理员在总监理工程师的领导下实施工程项目的施工安全监理工作。

1. 总监理工程师施工安全监理工作的主要职责

(1) 确定项目监理机构施工安全监理人员的分工和相应工作职责，督促检查施工安全监理责任的履行。

(2) 组织分析识别和评价工程监理中的危险源，策划项目施工安全监理方案，组织编制项目施工安全监理规划。

(3) 审查专业分包和劳务分包的企业资质。

(4) 审定施工承包单位提交的专项施工方案和施工组织设计的安全技术措施，并签署意见。

(5) 组织编写和审批施工安全监理实施细则。

(6) 主持施工安全监理会议。

(7) 协调工程现场重大施工安全事项，参与调查重大安全事故。

(8) 审核签发施工安全监理通知单，暂停施工令和各类施工安全监理核验表，组织编制并签发上报施工安全监理月报、专题报告。

(9) 组织施工安全监理人员学习有管施工安全监理政策文件和技术业务。

2. 总监理工程师代表的职责

(1) 根据总监理工程师的授权，行使总监理工程师的部分职责和权力。

(2) 总监理工程师不得将下列工作委托总监理工程师代表：

① 对所监理工程项目的安全监理工作全面负责；

② 主持编写监理规划中的安全监理方案，审批安全监理实施细则；

③ 签署《安全防护、文明施工措施费用支付证书》；

④ 签发安全监理专题报告；

⑤ 签发《工程暂停令》，必要时向有关部门报告。

3. 施工安全监理工程师的主要工作职责

(1) 编写施工安全监理细则，负责具体实施建设工程项目的施工安全监理工作。

(2) 协助业主考察工程投标单位的安全资质并提出意见，协助签订安全生产协议书并督促实施。

(3) 协助总监理工程师审查分包单位资质并提出意见，核查特种施工作业人员的资格证件。

(4) 督促施工承包单位建立、健全施工现场安全生产组织保证体系和安全生产责任制。

(5) 审查施工承包单位提交的施工组织设计的安全技术措施及专项施工方案，向总监提出报告，并监督施工承包单位实施。

(6) 督促施工承包单位做好分部分项工程的安全技术交底，包括对分包单位的安全技术交底工作。

(7) 核查施工安全设施和施工机械的验收工作，签署核查意见。

(8) 定期评估施工现场安全生产情况，并向总监提交报告。

(9) 指导施工安全监理员实施现场安全巡视检查等日常施工安全监理工作。

(10) 负责施工安全监理资料的收集、汇总及整理。

4. 施工安全监理员的主要工作职责

(1) 在总监理工程师的领导和专业监理工程师的指导下具体实施现场施工安全监理工作。

(2) 监督施工承包单位落实施工现场安全设施和施工机械管理的自检工作。

(3) 做好施工现场日常的安全巡视检查；对易发事故的高危作业工序进行跟踪监督，督促施工承包单位遵照强制性施工安全技术标准组织施工。发现安全隐患，应及时通知施工承包单位进行整改；当严重险情制止无效时，应按规定迅速报告。

(4) 检查进场的安全防护材料、用品的产品合格证明资料、检测报告和其他有关资料。

(5) 参加施工现场安全生产检查。

(6) 做好有关现场安全生产检查记录和施工安全监理日记。

5. 施工安全监理人员与施工安全管理人员的区别

施工安全监理从业人员与施工方的安全管理人员在工作目标方面有相同之处，都是为了实现施工安全，但职业定位却不同。施工安全管理工程师属建筑生产企业，直接负责管理施工安全工作，包括安全管理和安全技术方面。施工安全监理从业人员不是生产的组织指挥者而是监督者，在施工方自检的基础上实施监督管理，起到监督警示作用。因此施工安全监理从业人员切勿替代施工企业的安全员。

1.3.3 施工安全监理工作制度

施工安全监理的常用工作制度及其内容要点如下

1. 首次施工安全监理交底会议制度(可与工程项目第一次工地会议合并进行)

(1) 工程开工前，由总监理工程师召集施工总承包方的项目经理、技术负责人、专职安全员等管理人员，并邀请建设单位代表参加。

(2) 会议主要内容如下。

① 建设单位介绍委托合同约定的施工安全监理工作内容和有关法规规定。

② 建设单位、施工总承包单位和监理单位分别介绍各自驻现场组织机构及安全管理(监理)人员及其分工。

③ 研究确定工程项目安全生产目标，共同分析识别和评价本项目施工过程中可能产生的危险源和重大危险源，研究确定安全监控的主要措施。

④ 总监理工程师对施工总承包单位的有关安全管理工作提出意见要求。包括：编制和提交符合项目实际的施工重大危险源清单及专项施工方案、应急预案；配合施工安全监理工作，建立健全相应的安全管理、安全奖惩制度、施工安全资料管理制度以及贯彻以上制度的措施。

⑤ 共同组建工地安全生产领导小组，明确其任务职责和工作制度。

2. 施工安全监理例会制度(可与工程项目工地例会合并进行)

(1) 在项目施工过程中，由总监理工程师定期主持，会同建设、施工等单位召开施工安全监理例会。

(2) 施工安全监理例会的主要内容如下所述。

① 检查分析施工危险源的安全状况和重大危险源监控措施的落实情况，分析安全存在问题的原因。

② 针对安全生产及其管理存在的问题，提出下一阶段安全生产及其管理的改进措施，包括管理措施、技术措施、经济措施等。

③ 坚持分析和研究文明施工的现状，提出下一阶段文明施工的改进措施。

④ 通过会议总结表扬安全生产、安全管理的好经验，讲评、批评违规施工作业和放松安全管理的存在问题，落实下一步安全管理工作的责任分工。

3. 专项施工方案报审制度

(1) 项目监理机构应要求施工承包单位按规定编制重大危险源的专项施工方案，并提交监理审查。对于规定应通过专家论证审查的方案，督促施工承包单位按规定论证审查后，再向监理报审。

(2) 项目总监理工程师应组织施工安全监理工程师，对专项施工方案进行审查，重点审查专项施工方案是否符合工程建设强制性标准；是否经过施工承包单位内部审查，该单位技术负责人是否签署、审批，是否已盖施工企业印章；方案是否符合本工程项目具体条件并具有针对性。

(3) 重大危险源按照《条例》和有关文件规定，结合工程施工具体情况确定。

(4) 凡因施工工艺和施工设施、施工机械等变更，需要修改专项施工方案，应重新按原程序办理方案审批手续。

4. 危险源交底监控制度

(1) 监理工程师应督促施工单位针对施工危险源制定相应的安全措施，列入施工组织设计中，并应经监理审批。

(2) 专业监理工程师应按规定编制重大施工安全危险源的施工安全监理实施细则，包括危险源施工的监理措施和监理检查要求。

(3) 监理工程师应督促施工承包单位针对重大施工危险源编制专项方案，并办理监理审批手续。

(4) 督促检查施工承包单位对危险源的施工作业进行逐级安全技术交底，施工安全监理人员应检查交底的书面记录，对于没有进行交底的不允许擅自施工作业。

(5) 重大危险源施工方案和安全技术交底进行后，施工安全监理人员应检查施工承包方对危险源施工作业前的各项安全自检工作是否落实、自检人员是否到位，自检责任制是否落实。施工承包方自检工作不落实的，施工安全监理人员有权拒绝施工作业监理报验的申报，以及禁止不经监理报验擅自施工作业，必须明确报审是在自检合格基础上进行的有程序的工作。

5. 施工安全监理巡视制度

(1) 重大施工危险源工程的施工安全监理细则应有针对性的巡视监理方案，明确本工程巡视监理的施工作业控制点及要求。

(2) 总监理工程师应按施工安全监理规划和施工安全监理实施细则，安排施工安全监理人员进行施工安全监理的巡视监督工作，并检查实施情况。

(3) 安全巡视监理每天不少于一次，对高危作业的关键工序进行必要的旁站监理，施工安全监理人员应将巡视、旁站监理情况填写巡视、旁站监理记录表。

(4) 各专业工程的安全巡视、旁站监理的施工工作控制点，按照有关规定和工程项目实际情况具体确定，并事先做好方案。

6. 施工现场安全检查制度

(1) 项目监理机构应组织建设单位、施工承包单位共同开展施工现场的安全生产检查活动，制订安全检查计划，该计划应取得建设单位、施工单位的同意。

（2）施工现场安全检查活动类型有定期安全检查、专项安全检查和季节性、节假日安全检查等。

（3）施工现场安全检查的内容根据法规和规范性标准要求，结合安全检查活动的目的和工程具体情况进行确定，包括现场安全和安全资料等方面。项目监理机构应事先制定检查标准和检查办法，明确参与检查的人员。

（4）安全检查过程中发现安全隐患，应采取措施及时处理消除安全隐患，保证施工安全。

（5）施工安全监理人员应做好检查记录

7. 施工安全设施、施工机械验收核查制度

（1）施工现场的重要施工安全措施和大型施工机械的使用，应在运行前经监理核查。

（2）施工安全设施和施工机械搭设安装后，应督促施工承包单位按规定进行检测并及时组织验收，通过验收后再报监理单位核验。其中大型施工机械塔吊与施工外用电梯还应按《建筑起重机械备案登记办法》出具备案证明等。

（3）施工安全监理工程师应按《建筑起重机械安全监督管理规定》核查施工安全设施和施工机械的验收手续是否齐全和符合专项施工方案要求，核查无误方能签署意见，同意投入使用。

8. 施工安全监理报告制度

（1）在实施施工安全监理过程中发现安全隐患，但施工单位拒不整改或拒不执行监理下达的暂停施工令的，项目监理机构应及时向建设单位及有关部门报告。

（2）施工现场一旦发生死亡事故，项目总监理工程师或总监理工程师代表应立即向监理公司及有关部门报告，同时督促施工承包单位及时向有关部门报告，并签发工程暂停施工令。

（3）项目监理机构与监理公司之间，以及总监理工程师和项目监理机构内部人员之间应保持通信联络的畅通。

（4）施工安全监理的各项口头报告均应追加书面记录。

本章小结

本章对我国建设工程安全监理作用进行了分析，结合国家对安全监理应承担的法律责任作了详细阐述。希望读者在学习时，能够深刻地去体会和理解安全监理工作的重要性，认真做好安全监理工作。本章共三小节，分别介绍了建设工程安全监理的概念、依据、范围和性质，监理单位和人员的法律责任，其他相关单位的安全法律责任，安全监理的工作内容和程序以及落实安全监理责任的主要工作，监理人员的安全职责，安全监理制度等，为以后各章的学习打下了基础，特别是有利于解决在实际工程安全监理所碰到的问题。

思考与拓展题

1—1　简述建设工程安全监理的概念。

1—2 建设工程安全监理的依据有哪些?

1—3 建设工程安全监理具有哪些性质?

1—4 施工准备阶段安全监理的主要工作内容是什么?

1—5 施工阶段安全监理的主要工作内容是什么?

1—6 建设工程安全监理的工作程序有哪些?

1—7 安全监理工作分工及各自职责是什么?

1—8 简述施工安全监理的常用工作制度。

1—9 结合目前我国建筑业的安全生产现状和建设工程的特点，请谈一下实行建设工程安全监理制有哪些作用?

1—10 《中华人民共和国建筑法》规定，施工现场安全由建筑施工企业负责，这是否意味着参与建设活动的其他主体不要承担安全责任，请大家讨论。

1—11 “安全生产，人人有责”，请结合你毕业后希望的就业岗位，想一想你的安全责任。然后，再考虑一下相关方和人员的安全责任。

1—12 请实际考察一下当地的几个施工现场，再结合教材谈谈你对施工现场安全监理人员的到岗率、监理人员的安全责任心的把握和现场安全监理制度的执行情况的了解。

第2章 施工准备阶段安全监理的主要工作

课程标准

课程内容	知识要点	教学目标
督促施工单位建立健全施工现场安全生产保证体系	① 施工单位施工现场安全生产保证体系内容 ② 检查施工单位施工现场安全生产保证体系内容及审核	① 熟悉施工单位施工现场安全生产保证体系内容 ② 掌握检查施工单位施工现场安全生产保证体系内容及审核要点
安全技术措施和专项施工方案审查	① 施工单位安全技术措施的制定 ② 施工单位安全技术专项施工方案的编制 ③ 对施工单位安全技术措施和专项施工方案审查	① 熟悉施工单位安全技术措施的制定程序及要点 ② 掌握施工单位安全技术专项施工方案的编制程序及要点 ③ 能按设计图及有关标准对施工单位安全技术措施和专项施工方案审查
分包单位安全生产资格审查	分包单位安全生产资格审查内容及要点	熟悉对分包单位安全生产资格审查内容

▶▶章节导读

《条例》明确规定，监理单位应审查安全技术措施或者专项方案是否符合工程建设强制性标准，并由总监理工程师批准签字。该条例还规定了监理单位对审查专项施工方案应承担相应的法律责任。因此，本章详细阐述监理单位审查施工单位编制的施工组织设计中的安全技术措施和危险性较大的分部分项工程安全专项施工方案是否符合工程建设强制性标准要求和相关内容。安全监理，重在预防。要求监理单位加强事前控制，能够检查施工单位在工程项目上的安全生产规章制度和安全监管机构的建立、健全及专职安全生产管理人员配备情况，督促施工单位检查各分包单位的安全生产规章制度的建立。审查施工单位资质和安全生产许可证是否合法有效，审查项目经理和专职安全生产管理人员是否具备合法资格，审核特种作业人员的特种作业操作资格证书是否合法有效。

特别提示

本章的重点是施工准备阶段督促施工方安全保证体系的建立，管理制度的建立和落实，机构、人员的到位。难点是如何审查专项施工方案，以及督促方案的实施。

2.1 督促施工单位建立健全施工现场安全生产保证体系

《建设工程监理规范》规定，总监理工程师应审查承包单位现场项目管理机构的质量管理体系、技术管理体系和质量保证体系，确能保证工程项目施工质量时予以确认。这一规定是基于监理工作是在施工承包单位建立、健全质保体系的基础上才得以完成的。施工安全监理工作同样要依靠施工现场安全保证体系的建立、健全。安全保证体系如图 2.1 所示。

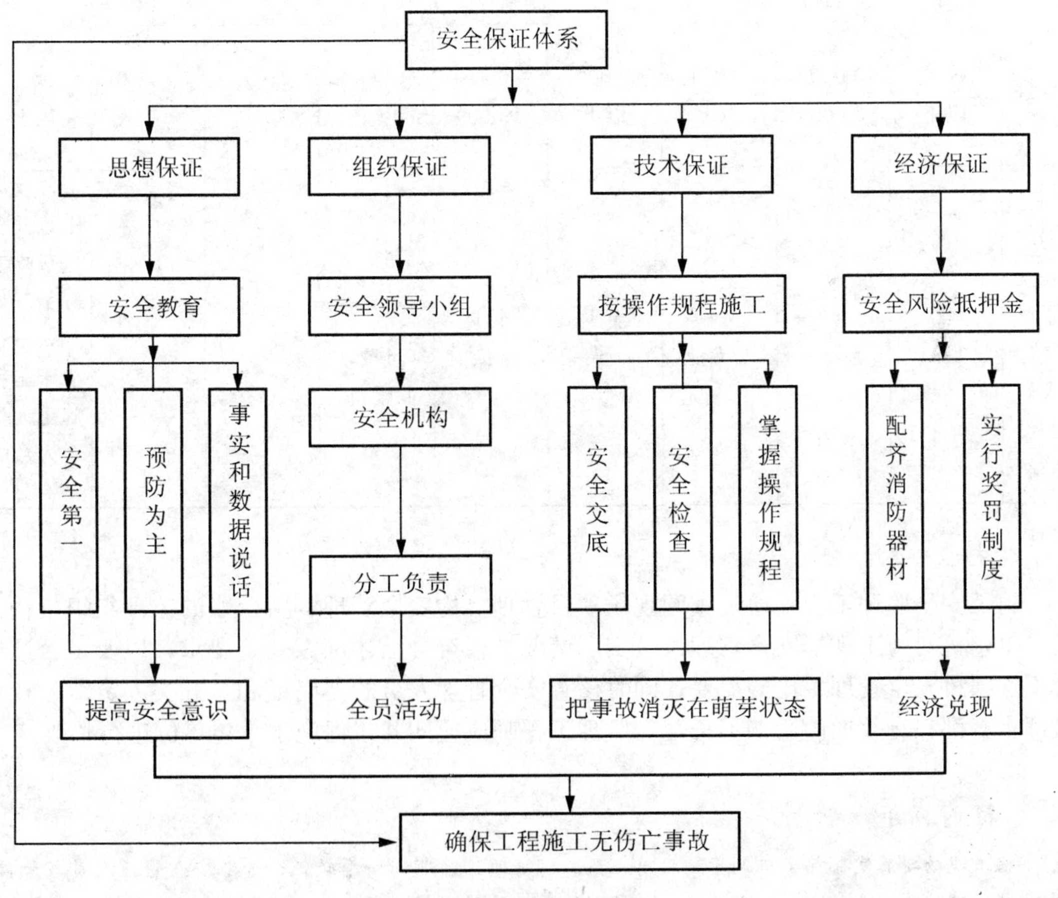

图 2.1 安全保证体系

施工安全监理工程师必须督促施工单位建立、健全施工现场安全生产保证体系，重点督促安全管理组织落实和安全管理制度落实两方面，施工准备阶段应重点做好以下工作。

2.1.1 核查施工安全管理人员的配置

施工安全监理工程师应核查施工企业的项目管理机构是否按国家和地方规定配置必要的安全生产管理人员。

1. 核查依据与内容

建设部印发的《建筑施工企业安全生产管理机构设置及专职安全生产管理人员配备办法》(建质[2008]91号)。该办法规定，建筑施工企业应当成立由项目经理负责的建设工程项目安全生产管理小组，小组成员应包括企业派驻到项目的专职安全生产管理人员，施工方专职安全生产管理人员配置要求见表2-1。

表2-1 施工方专职安全生产管理人员配置要求表

项目类别	建筑工程、装修工程			土木工程、线路管道、设备安装			劳务分包企业		
项目规模	工程项目建筑面积(m^2)			安装总造价(万元)			施工员人数		
	10 000以下	10 000～50 000	50 000以上	5 000以下	5 000～10 000	10 000以上	50人以下	50～200人	200人以上
项目专职安全生产管理人员的设置	至少1人	至少2人	至少3人(且按专业配备)	至少1人	至少2人	至少3人(且按专业配备)	1人	2人	3名及以上，并根据危险实际情况增加，不得少于工程施工人员总人数的5‰

2. 核查方式

施工安全监理工程师通过查阅现场项目管理机构安全管理资料台账的监理组织机构人员名单，核对施工现场安全管理人员实际情况是否符合上述国家规定要求，以及是否适应本工程项目安全管理工作的需要。同时核查安全管理人员的上岗证和“三类人员”考核合格证是否都在有效期内。如不符合，监理工程师应通知并督促施工承包单位进行整改。

特别提示

施工现场要落实领导带班制度。目前，施工现场项目经理到岗率较低，专职安全管理人员数量偏少。监理单位要认真核查，做到施工方人员到位，数量到位，同时要检查证书的有效性。

2.1.2 督促建立和落实施工管理制度

施工现场安全保证体系的管理绝不是单纯依靠专职安全管理人员管理，而是要以施工项目经理为第一负责人，通过建立、健全施工现场安全保证体系，形成施工现场安全责任分解网络。这就需要施工安全监理工程师督促施工现场项目管理机构的建立、健全以安全生产责任制为核心的各项安全生产管理制度，并督促施工企业现场项目部贯彻执行。

施工安全监理工程师应检查施工现场项目机构的安全生产责任制。检查的要点是如下：

(1) 施工总承包方的现场项目管理机构是否建立安全生产责任制及相应的安全管理网络系统，是否明确了各级人员的安全职责。

(2) 将安全生产目标和危险源的监控责任层层分解和落实。施工安全监理工程师应要求施工方项目管理机构分阶段提交重大危险源监控方案表，明确不同施工阶段施工现场危险源的监控职责分工。

督促施工单位对施工现场项目管理机构的组织制度情况进行自查，并提交施工现场安全管理组织、制度检查表，见表2-2，再由总监理工程师组织检查后，提出检查意见。

表2-2 施工现场安全管理组织、制度检查表

工程名称		建设单位	
施工、总承包单位		安全生产许可证号	
项目经理		安全生产考核证书号	
施工分包单位		安全生产许可证号	
专职安全管理人员1		安全生产考核证书号	
专职安全管理人员2		安全生产考核证书号	
专职安全管理人员3		安全生产考核证书号	
序号	检查项目	承包单位自查意见	监理核查意见
1	项目专职安全管理人员配置符合规定要求		
2	项目管理机构建立和落实安全生产责任制		
3	建立和落实相应的安全生产奖惩制度		
4	建立和执行施工危险源安全交底监控制度		
5	建立和执行安全生产检查制度		
6	建立和执行安全生产教育培训制度		
7	建立和执行对于分包单位的安全生产管理制度		
8	建立和执行特种人员持证上岗制度		
9	建立和执行设备安全管理制度		
10	建立和执行消防安全制度		

施工承包项目经理： 总监理工程师：

年 月 日 年 月 日

注：本表由施工总承包方项目经理填写自查意见，监理方总监理工程师填写检查意见，一式三份，施工、监理、建设单位各一份。

2.2 安全技术措施和专项施工方案审查

2.2.1 审查安全技术措施和专项施工方案的重要性

安全技术措施是指针对建筑安全生产过程中已知或潜在的危险因素，即针对施工危险源所采取的消灭或控制的技术性措施。在编制施工组织设计时，施工单位应当根据工程概况、施工工期、场地环境等条件，以及机械设备、施工机具和变配电设施的配置计划等编制安全措施，安全技术措施包括一般的、专业性较强的和季节施工的安全技术措施。

对于达到一定规模、危险性较大的分部分项工程，施工单位应根据工程特点，有针对性地编制专项施工方案。这些工程主要包括基坑支护与降水、土方开挖、模板工程、起重吊装、脚手架工程、塔吊拆装作业、井架、龙门架拆装作业、施工临时用电、高处施工作业平台、爆破工程等，有些专项施工方案还应附具安全验算书。

《建筑法》第 38 条规定，“建设施工企业在编制施工组织设计时，应当根据建筑工程的特点制定相应的安全技术措施。”但是，以往不少项目的施工组织设计存在着问题：一是未编制施工组织设计；二是未按照工程建设强制性标准编制施工组织设计；三是施工组织设计中未制定安全技术措施或专项施工方案；四是制定的安全技术措施或方案缺乏针对性；五是在施工过程中未严格按照安全技术措施或专项施工方案组织实施。针对上述问题，国务院颁发的《条例》明确规定，施工单位应在施工组织设计中编制安全技术措施和施工现场临时用电方案以及对危险性较大的分部分项工程编制专项施工方案，监理单位应审查安全技术措施或者专项方案是否符合工程建设强制性标准，并由总监理工程师批准签字。该条例还规定了监理单位对审查专项施工方案应承担相应的法律责任。因此，监理单位和监理工程师对于审查专项施工方案和安全技术措施工作，必须高度重视由此可能引起的各种法律后果和风险。

2.2.2 审查的依据和工作内容

1. 审查专项施工方案的依据

(1) 建设项目设计文件。

(2) 施工现场和周边的环境资料。

(3) 施工合同和委托监理合同。

(4) 国家和地方有关工程建设法规文件。

(5) 有关工程建设强制性标准。

2. 审查的三阶段

在总监理工程师主持下对施工组织设计中的安全技术措施或专项施工方案进行程序性、符合性、针对性审查。

1) 程序性审查

施工组织设计中的安全技术措施或安全专项施工方案是否有编制人、审核人、施工单位技术负责人签认并加盖单位公章；专项施工方案须经专家认证、审查的，是否执行；不符合程序的应予退回。

2）符合性审查

施工组织设计中的安全技术措施或专项施工方案必须符合安全生产法律、法规、规范、工程建设强制性标准及地方有关安全生产的规定；必要时应附有安全验算的结果；须经专家论证审查的项目，应附有专家审查的书面报告；安全专项施工方案还应有紧急救援措施等应急救援预案。

3）针对性审查

安全技术措施或专项施工方案应针对本工程特点、施工部位、所处环境、施工管理模式、现场实际情况来编写，具有可操作性。

3. 审查专项施工方案的重点内容

（1）工程项目施工危险源的分析和辨识是否完整和准确。

（2）施工现场安全生产保证体系，人员，职责及安全管理目标。

（3）安全生产责任制，安全生产教育培训制度，安全施工技术交底制度，安全生产规章制度和操作规程，消防安全责任制，大中型施工机械安装拆卸验收，维护保养管理制度，安全生产自检制度等。

（4）需经监理复核安全许可验收手续的大中型施工机械和安全设施一览表。

（5）需编制专项安全施工方案一览表(包括须经专家论证、审查的项目)。

（6）对周边建筑物、构筑物及地下管道、电缆、线网等保护措施。

（7）现场施工用电方案及管理制度。

（8）施工现场平面布置应附有说明：如施工区、仓库区、办公区、生活区等临时设施标准、位置、间距；现场道路和出入口；场地排水和防洪；施工用电线路埋地或架空；市区内施工的围挡封闭等。

（9）安全生产事故应急救援预案。

2.2.3 监理单位审查安全技术措施和专项施工方案的程序

（1）一般建设工程项目，其专项施工方案或安全技术措施由总监理工程师组织审查，提出审查意见，并审定签署意见。

（2）对于超过一定规模的危险性较大的工程专项方案应经专家论证审查的，监理单位应督促施工承包单位按《危险性较大的分部分项工程安全管理办法》规定组织专家论证审查，再办理核查签署手续。

2.2.4 专项施工方案的常见通病

由于一些施工承包单位的技术管理薄弱，专项施工方案的编制往往存在下列通病，施工安全监理工程师应予注意，以便做好审查工作。

（1）专项施工方案编制单位对该方案的审批手续不符合要求，缺少编制部门和企业两级审批的完整手续，或缺少企业印章等。

（2）专项施工方案内容缺乏针对性，未考虑使用该设施或机械的具体施工条件、作业环境和工程特点，有的方案直接套用其他工程的机械装拆施工方案，或用塔吊产品说明书代替。

(3) 方案内容不完整，缺少工艺流程、施工安全注意事项等。

(4) 施工条件发生变化，专项施工方案需修改，修改未按规定则重新办理审批手续。

对于施工安全监理工程师在审查专项施工方案时，还应注意防止审查工作流于形式。例如：

(1) 监理方审查方案过于简单，仅签署“同意”两个字，未提出具体审核意见。

(2) 专项施工方案已发生修改，监理方未重新审核。

(3) 施工承包单位内部审批手续尚不完整，监理方却先行审批。

特别提示

1. 坚持“安全第一，预防为主，综合治理”的方针，对于不符合工程建设强制性标准的方案内容必须提出纠正，严格把关。

2. 危险性较大的工程由施工单位组织专家进行论证、审查，法规虽已明确规定，但目前对于论证结果的法律责任，以及专家的资格规定较为模糊。因此，应提示施工承包单位组织有权威性的专家进行论证审查工作，并增强“谁施工谁负责”的法律责任意识。

2.3 分包单位安全生产资格审查

《建设工程监理规范》规定监理工程师应对分包单位资格进行审核，并审查施工承包单位现场项目管理机构的质量管理体系。工程监理的业务范畴延伸到施工安全监理以后监理工程师对施工方的资格审核增加的有以下几项工作。

(1) 在工程项目施工招投标阶段，协助业主考察施工承包单位的安全生产资格。

(2) 在施工准备阶段，审查分包单位的安全生产资格。

(3) 在施工准备阶段和施工过程中，审查特种作业人员资格。

2.3.1 审查施工分包单位安全资格

有一些施工伤亡事故是由于总包单位违法转包、分包，以致分包单位超越资质或经营范围施工，或安排不具备作业资格的人员进行施工作业，造成人员伤亡。施工安全监理人员应按规定做好施工承包、分包单位安全资格的考察和审查工作。

1. 监理审查依据

国务院颁布的《条例》第四章“施工单位的安全责任”中，第二十条规定：“施工单位从事建设工程的新建、扩建、改建和拆除等活动，应当具备国家规定的注册资本、专业技术人员、技术装备和安全生产等条件，依法取得相应等级的资质证书，并在其资质等级许可的范围内承揽工程。”2004 年 1 月，国务院颁布实施《安全生产许可证条例》，此后建设部颁发了《建筑施工企业安全生产许可证管理规定》，国家对建筑施工企业实行安全生产许可证制度，建筑施工企业未取得安全生产许可证的，不得从事建筑施工活动。

施工安全监理工程师审查施工企业安全生产资格的依据是：

(1) 施工单位提交的《分包单位资质报审表》，包括分包单位企业资质和业绩的证明资料、营业执照、本企业的安全生产许可证。

(2) 施工分包合同。

(3) 建设部和国务院有关部门颁布的相关建筑企业资质等级标准文件，包括《建筑业企业资质等级标准》。

建设部令第159号《建筑业企业资质管理规定》，建筑业企业资质分为施工总承包、专业承包和劳务分包三个序列。

《房屋建筑和市政基础设施工程施工分包管理办法》(建设部令第124号)。

2. 监理审查内容

(1) 审查总承包单位提交的分包报审资料，该工程项目实施分包的范围是否符合政策规定。

(2) 审查施工承包或分包单位是否具有安全生产许可证。

(3) 审核专业分包单位承接的专业工程是否符合该企业资质证书、核定的施工承包的专业类别、资质等级、承包范围等，审核该分包单位各项资质证明资料和营业执照的有效时限。

(4) 审核劳务分包单位承接的施工作业，是否符合该企业资质证书、核定的工作类别、资质等级、承包范围；审核营业执照的有效时限。

(5) 审核分包单位安全质量管理水平、特殊专业施工的能力以及企业安全生产不良记录。

2.3.2 审查特种作业人员资格

所谓特种作业，是指容易发生事故，对操作者本人、他人的安全健康及设备、设施的安全可能造成重大危害的作业。特种作业人员，是指直接从事特种作业的从业人员。他们从事的建筑施工作业潜在的危险性大，一旦发生事故，不仅会给作业人员自身的生命安全造成危害，而且也会危及他人的生命财产安全。因此，特种作业人员必须具备一定的基本条件，方可从事特殊工种岗位作业。《特种作业人员安全技术培训考核管理规定》自2010年7月1日起施行，规定了特种作业人员基本条件及安全技术培训考核管理等事项。《条例》第二十五条规定："垂直运输机械作业人员、安装拆卸工、爆破作业人员、起重信号工、登高架设作业人员等特种作业人员，必须按照国家有关规定经过专门的安全作业培训，并取得特种作业操作资格证书后，方可上岗作业。"建设工程安全技术标准、规范的强制性条文也涉及特种作业人员资格的管理。例如，《建筑施工扣件式钢管脚手架安全技术规范》(JGJ 130—2011)规定："脚手架搭设人员必须是经过按现行国家标准《特种作业人员安全技术考核管理规则》(GB 5036)考核合格的专业架子工。上岗人员应定期体检，合格者方可持证上岗。"监理单位的安全责任是按照法律、法规和工程建设强制性标准实施监理。因此，必须对特种作业人员资格进行核查。

1. 监理核查依据

监理核查依据有《建设工程安全生产管理条例》和《特种作业人员安全技术培训考核管理规定》。

2. 监理核查内容

(1) 审核施工承包单位提交的特种作业人员名单及上岗资格证书，包括建筑电工、建筑焊工(含焊接工、切割工)、建筑普通脚手架架子工、建筑附着升降脚手架架子工、建筑起重信号司索工(含指挥)、建筑塔式起重机司机、建筑施工升降机司机、建筑物料提升机司机、建筑塔式起重机安装拆卸工、建筑施工升降机安装拆卸工、建筑物料提升机安装拆卸工、高处作业吊篮安装拆卸工等。

(2) 审核特种作业人员上岗证书的有效时限，一般有效期为3年。

(3) 监理单位审核后应建立审核台账，以适应特种作业人员工作流动的客观情况。

特别提示

特种作业人员在特种作业操作证有效期内，连续从事本工种10年以上，严格遵守有关安全生产法律法规的，经原考核发证机关或者从业所在地考核发证机关同意，特种作业操作证的复审时间可以延长为每6年1次。离开特种作业岗位6个月以上的特种作业人员，应当重新进行实际操作考试，经确认合格后方可上岗作业。

本章小结

本章详细介绍了施工准备阶段安全监理工作的内容，特别强调监理应审查核验施工单位提交的有关技术文件及资料，并由项目总监在有关技术文件报审表上签署意见；审查未通过的，安全技术措施及专项施工方案不得实施。对施工方安全保证体系、制度、人员、资质、措施等多方面加强预控，体现了“安全第一，预防为主，综合治理”的安全生产方针。

思考与拓展题

2-1 施工方专职安全生产管理人员如何配置？

2-2 如何审查专项施工方案？

2-3 何谓特种作业？

2-4 为体现“安全第一，预防为主，综合治理”的安全生产方针，请结合施工现场实际谈一下建设工程安全监理事前控制有哪些工作？

2-5 在施工准备阶段，审查核验施工单位提交的有关技术文件及资料，这些技术文件及资料具体有哪些？

2-6 请对施工现场的安全施工技术措施和专项施工方案进行审查，提出自己的建议。

第3章

施工阶段安全监理的主要工作

课程标准

课程内容	知识要点	教学目标
安全技术交底工作	① 施工单位安全技术交底的内容及要点 ② 对施工单位安全技术交底内容的审查要点	① 掌握施工单位安全技术交底的内容及要点 ② 能对施工单位安全技术交底内容的督促审查
施工作业现场的危险源监督检查工作	对施工作业现场的危险源监督检查工作	能对施工作业现场的危险源监督检查
施工安全设施、施工机械验收手续核查	① 施工安全设施的验收 ② 施工机械验收手续	① 能对施工安全设施进行验收 ② 能对施工机械进行验收

▶▶章节导读

根据第一章提到的施工阶段安全监理的主要工作内容，本章要求监理单位从业人员能够监督施工单位按照施工组织设计中的安全技术措施和专项施工方案组织施工，及时制止违规施工作业。能够定期巡视检查施工过程中的危险性较大工程作业情况。能够核查施工现场施工起重机械、整体提升脚手架、模板等自升式架设设施和安全设施的验收手续。会运用本章的知识，督促施工单位进行安全自查工作，并对施工单位自查情况进行抽查，参加建设单位组织的安全生产专项检查。

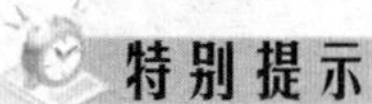

特别提示

本章的重点是检查施工方安全的安全交底工作。监理单位应对施工现场安全生产情况进行巡视检查，对发现的各类安全事故隐患，应书面通知施工单位，并督促其立即整改；监理单位应核查施工单位提交的施工起重机械、整体提升脚手架、模板等自升式架设设施和安全设施等验收记录，并由安全监理人员签收备案。难点是危险源施工作业现场的监督检查工作。

建设工程施工安全监理从业人员在做好施工准备阶段各项施工安全监理工作的基础上，还要对施工过程中的各项施工作业活动实施安全监理工作，包括实施作业前、作业过程中以及作业后的施工安全监理工作，当然重点仍然是做好施工作业前的施工安全监理工作。

3.1 安全技术交底的督促工作

安全技术交底是指将预防和控制安全事故发生、减少事故危害所采取的技术以及工程情况，向作业人员做出说明。安全技术交底制度是施工承包单位预防违章指挥、违章作业，杜绝伤亡事故发生的一项重要措施。很多重大安全事故的教训证明：忽视安全交底工作，往往是导致发生事故的主要原因。

3.1.1 检查施工单位是否在施工前做好逐级安全技术交底

逐级交底包括施工总承包单位向分包单位交底，总包和分包单位的技术人员向各自的施工班组长交底，施工班组长向操作人员交底。

施工安全监理人员发现未经安全技术交底即行施工作业的现象，应立即通知施工单位进行整改。

3.1.2 检查施工单位是否针对施工危险源进行全过程和全面的安全交底

督促施工单位针对危险源施工作业的不同施工阶段、不同时间段、不同季节进行交底，还应包括各个不同作业工种、不同分项工程进行交底。对那种只图省事，施工全过程只交底一次的简单做法，应下令要求整改。

3.1.3 安全交底要做到全面、具体、针对性强

安全交底内容包括建设工程项目和分部分项工程的概况，工程施工危险源情况，针对危险源施工作业采取的具体预防措施，施工作业应遵守的规章制度和操作规程以及应注意的安全事项，发现事故隐患应采取的措施和事故急救措施。

施工安全监理人员应督促施工承包单位按上述内容进行详细交底，防止走过场。

3.1.4 检查安全交底记录

《条例》第二十七条规定，施工安全交底应在施工前进行，交底应详细，交底后由双

方签字确认。因此，施工安全交底除口头形式外，还必须书面交底，交底双方在交底记录上签字确认。施工安全监理人员通过安全交底记录的检查，着重注意以下环节：施工安全交底的时间是否滞后；交底的双方人员是否符合规定要求；交底记录是否签字确认。

施工安全监理人员应将安全交底记录的检查结果，记载在施工安全监理资料内。

3.2 危险源施工作业现场的监督检查工作

3.2.1 现场监督检查的程序

在施工过程中施工安全监理人员应按照工程项目施工安全监理规划及其实施细则的工作要求，对施工现场危险源的安全管理进行监督检查，一旦发现安全隐患，必须按《条例》第十四条的要求，及时督促整改，消除安全隐患。

建设工程施工安全监理现场监督检查工作须按下列程序进行：

(1) 检查危险源施工作业是否已编制专项施工方案，该方案是否按规定程序审批，审批手续是否完整，是否按规定具有施工企业技术负责人和项目总监理工程师的签署；

(2) 检查危险源施工作业的安全技术交底是否按规定进行，是否将专项施工方案的安全施工要求向班组作业人员交代清楚，并签署书面交底手续；

(3) 检查危险源施工作业班组和作业区监控人员是否已对作业安全条件进行了施工方的自检，发现的安全隐患是否均已整改，有无记录资料。

上述三项检查均符合规定要求，施工安全监理人员才能同意开始进行危险源施工作业，并在施工作业过程中开展巡视监督检查等现场监理工作。

3.2.2 监理现场监督检查的工作方式

在施工作业过程中，施工安全监理可采用日常巡视检查、组织施工现场安全检查、组织施工现场安全会议、旁站跟踪监督、平行检验等工作方式，实施施工现场的监督检查。

施工安全监理的日常巡视检查次数可根据危险源具体情况确定。

对于技术复杂、专业性强、安全施工风险大的关键工序，施工安全监理人员应在施工现场跟踪监督。

施工安全监理组织工程项目各方主体联合进行施工现场安全检查活动，这是加强项目安全管理的一项有效措施。通过联合检查，可以发现和排除施工安全隐患，各方主体协同配合，强化施工现场的安全管理。联合检查的参加人员一般包括建设单位、施工承包单位、分包单位、监理单位的代表，也可根据检查活动的类型具体确定参加人选。检查活动类型除定期安全检查活动以外，还有危险源专项检查、季节性安全检查、节假日前后安全检查、防汛、防台等专项检查。检查内容按《建筑施工安全检查标准》(JGJ 59—2011)，结合工程项目实际具体确定。

施工安全监理除上述工作方式外，还可结合工程例会或组织召开现场安全专题会议，定期分析本工程施工安全生产状况，督促施工承包单位消除安全隐患，加强施工现场的安全管理。

3.2.3 监理工程师现场监督检查应该注意的事项

1. 注意摆正施工安全监理与施工方安全管理的关系

前面已提到施工安全监理与施工安全管理的区别。建设工程是由施工承包单位负责组织施工和管理的，施工安全管理主要依靠总承包单位加强自身管理和加强对分包单位的管理，才能真正取得实效。工程监理单位是工程建设安全的监督方，对总承包单位与分包单位的安全管理仅起到监督、警示和促进作用。前者是内因和主体，后者是外因和辅助。因此，施工安全监理人员对施工现场的每一项监督检查，都应该围绕提高总承包单位与分包单位自检系统作用这一目标而进行。施工安全监理人员不可能代替施工安全管理人员的岗位。总承包单位与分包单位应在对危险源的施工安全设施实施自检并确认合格的前提下，再向监理方申请报验核查。施工单位没有自检，或虽已自检但安全隐患未得到整改，则不能向监理单位申报安全核验。施工安全监理人员对任何危险源施工作业及其管理活动的监督检查程序，都应从检查总承包单位与分包单位自我检查行为开始，达到促进施工安全管理、督促建立健全施工现场安全保证体系的根本目的。

2. 依据工程建设强制性标准进行危险源的施工现场安全监督检查

国务院颁布的《条例》规定，工程监理单位应当按照法律、法规和工程建设强制性标准实施监理。因此，施工安全监理在施工现场监督的重要依据就是工程建设强制性标准。

建设部令第 81 号《实施工程建设强制性标准监督规定》明确指出，工程建设强制性标准是指直接涉及工程质量、安全、卫生及环境保护等方面的工程建设标准强制性条文。建设工程施工安全监理应对施工承包单位贯彻执行涉及工程实物安全和施工人员安全的强制性条文的情况，进行监督检查。

3.2.4 履行监理的安全责任，及时处理安全隐患

《条例》第十四条规定了工程监理单位的安全责任，并具体规定了工程监理单位应及时处理安全隐患的各项要求。因此，施工安全监理人员应认真履行自己的监理安全责任，及时认真地处理发现的施工安全隐患。

(1) 在施工安全监理过程中，发现不符合法律规定以及违反强制性标准，或形成危及作业人员人身安全的事故隐患，项目监理机构应及时下达整改指令，通知施工单位立即整改，消除隐患。

(2) 发现情况严重的安全事故隐患，项目监理机构应当通知施工单位暂停施工作业，迅速排除隐患，并及时报告建设单位。类似情况有：

① 施工出现安全异常，监理工程师提出后总承包单位或分包单位未采取整改措施，或虽采取措施但不符合要求，存在险情的；

② 已发生事故却未能有效处理，仍继续施工作业的；

③ 施工安全措施未经总承包单位与分包单位自检，擅自实施，劝阻无效的；

④ 分包资质、特种作业人员资格未经审查，擅自进场作业，阻止无效的。

安全隐患消除后施工安全监理人员应进行复查，确认达到安全施工的要求后监理机构才能下达复工令。

(3) 项目监理机构下达暂停施工指令后，施工承包单位对于重大安全事故隐患仍拒不整改或者不停施工的，监理单位应当立即向建设行政主管部门或者安全监督机构等有关部门报告。

3.3 施工安全设施、施工机械验收手续核查

为了保证施工现场安全设施和施工机械安全投入运转和使用，防止这些安全设施、机械验收走过场，施工安全监理工程师应对施工现场的安全设施、施工机械的验收手续进行核查。

3.3.1 核查施工机械的进场验收

《建设工程监理规范》(GB 50319—2000)对于进入施工现场的工程材料、构配件和设备，规定了监理审核的要求。施工安全监理工程师应按照规范要求，对于进场的所有施工机械实施进场核查工作。核查内容有：

(1) 核查是否按批准的施工组织设计的设备计划，落实施工机械设备进场，进场机械设备的安全性能、类型规格与施工组织设计内容是否一致。

(2) 核查进场施工机械设备的产品合格资料，包括出厂合格证、近期的机械设备运行和例保记录，新购施工机械还应具有生产(制造)许可证。其中施工外用电梯和塔吊还必须经过检测备案登记才能投入安全使用。施工承包企业应填报进场设备报审表，连同施工机械设备产品合格资料向监理方申报核验，该报审表可参考浙江省建设工程(施工阶段)监理工程基本表式浙建监 A5－1(见表 3－1)。

表 3－1 主要施工机械设备报审表

浙建监 A5－1 工程名称：浙江××大厦 编号：A5－1－001

致：浙江××工程建设监理有限公司(监理单位)

下列施工设备已按施工组织设计(专项施工方案)要求进场，请核查并准予使用。

设备名称	规格型号	数量	进场日期	技术状态	备注
桩架	多功能桩架(600T)	1	2011 年 6 月 20 日	良好	/
经纬仪	J_2	2	2011 年 6 月 20 日	良好	/
钢卷尺	5 米	5	2011 年 6 月 20 日	良好	/
塔吊	附着式塔吊(60 吨·米)	1	2011 年 6 月 20 日	良好	已经检测备案
施工外用电梯	施工外用电梯(1 吨)	1	2011 年 6 月 20 日	良好	已经检测备案

附件：1. 检查验收记录

2. 检测报告

3. 塔吊、施工外用电梯备案登记证明

承包单位(章)：浙江××建设集团有限公司

项目经理(手签)：赵××

日　期：2011 年 6 月 18 日

续表

审查意见：

经审查经纬仪、钢卷尺的检定证书齐全，并在检定有效期内。

桩架的施工许可证有效。

附着式塔吊、施工外用电梯有备案登记证明。

上述施工机械已经承包单位质安部门验收合格，同意上述机械设备进场使用。

项目监理机构(章)：浙江××工程建设监理有限公司××大厦项目监理部

专业监理工程师(手签)：蒋××

日　期：2011年6月19日

本表一式三份，经项目监理机构审核后，建设单位、监理单位、承包单位各存一份。机械设备的安全性能、状态不符合规定要求的，不准进场使用。塔吊、施工外用电梯无备案登记证明的不准进场使用。

3.3.2 核查施工安全设施和施工机械的验收手续

施工安全设施搭设或施工机械安装完成后，应按国家规定进行验收。验收合格后，对于需要进行检测的机械设备，应委托有检测资质的检测机构进行机械设备的检测。检测合格后，再向监理单位申请核查，由施工承包单位填报施工机械、安全设施验收核查表报监理单位核查，表式见表3-2。未经监理单位安全监理人员与总监理工程师核查同意的施工安全设施和施工机械，不得投入使用。

表3-2　施工机械、安全设施验收核查表表式

工程名称：

监理单位：________

根据建设工程安全监理工作要求，________工程的________□施工机械、□施工安全设施已验收(检测)合格，验收手续已齐全，现将________报送给你们，请查收。

附件：

施工承包单位项目经理：________

日　期：________

监理意见：

符合施工方案要求，验收手续齐全，同意使用 □

不符合施工方案要求，验收手续不齐全，验收后再报 □

安全监理人员：　　　　总监理工程师：

日　期：　　　　日　期：

施工安全设施和施工机械核查的主要内容如下所述。

(1) 验收资料是否齐全，包括施工承包单位的各类验收记录表以及验收记录表的附件(包括专项施工方案、安全技术措施资料、机械设施的产品合格证、产品说明书、生产许可证等)，还须检查有关产品合格证件的有效期限。

(2) 验收手续是否符合有关法规、规定要求。有关安全设施验收手续的规定如下所述。

① 高处作业安全防护设施由施工方的项目分管负责人组织有关部门进行验收，包括该设施的临时拆除或变动，也应经过验收，验收合格签字后方可实施。

② 物料提升机和施工外用电梯的安装拆卸，由产权单位编制专项施工方案，该单位分管负责人审批方案，并负责安装、拆卸。使用前由产权单位与施工承包单位共同进行验收。

③ 附着式脚手架和其他外挂式脚手架，由产权单位编制专项施工方案，该单位分管负责人审批方案。使用前由产权单位与施工承包单位共同验收。附着式升降脚手架和其他外挂式脚手架每提升一次都应由施工承包单位项目分管负责人组织有关部门进行验收，验收合格签字后，方可作业。

④ 脚手架模板工程、移动式操作平台、各类作业平台、卸料平台，均由施工承包单位项目分管负责人组织有关部门验收。

⑤ 吊篮由产权单位与施工承包单位共同组织验收。

(3) 验收参与人员的资格是否符合规定要求。

(4) 规定须经检测的机械设施是否委托有检测资格的检测机构进行检测，检测结果是否合格，检测不合格项是否已整改消除。

(5) 安全设施和施工机械的搭设、安装是否符合专项施工方案的要求，是否存在违反工程建设强制性标准的问题。施工安全监理工程师对施工安全设施和施工机械的验收手续核查符合规定要求后，签署同意该设施、机械投入使用。

现场验收常见通病有验收资料不齐全；验收参加人员不符合规定，甚至由施工安全员一人签署验收；验收记录表内缺少班组自检记录；用检测成果资料代替施工承包单位内部的验收记录等。施工安全监理工程师应该对这些验收通病及时指出，下令整改。监理人员应该做好各项安全设施、施工机械安全技术交底的验收情况统计汇总工作，填写检查汇总表，见表 3-3。

表 3-3　安全设施、施工机械安全技术交底的验收情况统计汇总表

工程名称：　　　　总监理工程师：　　　　安全监理人员：

施工单位：　　　　日期：　　　　日期：

序号	安全监理	方案审批手续	施工机械验收手续	安全设施验收手续	安全交底	备注(检查日期)
1	地下工程					
2	模板工程					
3	吊装工程					
4	施工用电					
5	脚手架					

续表

序号	安全监理	方案审批手续	施工机械验收手续	安全设施验收手续	安全交底	备注(检查日期)
6	塔式起重机					
7	施工升降机					
8	井架、龙门架					
9	其他机械					
10	装饰工程					
11	拆除工程					
12	爆破工程					

施工阶段安全监理需做大量的工作，本章提出了施工阶段安全监理工作的主要内容，安全技术交底的督促工作、危险源施工作业现场的监督检查工作、施工安全设施、施工机械验收手续核查，监理工作的方式、注意事项、检查要点等方面也作了详细的阐述，内容贴近工作实际。

思考与拓展题

3－1　何谓安全技术交底？安全技术交底的内容是什么？有哪些要求？

3－2　施工安全设施和施工机械核查的主要内容有哪些？

3－3　施工阶段安全监理工作可采用哪些手段？

3－4　施工阶段安全监理工作主要内容有哪些？

3－5　在施工阶段，监理单位对存在严重的安全事故隐患，而施工单位拒不整改或不停工整改的情况，应当如何处理？

第4章

建设工程安全监理的内业工作

课程标准

课程内容	知识要点	教学目标
建设工程安全监理内业工作基本要求和内容	建设工程安全监理资料的要求和内容	掌握安全监理资料的要求，熟悉安全监理资料的内容
建设工程安全监理规划	安全监理规划的编制依据、要求、内容以及审核	掌握安全监理规划的内容
建设工程安全监理实施细则	安全监理实施细则的编制依据和内容	掌握安全监理实施细则的内容
建设工程安全监理的其他内业工作	安全监理培训、指令、报告、审核、审查等，安全监理日记、月报	掌握监理报告、监理指令、监理通知、安全监理日记、月报等的编写，熟悉有关专项施工方案的审查要点
施工现场安全要点检查监理用表	施工现场安全监理检查相关用表	掌握建筑施工安全检查评分表，熟悉施工现场安全要点检查监理用表

▶▶章节导读

建设工程安全监理的内业工作是做好安全监理资料，该资料不仅是整个工程项目监理资料的重要组成部分，而且对该项目的安全生产和监理工作具有特殊作用。

1. 施工监理的安全资料能反映建设工程项目安全生产的情况

施工监理的安全资料记录了建设工程施工阶段施工监理的安全工作的情况，能反映建设工程项目安全生产和各方主体履行安全责任的情况，是建设行政主管部门检查监督建设工程安全生产的重要资料。

2. 施工监理的安全资料是施工伤亡事故责任分析的佐证

建设工程一旦发生伤亡事故，作为监督施工安全的监理方所记录的安全监督资料，对于客观分析事故责任具有重要价值，也是监理单位和施工监理的安全责任人员自我保护的重要依据。

3. 施工监理的安全资料是施工监理的安全工作总结的资源

监理单位通过施工监理的安全工作实践所积累的资料，可以总结监理工作的可贵经验，从而不断提高建设工程施工安全监理的工作水平。

特别提示

监理资料必须及时整理、真实完整、分类有序。监理资料的管理应由总监理工程师负责，并指定专人具体实施。监理资料应在各阶段监理工作结束后及时整理归档。监理档案的编制及保存应按有关规定执行。

4.1 建设工程安全监理内业工作基本要求和内容

4.1.1 建设工程安全监理内业工作基本要求

施工监理的安全资料是建设工程施工项目监理资料的组成部分，施工监理的安全资料的管理原则、管理制度、管理方法、管理要求与建设工程项目质量监理资料的管理是一致的。

安全监理资料管理的基本要求如下所述。

(1) 收集及时、真实齐全、分类有序。

(2) 安全监理资料应纳入项目监理部的工程监理资料管理，由安全监理人员审核后交资料管理员保管。

(3) 安全监理资料应建立案卷，分类编目、编号，以便于跟踪检查。

(4) 安全监理资料的收发、借阅应通过资料管理员履行手续。

(5) 安全监理档案的验收、移交和管理参照《建设工程文件归档整理规范》等规定执行。

(6) 提倡使用数字技术及音像手段及时记录施工现场安全生产的重要情况，记录施工危险源的安全隐患，并结合施工监理的安全月报进行情况摘编，及时传达现场安全管理的动态。

4.1.2 建设工程安全监理资料内容

施工监理的安全工作尚未形成完整的资料目录和施工监理的安全表式，有待通过实践逐步探索，但我们可以整理出以下施工阶段项目监理机构施工监理的安全资料台账目录供参考，台账目录见表 4-1。

表4-1 项目监理机构的安全资料台账目录表

序号	台账目录	序号	台账目录
一	**项目安全监理体系管理资料**	7	安全监理日记
1	建设工程委托监理合同(含安全监理工作内容)	8	安全监理暂停施工令
2	安全监理人员名册、岗位职责	9	安全监理复工通知单
3	安全监理培训证书、岗位证件	10	施工机械、施工安全设施验收核查表
4	安全监理工作制度	11	安全监理月报资料
		12	安全监理工作总结
二	**安全监理工作资源资料**		
1	现行安全监理的相关法规及支持性文件	**五**	**安全监理会议记录、往来函件**
2	现行有关工程建设安全技术规范标准	1	安全监理专题会议纪要
3	现场配置的安全检测仪器工具清单	2	安全监理工作报告
4	上级公司有关安全监理工作的政策文件	3	项目施工现场安全检查记录
		4	有关各方往来函件
三	**项目安全监理的策划文件资料**	5	安全监督部门下发的整改通知单、处罚单
1	监理规划(含安全监理方案)	6	安全事故分析处理资料
2	安全监理实施细则		
		六	**安全监理外部资料**
四	**项目安全监理的工作记录资料**	1	建设单位施工安全协议书
1	安全技术措施和专项施工方案审批表	2	施工单位安全管理体系,安全生产人员的岗位证书、安全生产考核合格证书、特种作业人员岗位证书及审核资料
2	分包单位、特种作业人员安全资格审批表	3	分包单位、安全资格及审核资料
3	安全技术交底检查表	4	施工单位的专项安全施工方案及工程项目应急救援预案的审核资料
4	安全监理巡视旁站记录表	5	重大危险源安全技术交底记录
5	安全监理工程师通知单	6	施工现场动火许可资料等
6	安全监理整改复查记录	7	施工单位的安全生产责任制、安全管理规章制度及审核资料

4.2 建设工程安全监理规划

4.2.1 建设工程安全监理工作文件的构成及其关系

建设工程安全监理工作文件包括安全监理大纲、安全监理规划和安全监理实施细则。安全监理大纲是在监理单位投标时编制的，安全监理规划是在监理合同签订以后编制的，安全监理实施细则是在监理合同签订以后，由专业监理工程师编制的。安全监理大纲、安全监理规划和安全监理实施细则之间存在明显的依据性关系，即安全监理规划编制要根据安全监理大纲的有关内容进行编制，安全监理实施细则编制要在安全监理规划的指导下进行。

1. 安全监理大纲

安全监理大纲，或称为安全监理方案，是工程监理单位在建设单位(或业主)开始委托监理的过程中，特别是在建设单位(或业主)进行监理招标过程中，为承揽到安全监理业务而编写的监理方案性文件。

安全监理大纲应该包括如下主要内容。

1）拟派往项目监理机构的监理人员情况介绍

在安全监理大纲中，工程监理单位需要介绍拟派往所承揽或投标工程的项目监理机构的主要监理人员，并对他们的资格等情况进行说明，包括资格，如注册证；水平，如业务、技术；能力，如组织协调等。其中，应重点介绍拟派往工程的项目总监理工程师的情况。

2）拟采用的监理方案

工程监理单位应当根据建设单位(或业主)所提供的工程信息，并结合自己为投标所初步掌握的工程资料，制订出拟采用的监理方案。监理方案的具体内容包括项目监理机构的方案、建设工程目标的具体控制方案、工程建设各种合同的管理方案、项目监理机构在监理过程中进行组织协调的方案等。

3）将提供给建设单位(或业主)的阶段性监理文件

在安全监理大纲中，工程监理单位应明确未来工程监理工作中向建设单位(或业主)提供的阶段性的监理文件，这将有助于满足建设单位(或业主)掌握工程建设过程的需要，也有利于监理单位顺利承揽该建设工程的监理业务。

2. 安全监理规划

安全监理规划是工程监理单位接受建设单位(或业主)委托并签订委托监理合同之后，在项目总监理工程师的主持下，由专业监理工程师参加，根据委托监理合同，在安全监理大纲的基础上，结合工程的具体实际情况，广泛收集工程信息和资料的情况下编制，并经工程监理单位技术负责人批准，用来指导项目监理机构全面开展安全监理工作的指导性文件。

3. 安全监理实施细则

安全监理实施细则是在安全监理规划的基础上，由项目监理机构的专业监理工程师针对建设工程中某一专业或某一方面的安全监理工作编写，并经总监理工程师审批实施的操作性文件。安全监理实施细则的作用是指导本专业或本子项目具体监理业务的开展。

4.2.2 建设工程安全监理规划编制的依据和要求

1. 建设工程安全监理规划编制的依据

1）建设工程安全生产、劳动保护、环保、消防等的法律法规

（1）国家、地方有关安全生产、劳动保护、环保、消防等法律法规。

（2）国家、地方有关建设工程安全生产的法律法规。

（3）建设工程安全生产标准和规范。

2）政府批准的工程建设文件及设计文件

政府批准的工程建设文件主要包括政府主管部门批准的可行性研究报告、立项批文；政府国土、建设规划、环保、消防等部门审批确定的土地使用条件、规划条件、环境保护、消防安全要求等。

设计文件主要包括施工图样和设计说明文件等。

3）建设工程监理合同

4）其他建设工程合同

5）监理大纲

2. 建设工程安全监理规划编制的要求

1）具有针对性、可操作性

安全监理规划是指导某一个特定建设工程安全监理工作的技术组织文件，其具体内容应与这个建设工程相适应。由于所有建设工程都具有一次性、单件性的特点，即每个建设工程都有自身的特点，而且每一家工程监理单位和每一位总监理工程师对某一个具体建设工程在安全监理指导思想、安全监理方法和安全监理手段等方面都会有自己的独到之处。只有具有针对性，建设工程安全监理规划才能真正起到指导具体安全监理工作的作用。

2）具有科学性

建设工程安全监理规划应与建设工程运行客观规律相一致，必须把握和遵循建设工程运行的规律。安全监理规划要随着建设工程的展开进行不断地补充、修改和完善。在建设工程的运行过程中，外部环境、内部因素等不可避免地要发生变化，造成工程的实施情况偏离计划，往往需要调整计划乃至目标，这就必然造成安全监理规划在内容上也要相应地调整。

3）基本内容的统一性和表达方式的规范性

安全监理规划表达方式的统一性，是指安全监理规划要充分反映《建设工程监理规范》(GB 50319—2000)的要求，其总体内容组成上要力求与《建设工程监理规范》(GB 50319—2000)要求保持统一。建设工程安全监理的主要内容是对建设工程施工过程的安全生产进行监督管理，通过合同管理，组织协调相关单位之间的工作关系，同时，安全

监理规划的作用是用来指导项目监理机构开展安全监理工作。安全监理规划必须包括整个安全监理工作的组织、控制、方法、措施等。因此，安全监理规划基本构成内容的统一，应当包括目标规划、监理组织、目标控制、合同管理和信息管理等。针对某一个具体建设工程，还要根据监理单位与建设单位签订的监理合同所确定的监理实际范围、深度加以适当调整。

在安全监理规划的内容表达上，要求尽可能采用表格的形式，以及简单的文字说明，并在安全监理规划中作出统一规定。只有这样，建设工程安全监理工作才能迈向规范化、标准化的道路，实现科学化。

4）安全监理规划编制的主持人是项目总监理工程师

在《建设工程监理规范》(GB 50319—2000)中指出：监理规划应由总监理工程师主持，专业监理工程师参加编制。因此，安全监理规划必须是总监理工程师主持并进行编制。同时，总监理工程师应当充分征求各专业监理工程师及监理员的意见和建议，以及建设单位的意见，必要时可征求其他相关方(施工、设计、专家、社会、政府部门等)的意见。

5）一般是分阶段编写

工程项目建设是有阶段性的，安全监理规划内容源于监理规划信息。建设工程实施中所输出的工程信息是相应的监理规划信息的来源。由于工程实施各阶段的工程信息是不同的，因此，工程实施各阶段的监理规划信息也是不同的，也决定了安全监理规划内容应分阶段进行调整、修改、完善。设计阶段、施工招标阶段、施工阶段，其安全监理工作的内容是不同的。即使在施工阶段，土方开挖、基础、主体、安装、装修及竣工验收等阶段的施工内容也不同，其安全监理工作内容也不同。因此，安全监理规划应根据工程进度情况进行调整、修改，才能使安全监理规划动态地控制整个建设工程安全生产的正常运行。

6）安全监理规划应经审核

安全监理规划在编写完成后需进行审核，并由工程监理单位技术负责人审核批准。安全监理规划是否要经过建设单位(或业主)的认可，由委托监理合同或双方协商确定。

4.2.3 建设工程安全监理规划编制的内容和审核

1. 建设工程安全监理规划编制的内容

建设工程安全监理规划应包括如下内容。

1）工程项目概况

工程项目概况的主要内容：建设工程名称、地点、建筑规模(层数、高度、面积等)结构类型，建设工程组成、建设工程的安全要求、计划工期、投资总额、质量要求、勘察单位、设计单位、施工单位名称及其联系人、地址、电话，以及建设工程结构图与编码系统等。

2）监理工作范围

监理工作范围是指工程监理单位依据监理合同应承担的安全监理任务的工作范围。例如，监理单位承担整个建设工程的安全监理任务，则监理范围为全部建设工程；若只承担建设工程的子标段或子项目的安全监理任务，则监理范围为建设工程的该子标段或该子项目。

3）安全监理工作目标

建设工程安全监理目标是指工程监理单位对所监理的建设工程预期要达到的安全目标，通常包括安全控制目标、安全管理目标以及其他工作目标。

安全控制目标包括杜绝因工重伤、死亡事故的发生，一般事故频率控制目标，不发生火灾、中毒、环境污染事件等。

安全管理目标包括施工现场争创文明安全工地，重大安全隐患整改率，现场治尘、治噪目标等。

4）安全监理工作依据

(1) 国家、地方有关安全生产、劳动保护、环境保护及消防等法律法规及方针、政策。

(2) 国家、地方有关建设工程安全生产法律法规、标准规范及规范性文件。

(3) 政府批准的建设工程文件及设计文件。

(4) 建设工程监理合同和其他建设工程合同等。

5）项目监理机构的组织形式

项目监理机构的组织形式应根据安全监理要求选择，可用组织机构图表示。

6）项目监理机构的人员配备计划

项目监理机构的人员配备应根据建设工程安全监理的进度合理安排。

7）项目监理机构的人员岗位职责

项目监理机构的人员岗位职责，可参见前面第1章1.3节。

8）安全监理的工作内容

(1) 施工招标阶段安全监理工作的主要内容。

① 审查施工单位的建筑业企业资质和安全生产许可证。

② 协助建设单位拟定安全生产协议书。

(2) 施工准备阶段及施工过程中安全监理工作的主要内容。

建设部《关于落实建设工程安全生产监理责任的若干意见》建市[2006]248号(以下简称《若干意见》)要求监理单位在施工准备阶段主要做好五个方面的审查、审核工作：一是审查施工单位编制的施工组织设计中的安全技术措施和危险性较大的分部分项工程安全专项施工方案是否符合工程建设强制性标准要求；二是审查施工单位资质和安全生产许可证是否合法有效；三是审查施工单位项目经理和专职安全生产管理人员是否具备合法资格，是否与投标文件相一致；四是审核施工单位的特种作业人员的特种作业操作资格证书是否合法有效；五是审核施工单位应急救援预案和安全防护措施费用使用计划。

《若干意见》要求监理单位在施工准备阶段和施工阶段，主要做好六个方面的检查督促工作。一是要检查施工单位在工程项目上的安全生产规章制度和安全监管机构的建立、健全及专职安全生产管理人员配备情况，督促施工单位检查各分包单位的安全生产规章制度的建立情况；二是定期巡视检查施工过程中的危险性较大工程的作业情况；三是核查施工现场施工起重机械、整体提升脚手架、模板等自升式架设设施和安全设施的验收手续；四是检查施工现场各种安全标志和安全防护措施是否符合强制性标准要求，并检查安全生产费用的使用情况；五是监督施工单位按照施工组织设计中的安全技术措施和专项施工方案组织施工，及时制止违规施工作业；六是督促施工单位进行安全自查工作，并对施工单位自查情况进行抽查。

《若干意见》要求监理单位应对施工现场安全生产情况进行巡视检查，发现存在安全事故隐患，应书面通知施工单位并督促其立即整改。情况严重的，监理单位应及时下达工程暂停令，要求施工单位停工整改并同时报告建设单位。施工单位拒不整改或不停工整改的，监理单位应当及时向工程所在地建设主管部门或工程项目的行业主管部门报告。

9）安全监理的监理工作程序

监理工作程序比较简单明了的表达方式是监理工作流程图。一般可对不同的安全监理工作内容分别制订安全监理工作程序。以下是两张安全监理工作流程图(供参考)。

（1）施工过程中的施工安全监理工作流程图，如图 4.1 所示。

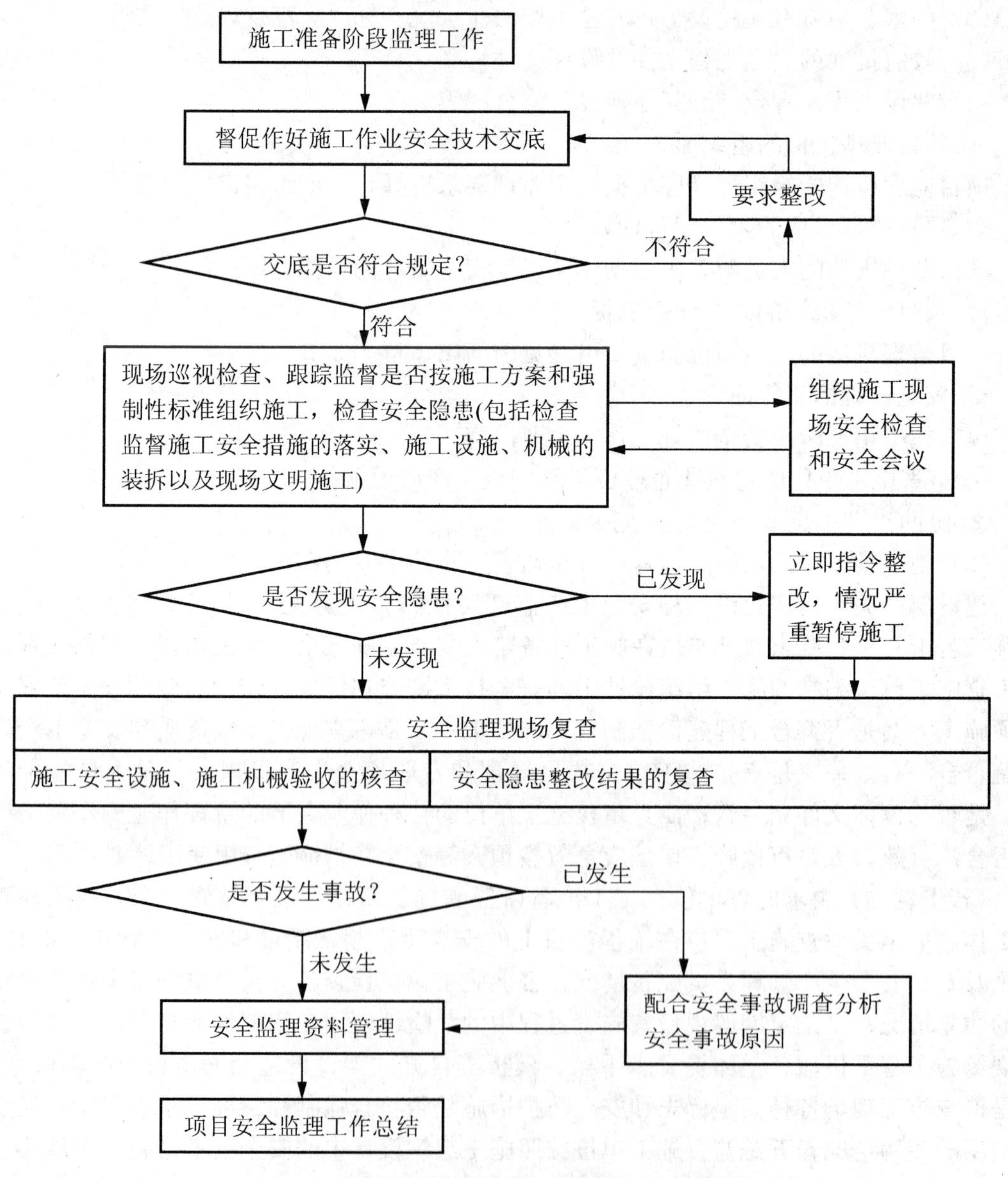

图 4.1　施工过程中的施工安全监理工作流程图

10）安全监理工作方法及措施

（1）安全监理工作方法。

通过施工现场危险源的识别，建立危险源清单，对危险源进行安全风险评价。根据评价结果判定安全风险的程度，列出重大危险源清单，进行安全风险决策，对重大危险源事先制订控制措施计划等。

（2）安全控制措施。

安全控制的组织措施。建立健全项目监理机构，完善职责分工，制定有关安全监督制度，落实安全控制责任。

安全控制的技术措施。督促施工单位完善安全管理体系，严格事前、事中和事后的安全检查监督。

安全控制的经济措施或合同措施。严格安全检查和专项施工方案、施工机械、安全设施等的核查验收。对不符合标准规范的，应拒绝核查验收，并要求施工单位整改；对存在安全隐患的，施工单位拒绝整改；施工现场安全文明较差的，应根据合同或安全生产协议书进行处罚；同时，对达到安全文明施工的，应进行奖励。

11）安全监理的监理工作制度

安全监理工作制度有首次施工安全监理交底会议制度，施工安全监理例会制度，专项施工方案报审制度，危险源交底监控制度，施工安全监理巡视制度，施工现场安全检查制度，施工安全设施、施工机械验收核查制度，设计文件、图纸审查制度，施工图纸会审及设计交底制度，工程开工申请审批制度，工程材料，半成品质量检验制度，安全物资查验制度，设计变更处理制度，工程安全隐患整改制度，工程安全事故处理制度，对外行文审批制度，安全监理工作日志制度，安全监理周报、月报制度，技术、经济资料及档案管理制度，监理费用预算制度等。

12）安全监理的监理设施

根据《建设工程监理规范》(GB 50319—2000)要求，建设单位应提供满足监理工作需要的设施：办公设施、交通设施、通信设施、生活设施等。

项目监理机构应根据建设工程类别、规模、技术复杂程度、建设工程所在地的环境条件，按委托监理合同的约定，配备满足安全监理工作需要的常规检测设备和工具。

2. 建设工程安全监理规划编制的审核

建设工程安全监理规划在编写完成后需要进行审核并经批准。工程监理单位的技术主管部门是内部审核单位，其技术负责人应当签认。安全监理规划审核的内容主要包括以下几个方面。

（1）安全监理范围、工作内容及监理目标的审核。

（2）项目监理机构、组织机构、人员配备、审核派驻监理人员的专业及人数是否满足监理工作。

（3）安全监理的控制方法和措施的审核。

（4）监理工作制度的审核。

（2）施工安全监理全过程流程图，如图 4.2 所示。

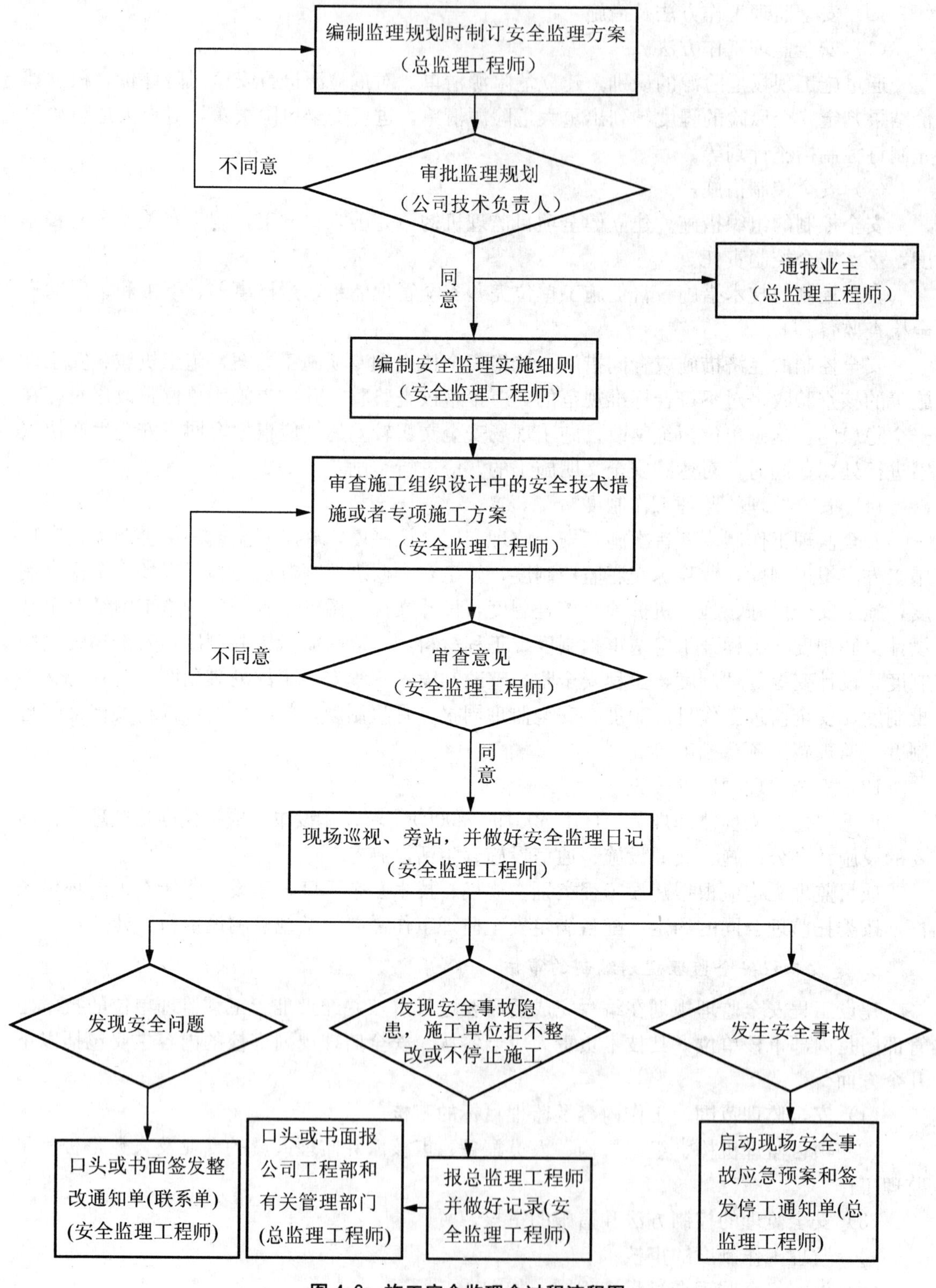

图 4.2　施工安全监理全过程流程图

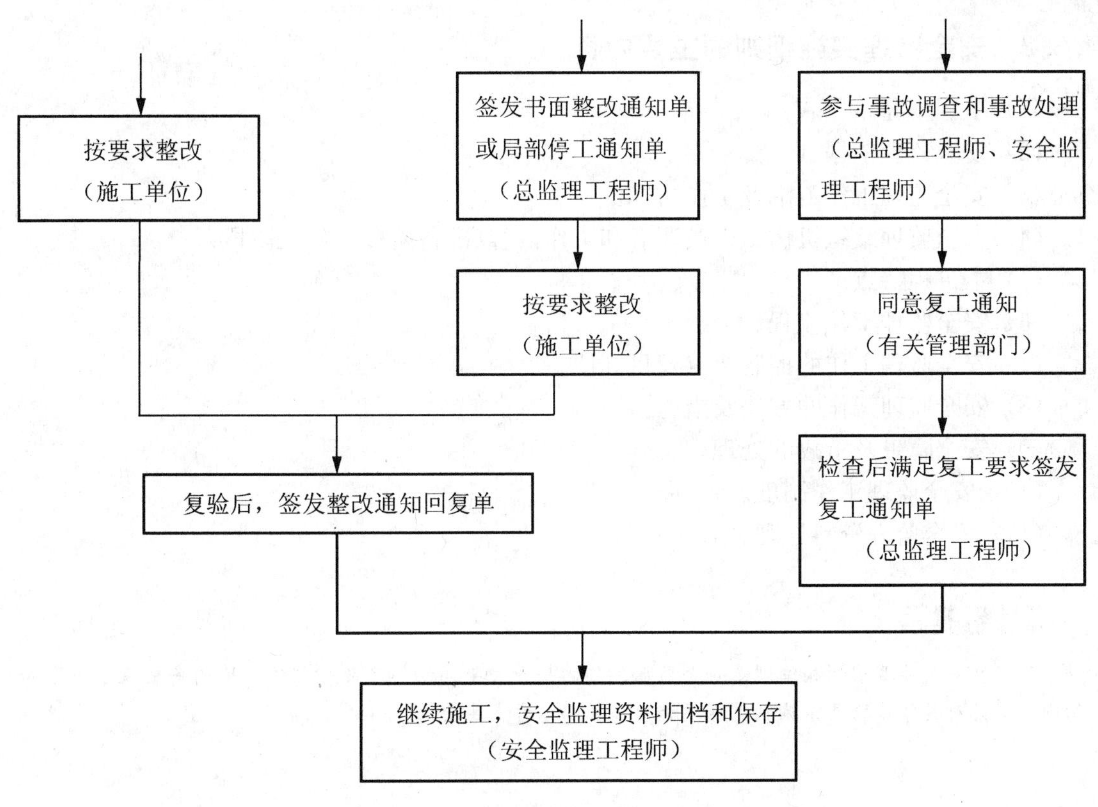

图 4.2　施工安全监理全过程流程图(续)

4.3　建设工程安全监理实施细则

安全监理实施细则是根据安全监理规划，由专业监理工程师编写，并经总监理工程师批准，针对工程项目中某一专业或某一方面安全监理工作的操作性文件。安全监理实施细则应具有可操作性。危险性较大的分部分项工程施工前，必须编制安全监理实施细则。安全监理实施细则应针对施工单位编制的专项施工方案和现场实际情况，依据安全监理方案或监理规划所提出的工作目标和管理要求，明确监理人员的分工和职责、安全监理工作的方法和手段、安全监理检查重点、检查频率和检查记录的要求。安全监理实施细则的编制应由专业监理工程师主持，专职(兼职)安全监理人员参加。安全监理实施细则由总监理工程师审批后实施。安全监理实施细则应根据工程的变化予以补充、修改和完善，并按规定程序报批。

4.3.1　安全监理实施细则的编制依据

（1）已批准的安全监理规划。

（2）与专业工程相关的标准、规范、规程、设计文件和技术资料。

（3）施工组织设计、专项施工方案。

4.3.2 安全监理实施细则的主要内容

(1) 工程概况。
(2) 安全监理依据。
(3) 安全监理工作范围及工作目标。
(4) 安全监理组织机构、人员职责和工作内容(准备阶段、施工阶段)。
(5) 本工程特点。
(6) 安全监理工作流程。
(7) 安全监理工作的控制要点及目标值。
(8) 安全监理工作的方法及措施。
(9) 安全隐患及事故的处理。
(10) 安全监理工作制度。
(11) 安全监理资料管理。

特别提示

制定好安全监理规划和细则是安全监理工作的头等大事，切不可照抄别的工地的安全监理规划和细则，要针对具体工程具体编制。程序和内容可以参考上述要求。

4.4 建设工程安全监理的其他内业工作

4.4.1 安全监理培训

监理单位应制订监理人员培训计划，按计划对监理人员进行安全监理业务培训并保留培训记录。总监理工程师应及时组织项目监理人员学习有关安全生产的法律、法规、标准、规范和规程等。

4.4.2 监理指令

在施工安全监理工作中，监理人员通过日常巡视及安全检查，发现违规施工和存在安全事故隐患的，应立即发出监理指令。监理指令分为口头指令、工作联系单、监理通知、工程暂停令四种形式。

1. 口头指令

监理人员在日常巡视中发现施工现场的一般安全事故隐患，凡立即整改能够消除的，可通过口头指令向施工单位管理人员予以指出，监督其改正并在监理日记中记录。

2. 工作联系单

如口头指令发出后施工单位未能及时消除安全事故隐患，或者监理人员认为有必要时，应发出《工作联系单》，要求施工单位限期整改，监理人员按时复查整改结果并在项目监理日志中记录。

3. 监理通知

当发现安全事故隐患后，安全监理人员认为有必要时，总监理工程师或安全监理人员应及时签发有关安全的《监理通知》，要求施工单位限期整改并限时书面回复，安全监理人员按时复查整改结果。《监理通知》应抄报建设单位。

4. 工程暂停令

当发现施工现场存在重大安全事故隐患时，总监理工程师应及时签发《工程暂停令》，暂停部分或全部在施工程的施工，并责令其限期整改；经安全监理人员复查合格，总监理工程师批准后方可复工。

4.4.3 监理报告

(1) 项目监理部应每月总结施工现场安全施工的情况，并写入监理月报向建设单位报告。

(2) 总监理工程师在签发《工程暂停令》后应及时向建设单位报告。

(3) 对施工单位拒不执行《工程暂停令》的，总监理工程师应向建设单位及监理单位报告。必要时应填写《安全隐患报告书》，向工程所在地建设行政主管部门报告，并同时报告建设单位。

(4) 在安全监理工作中，针对施工现场的安全生产状况，结合发出监理指令的执行情况，总监理工程师认为有必要时，可编写书面安全监理专题报告，交建设单位或建设行政主管部门。

4.4.4 对施工承包单位资格的审核

1. 招投标阶段对投标施工承包单位资格的审查

(1) 查对建筑业企业资质证书、安全生产许可证、营业执照等。

(2) 了解投标施工承包单位的企业业绩、资金、人员素质、技术装备、管理水平等。

(3) 考核投标施工承包单位的近期状况，了解其安全、质量、现场管理的情况等。

(4) 实地考核投标施工承包单位近期承建工程的安全、质量、现场管理水平等。

2. 对中标进场施工承包单位的安全管理体系核查

施工承包单位建立有健全的安全管理体系，对取得良好的施工效果，保证施工安全具有重要作用，因此，监理工程师应做好对施工承包单位的安全管理体系的核查，是做好安全监理工作的重要环节，也是取得建设工程施工安全的重要条件。

施工承包单位应向监理工程师报送安全管理体系有关资料，包括组织机构、各项安全生产制度、安全管理制度、安全管理人员、特种作业人员资格证、上岗证等。

经监理工程师对报送的相关资料进行审核，必要时实地检查。对满足建设工程安全生产的安全管理体系，总监理工程师应予以确认；对于不合格的人员，总监理工程师有权要求施工承包单位予以撤换；对不健全不完善的，总监理工程师应要求施工承包单位尽快健全完善。

4.4.5 有关专项施工方案的审查要点

1. 基坑工程专项施工方案

深度 3m 以上要有专项施工方案，地形复杂不足 5m 的基坑或 5m 以上的深基坑要组织专家论证。

(1) 基坑支护设计文件及其审批手续。

(2) 施工区域地下管线、构筑物等的防护措施。

(3) 基坑降水方案的安全性，对施工毗邻区域的影响。

(4) 基坑土方开挖顺序和方法。

(5) 基坑周边防护、上下通道和荷载要求。

(6) 基坑监测方案。

(7) 基坑支撑的拆除。

(8) 基坑作业环境的安全措施，如夜间施工照明等。

2. 模板工程专项施工方案

(1) 模板支撑设计计算的荷载取值。

(2) 模板支撑系统的设置及构造要求。

(3) 模板立柱的地基强度。

(4) 混凝土输送施工工艺对模板稳定的影响。

(5) 模板的拆除要求。

(6) 模板施工作业的安全防护措施。

(7) 模板施工方案的审批。

3. 起重吊装专项施工方案

(1) 工程概况、现场环境。

(2) 起重机械的选型依据，起重扒杆的设计计算。

(3) 地锚设计。

(4) 钢丝绳、索具的设计选用。

(5) 道路、路基的要求。

(6) 构件堆放就位和运输的安全防护。

(7) 构件的吊装顺序。

(8) 吊装施工作业的安全防护措施。

4. 施工临时用电专项施工方案

1) 施工临时用电方案的内容

(1) 线路走向和配电箱位置。

(2) 用电负荷计算。

(3) 电气平、立面图和接线系统图。

(4) 变电器导线和电器类型、规格。

(5) 电气防火和安全用电的技术措施。

2）审查施工临时用电的方案

应按照《施工现场临时用电安全技术规范》（JGJ 46—2005）的规定，重点审查该方案是否符合强制性标准，并注意以下几点。

（1）负荷计算。

（2）是否采用 TN-S 接零保护系统。

（3）是否实施三级配电、两级保护。

（4）是否实行“一机一闸一漏一箱”。

（5）电源的进线、总配电箱的装设位置和线路走向。

（6）导线截面和电气设备的类型规格。

（7）电气平面图、接线系统图。

（8）照明用电措施。

（9）临时用电方案的审批等。

5. 塔式起重机和自升式施工机械的装拆方案

1）施工现场塔式起重机和自升式施工机械的安装、拆卸施工方案的主要内容

（1）安装、拆卸施工的作业环境。

（2）安装条件、安装制度。

（3）拆卸作业前检查和作业制度。

（4）安装、拆卸的工艺流程和工作要点。

（5）升降及锚固作业工艺。

（6）安装后的检验内容和试验方法。

（7）各工序、各部位有关的安全措施。

（8）装、拆作业安全注意事项。

2）审查方案重点应关注塔机倾覆、地基沉降的发生

（1）塔机地基处理的要求。

（2）安装、拆卸方式及相应的技术和管理措施。

（3）塔机使用中的检查、维修管理。

（4）塔机驾驶员的从业资格。

（5）塔机使用中班前检查制度。

（6）起重机的安全使用制度。

（7）塔机施工方案的审批等。

6. 操作平台设计及施工方案

（1）施工操作使用的移动式或悬挑式操作平台应按现行规范进行设计，有设计图纸和计算书，并应编制施工组织设计。

（2）操作平台的设计方案应符合行业标准《建筑施工高处作业安全技术规范》（JGJ 80—1991）的有关规定，包括悬挑式平台的抗倾覆计算。

（3）移动式操作平台高度不宜超过 5m，应进行稳定验算，并采取措施减少立柱的细长比。

7. 脚手架专项施工方案

(1) 脚手架设计计算书。

(2) 脚手架设计方案。

(3) 脚手架验收方案。

(4) 脚手架使用安全措施。

(5) 脚手架拆除方案。

(6) 脚手架施工方案的审批等。

特别提示

监理单位应当将危险性较大的分部分项工程列入监理规划和监理实施细则，应当针对工程特点、周边环境和施工工艺等，制订安全监理工作流程、方法和措施。监理单位应当对专项方案实施情况进行现场监理；对不按专项方案实施的，应当责令整改，施工单位拒不整改的，应当及时向建设单位报告；建设单位接到监理单位报告后，应当立即责令施工单位停工整改；施工单位仍不停工整改的，建设单位应当及时向住房城乡建设主管部门报告。

4.4.6 设计交底与施工图样的现场核对

施工阶段，施工图样和设计说明文件是施工生产工作的依据。因此，总监理工程师应组织监理人员认真参加由建设单位主持的设计交底工作，以透彻地了解设计思想、原则及安全、质量要求；同时，认真做好审核及施工图纸核对工作，对于审图过程中发现的问题，及时以书面形式报告建设单位。

1. 参加设计交底应了解的主要内容

(1) 有关地形、地貌、气象、工程地质及水文地质等自然条件方面。

(2) 政府主管部门，如规划、环保、交通、消防等对本工程的要求。

(3) 设计意图方面，如设计思想、设计方案、基础开挖及基础处理方案、结构设计意图、施工进度安排等。

(4) 施工安全应注意事项方面，如基础施工安全的要求、主体工程设计中采用新结构或新材料或新工艺对施工安全提出的要求、对实现进度安排而应采用的施工组织的安全技术与安全管理措施等。

(5) 设计单位采用的主要设计规范等。

2. 施工图样的现场核对

施工图样是工程施工和安全监理工作的直接依据，为充分了解工程特点设计要求、减少图样的差错，确保工程施工安全、质量，减少工程变更，预防安全事故发生，监理工程师应做好施工图样的现场核对工作。

施工图样现场核对主要包括以下几方面：

(1) 施工图样合法性的认定：施工图样是否符合政府有关批准的规定，是否经设计单位正式签署等；

（2）施工图样与设计说明文件是否齐全；

（3）地下管线、地下工程是否探明并标注清楚；

（4）施工图样中有无遗漏差错或相互矛盾之处，图样的表示方法是否清楚和符合标准等；

（5）地质及水文地质等基础资料是否充分、可靠，地形地貌与现场实际情况是否相符；

（6）新材料、新技术的采用能否保证施工安全要求；

（7）新工艺、新方法能否保证施工安全要求。

4.4.7 施工平面布置的控制

为了保证施工承包单位能够顺利地施工，有利于施工过程的安全生产，监理工程师应督促建设单位按照合同约定并结合施工承包单位施工的需要，事先划定并提供给施工承包单位占有和使用现场有关部分的范围。当在现场的某一区域内需要不同的施工单位同时先后施工、使用，就应根据施工总进度计划的安排规定其各自占用的时间和先后顺序，并在施工总平面图中详细注明各工作区的位置及占用顺序，从而保证安全施工。

监理工程师要检查施工现场总体布置是否合理，是否有利于保证施工的正常进行。安全施工应充分重视安全、防火、防爆、防污染等因素，施工平面布置应做到分区明确，合理定位。

4.4.8 安全物资采购和进场验证的控制

安全生产设施条件的安全状况，很大程度上取决于所使用的材料、设备和防护用品等安全物资的质量。为了防止假冒、伪劣或存在质量缺陷的安全物资流入施工现场，造成安全事故，监理工程师应检查并督促施工单位建立安全物资供应单位的管理制度。

施工单位应对安全物资供应单位的评价和选择、供货合同条款约定和进场安全物资的验收的管理要求、职责权限、工作程序等内容作出具体规定和要求，并组织实施。施工单位应通过供货合同约定安全物资的产品质量和验收要求。供货合同签订前应按规定程序进行审核审批。施工单位应对进场安全物资进行验收，并形成记录。未经验收或验收不合格的安全物资应做好标志并清退出场。

监理工程师应对材料、设备和防护用品等安全物资进行核查，核查其质量合格证明和质量检验报告，通过外观检查和规格检查看实物质量，按规定抽样复试，并形成记录。

4.4.9 严把开工关

在总监理工程师向施工承包单位发出开工通知书时，建设单位应及时按计划保证质量地提供施工承包单位所需的场地和施工通道以及水、电供应等条件，以保证及时开工，防止承担赔偿工期和费用损失的责任。同时，监理工程师应事先检查施工承包单位的施工人员、施工机械设备、安全物资、场地、水电供应、施工通道及安全管理措施等是否处于良好正常状态。总监理工程师对于与拟开工工程有关的现场各项施工准备工作进行检查，并认为合格后，方可发布书面的开工指令。

4.4.10 安全监理日记、月报

安全监理日记用于记录当天安全监理工作，是施工监理人员每天必须记录的原始资料。内容主要有当天施工现场危险源的安全状况、施工监理人员发现的安全隐患情况和采取的监理措施以及处理结果。安全监理日记应由总监理工程师审阅。

安全监理月报表用于项目安全监理工作月度报告。

4.5 施工现场安全要点检查监理用表

4.5.1 建筑施工安全检查标准

为了科学地评价建筑施工安全生产情况，提高安全生产工作和文明施工的管理水平，预防伤亡事故的发生，确保职工的安全和健康，实现检查评价工作的标准化、规范化，住建部于2011年发布了《建筑施工安全检查标准》(JGJ 59—2011)，该标准于2012年7月1日实施。该标准适用于建筑施工企业及其主管部门对建筑施工安全工作的检查和评价。该标准对检查评定项目分为安全管理、文明工地、脚手架、基坑支护与土方工程、模板支架、“三宝”“四口”防护、施工用电、物料提升机与外用电梯、塔式起重机、起重吊装和施工机具共10项进行了详细的规定。在“安全管理”、“文明施工”、“脚手架”、“基坑支护、土方作业”、“模板支架”、“施工用电”、“物料提升机”、“施工升降机”、“塔式起重机”、“起重吊装”的分项检查评分表中，设立了保证项目和一般项目。保证项目应是安全检查的重点和关键。

(1) 建筑施工安全检查评分汇总表见表4-2。

(2) 各评分表的评分应符合下列要求：

① 评分表的实得分数应为各检查项目所得分数之和；

② 评分应采用扣减分数的方法，扣减分数总和不得超过该检查项目的应得分数；

③ 在分项检查评分表评分时，当保证项目中有一项未得分或保证项目小计得分不足40分时，此分项检查评分表不应得分；

④ 汇总表中各分项项目实得分数应按下列公式计算：

$$\text{项目实得分数}=\frac{\text{汇总表中该项应得满分分值}\times\text{该项检查评分表实得分数}}{100} \tag{4-1}$$

⑤ 检查中遇有缺项时，汇总表总得分应按下式换算：

$$\text{遇有缺项时汇总表总得分}=\frac{\text{实查项目在汇总表中按各对应的实数得分值之和}}{\text{实查项目在汇总表中应得满分的分值之和}}\times 100 \tag{4-2}$$

⑥“脚手架”、“物料提升机、施工升降机”、“塔式起重机、起重吊装”项目的检查评分表实得分数，应为所对应专业的检查评分表实得分数的算术平均值；

⑦ 多人对同一项目检查评分时，应按加权评分方法确定分值。权数的分配原则应为：专职安全人员的权数为0.6，其他人员的权数为0.4。

表4-2 建筑施工安全检查评分汇总表

企业名称： 经济类型： 资质等级：

单位工程(施工现场)名称	建筑面积(m^2)	结构类型	总计得分(满分100分)	项目及名称及分值									
				安全管理(满分10分)	文明施工(满分15分)	脚手架(满分10分)	基坑支护、土方作业(满分10分)	模板支架(满分10分)	高处作业(满分10分)	施工用电(满分10分)	物料提升机、施工升降机(满分10分)	塔式起重机、起重吊装(满分10分)	施工机具(满分5分)

评语：

检查单位		负责人		受检项目		项目经理	

【例1】《安全管理检查评分表》实得76分，换算在汇总表中《安全管理》分项实得分为多少？

分项实得分$=\frac{10\times 76}{100}=7.6$(分)

【例2】某工地没有塔式起重机，则塔式起重机在汇总表中有缺项，其他各分项检查在汇总表实得分为84分，计算该工地汇总表实得分为多少？

缺项的汇总表分$=\frac{84}{90}\times 100=93.34$(分)

【例3】《施工用电检查评分表》中，“外电防护”缺项(该项应得分值为10分)，其他各项检查实得分为72分，计算该分表实得多少分？换算到汇总表中应为多少分？

缺项的分表分$=\left(\frac{72}{90}\right)\times 100=80$(分)

汇总表中施工用电分项实得分$=\frac{10\times 80}{100}=8$(分)

【例4】如在施工用电检查表中，外电防护这一保证项目缺项(该项为10分)，另有其他“保证项目”检查实得分合计为25分(应得分值为50分)，该分项检查表是否能得分？

$25/50=50\%<66.7\%$，则该分项检查表计零分。

【例 5】某工地多种脚手架和多台塔式起重机，落地式脚手架实得分为 86 分、悬挑脚手架实得分为 80 分；甲塔式起重机实得分为 90 分、乙塔式起重机实得分为 85 分。计算汇总表中脚手架与塔吊实得分值为多少？

(1)脚手架实得分$=\frac{86+80}{2}=83$(分)

换算到汇总表中分值$=\frac{10\times 83}{100}=8.3$(分)

(2)塔吊实得分$=\frac{90+85}{2}=87.5$(分)

换算到汇总表中分值$=\frac{10\times 87.5}{100}=8.75$(分)

【例 6】“文明施工”检查评分表实得 80 分，换算在汇总表中“文明施工”分项实得分为多少？

分项实得分＝(15×80)÷100＝12(分)

(3) 按照汇总表的总得分和分项检查评分表的得分，建筑施工安全检查评定划分为优良、合格、不合格三个等级。

(4) 评定等级的划分应符合以下要求：

① 优良：分项检查评分表无零分，汇总表得分值应在 80 分及以上；

② 合格：分项检查评分表无零分，汇总表得分值应在 70 分及以上；

③ 不合格：汇总表得分值不足 70 分，或有一分项检查评分表不得分。

特别提示

“检查评分表未得分”与“检查评分表缺项”是不同的概念，“缺项”是指被检查工地无此项检查内容，而“未得分”是指有此项检查内容，但实得分为零分。

▶▶案例一

某公司总工程师、工会主席、安全科长、项目部安全员一行四人，对某住商楼工程施工现场分别进行安全检查。汇总表得分情况如下：总工程师 82 分，工会主席 77 分，安全科长 71 分，项目部安全员 73 分。试计算该工程安全检查得分，若该工程起重吊装分项不得分，试对该工程进行安全评价。

答案：

其他人员的得分＝(82＋77)÷2＝79.5(分)

专职安全人员的得分＝(71＋73)÷2＝72(分)

专职安全人员的权数为 0.6，其他人员的权数为 0.4，则该工程安全检查得分为 79.5×0.4＋72×0.6＝75(分)。

该工程安全评价等级不合格。理由是有一分项检查评分表不得分。

▶▶案例二

某工程的建筑安装工程检查评分汇总表见表 4－3，表中已填有部分数据。

表 4-3 检查评分汇总表

企业名称：××建筑公司　　　　经济类型：　　　　资质等级：

单位工程（施工现场名称）	建筑面积（m^2）	结构类型	总计得分（满分100分）	安全管理（满分10分）	文明施工（满分15分）	脚手架（满分10分）	基坑支护、土方作业（满分10分）	模板支架（满分10分）	高处作业（满分10分）	施工用电（满分10分）	物料提升机、施工升降机（满分10分）	塔式起重机、起重吊装（满分10分）	施工机具（满分5分）
X住宅	9058	框架					9.1	8.5		8.2	8.6		3.8

(1) 该工程《安全管理检查评分表》、《文明施工检查评分表》、《塔式起重机、起重吊装安全检查评分表》等分表的实得分分别为82分、80分、86分。换算成汇总表中相应分项后的实得分为多少？

答案：

汇总表中各项实得分数计算方法：

分项实得分＝(该分项在汇总表中应得分×该分项在检查分表中实得分)÷100

则安全管理分项实得分＝10×82÷100＝8.2(分)

则文明施工分项实得分＝15×80÷100＝12(分)

起重吊装分项实得分＝10×86÷100＝8.6(分)

(2) 该工程使用了多种脚手架，落地式脚手架实得分为92分，悬挑式脚手架实得分为82分，计算汇总表中“脚手架”分项实得分值是多少？

答案：

在汇总表的各分项中，如有多个检查评分表分值时，则该分项得分应为各单项实得分数的计算平均值。

脚手架实得分＝(92＋82)÷2＝87(分)

计算汇总表中“脚手架”分项实得分值为(87÷100)×10＝8.7(分)。

(3)《施工用电检查评分表》中“外电防护”这一保证项目缺项(该项应得分值为10分，保证项目总分为50分)，其余的“保证项目”检查实得分合计为30分，一般项目检查实得分为30分。计算该评分表实得多少分？换算到汇总表中应为多少分？

答案：

因为(其余的保证项目实得分÷其余的保证项目实得分)×100＝(30÷50)×100＝60%＜66.7%，所以该“施工用电”检查表为零分，换算到汇总表中应为零分。

(4) 本工程总计得分为多少？安全检查应定为何种等级？理由是什么？

答案：

本工程总计得分为8.2＋12＋8.7＋9.1＋8.5＋0＋8.2＋8.6＋8.6＋3.8＝75.7(分)。

安全检查等级定为不合格。

理由是有一检查评分表未得分。

4.5.2 施工现场安全要点检查监理用表

为进一步做好施工现场安全监理工作，推进建设工程安全监理资料规范化、信息化建设，各地区、各监理单位都编制了相应的施工现场安全要点检查监理用表。以下提供的监理用表共 16 张，可分为四类：

1. 检查记录用表(表 4-4～表 4-12)

用于监理单位对施工现场安全管理体系和安全防护的检查。

2. 处理用表(表 4-13、表 4-15 和表 4-17)

用于对检查出来的问题或隐患，作出安全防护改进、隐患整改或停工整改的处理决定并通知整改。

3. 复查用表(表 4-14、表 4-16 和表 4-18)

用于施工单位对隐患进行整改后向监理单位提出复查申请以及监理单位的批复。

4. 安全隐患报告用表(表 4-19)

用于施工单位置监理单位作出的处理决定于不顾，继续冒险施工时，监理单位向当地建设工程安全监督机构报告。

4.5.3 施工现场安全要点检查监理用表目录

(1) 建筑工程施工安全管理资料要点检查表，见表 4-4。
(2) 建筑工程土方开挖与基坑支护安全管理要点检查表，见表 4-5。
(3) 建筑工程模板安全管理要点检查表，见表 4-6。
(4) 建筑工程高处作业安全管理要点检查表，见表 4-7。
(5) 建筑工程扣件式钢管脚手架安全管理要点检查表，见表 4-8。
(6) 建筑工程施工现场临时用电安全管理要点检查表，见表 4-9。
(7) 建筑工程物料提升机安全管理要点检查表，见表 4-10。
(8) 建筑工程塔式起重机安全管理要点检查表，见表 4-11。
(9) 建筑工程施工机具安全管理检查要点，见表 4-12。
(10) 建筑工程安全防护改进通知书，见表 4-13。
(11) 建筑工程安全防护改进复查申请、批复书，见表 4-14。
(12) 建筑工程安全隐患整改通知书，见表 4-15。
(13) 建筑工程安全隐患整改复查申请、批复书，见表 4-16。
(14) 建筑工程安全隐患停工整改通知书，见表 4-17。
(15) 建筑工程复工申请、批复书，见表 4-18。
(16) 建筑工程安全隐患报告书，见表 4-19。

以下为施工现场安全要点检查监理参考用表。

表4-4 建筑工程施工安全管理资料要点检查表

工程名称		
施工单位(或分包单位)		
检查项目	检查内容	检查结果
管理人员持证上岗	项目经理、专职安全员经安全生产考核合格	□
	专职安全员的配备符合规定的要求	□
	项目经理、专职安全员有年度安全培训合格证	□
安全生产责任制度	已建立安全生产责任制，并明确各部门各岗位的安全职责	□
	有安全生产责任制考核办法，并按规定期限考核，考核结果有记录	□
	企业内部协议、总分包方协议中有安全生产具体指标和要求的条款	□
	项目的主要工种安全技术操作规程齐全	□
安全管理制度	安全技术交底制度、安全检查制度、安全教育制度、消防安全制度等各项安全管理制度健全	□
施工组织设计	危险性较大的工程编制了专项施工方案，并经具有法人资格的施工单位技术负责人和总监理工程师签字审批；深基坑、地下暗挖工程、高大模板工程的专项方案经专家论证、审查	□
安全技术交底记录	各工序施工前必须进行安全技术交底，有具体的安全技术交底内容。交底人、受交底人都履行签字(或按手印)手续	□
安全检查记录	有公司(分公司)对项目部的检查记录，检查频率符合制度规定	□
	有项目部定期检查记录，检查频率符合制度规定	□
	检查出事故隐患已按要求发出整改通知书，做到定人、定时间、定措施整改，整改后有复查记录，整改记录与现场情况符合	□
安全教育记录	新进场工人必须经三级安全教育，有具体的教育内容。教育者、受教育者都履行签字(或按手印)手续	□
应急预案	项目部制定有生产安全事故应急救援预案，有演练记录	□
	实施项目总包的，由总包单位统一编制应急救援预案	□
意外伤害保险	办理了意外伤害保险，有交费凭证	□
分包单位管理	分包合同中明确了各自的安全生产方面的权利和义务	□
	总包单位对分包单位的检查有记录	□
其他问题		
检查结论	□1. 通过 □2. 改进 □3. 整改 改进或整改内容如下：	检查人员签名 检查日期 年 月 日

注：“检查结论”栏，仅选一项并在选项的“□”内打“√”；其余栏目，在“□”内，肯定的打“√”，否定的打“×”；缺项的留空不填。

表 4－5 建筑工程土方开挖与基坑支护安全管理要点检查表

<table>
<tr><td>工程名称</td><td colspan="8"></td></tr>
<tr><td colspan="2">施工单位（或分包单位）</td><td colspan="7"></td></tr>
<tr><td colspan="2">深基坑（判断标准见注 2）</td><td colspan="2">□</td><td colspan="3">人工挖孔桩</td><td colspan="2">□</td></tr>
<tr><td colspan="9">资料检查</td></tr>
<tr><td rowspan="3">方案</td><td rowspan="2">是否需要编制专项施工方案（判断标准见注 3）</td><td>是□</td><td>有专项施工方案</td><td>□</td><td>经施工单位技术负责人审查</td><td>□</td><td>经总监理工程师批准</td><td>□</td></tr>
<tr><td>否□</td><td>有施工方案</td><td>□</td><td>有项目技术负责人签字</td><td>□</td><td>经总监理工程师批准</td><td>□</td></tr>
<tr><td>深基坑有专家论证审查书面意见</td><td>□</td><td>人工挖孔桩有方案</td><td>□</td><td>有项目技术负责人签字</td><td>□</td><td>经总监理工程师批准</td><td>□</td></tr>
<tr><td>变形监测</td><td colspan="3">施工方案中有基坑支护变形监测方案</td><td>□</td><td colspan="3">有基坑支护变形监测记录</td><td>□</td></tr>
<tr><td>井下检测</td><td colspan="7">人工挖孔桩每日开工前检测井下有毒有害气体，并作好记录</td><td>□</td></tr>
<tr><td>其他问题</td><td colspan="8"></td></tr>
<tr><td colspan="9">现场检查</td></tr>
<tr><td>临边防护</td><td colspan="3">基坑开挖深度大于 2m 时，按规定搭设临边防护设施</td><td>□</td><td colspan="3">人工挖孔桩施工时，地面上有专人监护。不施工时，做好孔洞防护</td><td>□</td></tr>
<tr><td>边坡稳固</td><td colspan="3">基坑坡度值符合施工方案要求</td><td>□</td><td colspan="3">基坑壁支护方式符合施工方案或施工图样要求</td><td>□</td></tr>
<tr><td>排水措施</td><td colspan="7">基坑排水措施符合施工方案要求</td><td>□</td></tr>
<tr><td>坑边荷载</td><td colspan="3">基坑边土方距坑边≥1.2m、土方高度≤1.5m，坑边无堆放物</td><td>□</td><td colspan="3">人工挖孔桩挖出的土方距孔口＞1m</td><td>□</td></tr>
<tr><td rowspan="3">孔内环境</td><td colspan="7">人工挖孔桩开挖深度＞10m 时有专门向井下送风的设备，≤10m 时根据地质情况采取有效措施保证孔内空气符合施工条件</td><td>□</td></tr>
<tr><td colspan="7">孔内有应急软爬梯，不使用麻绳和尼龙绳吊挂或脚踏井壁凸缘上下</td><td>□</td></tr>
<tr><td colspan="3">各类电器严格做接零保护和使用漏电保护器（15mA×0.1s）</td><td>□</td><td colspan="3">孔上电缆架空高度＞2m，孔内照明采用安全矿灯或 12V 以下的安全灯</td><td>□</td></tr>
<tr><td colspan="9">其他问题</td></tr>
<tr><td rowspan="4">检查结论</td><td colspan="6" rowspan="4">□1. 通过　□2. 改进　□3. 整改
改进或整改内容如下：</td><td colspan="2">检查人员签名</td></tr>
<tr><td colspan="2"></td></tr>
<tr><td colspan="2">检查日期</td></tr>
<tr><td colspan="2">年　月　日</td></tr>
</table>

注：1. "方案"栏，先选择"是"或"否"（在相应"□"内打"√"），再在与"是"或"否"有关的栏目"□"内，肯定的打"√"，否定的打"×"；"检查结论"栏，仅选一项并在选项的"□"内打"√"；其余栏目，在"□"内，肯定的打"√"，否定的打"×"；缺项的留空不填。

2. 深基坑工程判断标准：开挖深度超过 5m(含 5m)或地下室三层以上(含三层)；或深度虽未超过 5m(含 5m)，但地质条件和周围环境及地下管线极其复杂的工程。

3. 以下工程属于危险性较大的分部分项工程，需要编制专项施工方案。

1）基坑支护与降水工程

基坑支护工程是指开挖深度超过 5m(含 5m)的基坑(槽)并采用支护结构施工的工程；或基坑虽未超过 5m，但地质条件和周围环境复杂、地下水位在坑底以上等工程。

2）土方开挖工程

土方开挖工程是指开挖深度超过 5m(含 5m)的基坑、槽的土方开挖。

4. 依据标准：《建筑施工安全检查标准》JGJ 59—2011 和《建筑桩基技术规范》JGJ 94—2008。

表 4-6　建筑工程模板安全管理要点检查表

<table>
<tr><td>工程名称</td><td colspan="8"></td></tr>
<tr><td colspan="2">施工单位（或分包单位）</td><td colspan="7"></td></tr>
<tr><td>立杆材质</td><td colspan="2">□木 □钢管</td><td>标准层高</td><td colspan="2">m</td><td colspan="2">高大模板（判断标准见注 2）</td><td>□</td></tr>
<tr><td colspan="9">资料检查</td></tr>
<tr><td rowspan="2">方案</td><td>有专项方案</td><td>□</td><td rowspan="2">经施工单位技术负责人审查</td><td rowspan="2">□</td><td rowspan="2">经总监理工程师批准</td><td rowspan="2">□</td><td rowspan="2">高大模板工程经专家论证，有书面审查报告（非高大模板不填此栏）</td><td rowspan="2">□</td></tr>
<tr><td>有验算结果</td><td>□</td></tr>
<tr><td>拆模</td><td colspan="3">有拆模申请</td><td colspan="2">□</td><td colspan="2">有混凝土试压报告</td><td>□</td></tr>
<tr><td>其他问题</td><td colspan="8"></td></tr>
<tr><td colspan="9">现场检查</td></tr>
<tr><td>立杆稳定</td><td colspan="3">底部不垫砖及其他脆性材料</td><td>□</td><td colspan="3">扣件式钢管立杆采用对接，木材立杆无接长使用现象</td><td>□</td></tr>
<tr><td rowspan="4">整体稳定</td><td colspan="3">水平拉结</td><td colspan="5">剪刀撑</td></tr>
<tr><td rowspan="2">纵横两个方向</td><td>有底座和垫木，并设置扫地杆</td><td>□</td><td rowspan="2">满堂红模板</td><td>竖直方向</td><td colspan="2">沿纵横两向布置，从周边向内每隔 4 排立杆一道</td><td>□</td></tr>
<tr><td>隔 2m 高设一道水平拉结</td><td>□</td><td>水平方向</td><td colspan="2">高度大于 4m 的支架，周边向内每隔 4 排立杆，从上向下每隔 2 步设一道</td><td>□</td></tr>
<tr><td colspan="7">采用泵送混凝土时，有保证模板支撑系统整体稳定的措施</td><td>□</td></tr>
<tr><td>荷载堆放</td><td colspan="7">模板上荷载堆放均匀，未超过方案规定</td><td>□</td></tr>
<tr><td>拆模作业</td><td>设置警戒区</td><td>□</td><td colspan="2">无未拆净的悬空模板</td><td>□</td><td colspan="2">高度≥2m 的作业有可靠立足点</td><td>□</td></tr>
<tr><td>其他问题</td><td colspan="8"></td></tr>
<tr><td rowspan="4">检查结论</td><td colspan="6" rowspan="4">□1. 通过　□2. 改进　□3. 整改
改进或整改内容如下：</td><td colspan="2">检查人员签名</td></tr>
<tr><td colspan="2"></td></tr>
<tr><td colspan="2">检查日期</td></tr>
<tr><td colspan="2">年　月　日</td></tr>
</table>

注：1. “立杆材质”栏，在选择的“□”内打“√”；“检查结论”栏，仅选一项并在选项的“□”内打“√”；其余栏目，在“□”内，肯定的打“√”，否定的打“×”；缺项的留空不填。

2. 高大模板判别标准：支撑系统高度超过 8m，或跨度超过 18m，施工总荷载大于 15kN/m²，或集中线荷载大于 20kN/m²。

3. 遇高大模板，监理人员须检查有无专家论证审查报告，专项方案有否经施工单位技术负责人、项目总监理工程师审批同意。

4. 依据标准：《建筑施工扣件式钢管脚手架安全技术规范》JGJ 130—2011。

表 4-7　建筑工程高处作业安全管理要点检查表

<table>
<tr><td>工程名称</td><td colspan="5"></td></tr>
<tr><td colspan="2">施工单位(或分包单位)</td><td colspan="4"></td></tr>
<tr><td colspan="6">资料检查</td></tr>
<tr><td>防护用品进场查验</td><td colspan="2">分批次查验</td><td>□</td><td>有生产许可证、产品合格证、检测报告</td><td>□</td></tr>
<tr><td>发放记录</td><td colspan="4">有安全防护用品发放记录，签字手续完备</td><td>□</td></tr>
<tr><td>其他问题</td><td colspan="5"></td></tr>
<tr><td colspan="6">现场检查</td></tr>
<tr><td>安全帽</td><td colspan="4">作业人员均按规定正确佩戴安全帽</td><td>□</td></tr>
<tr><td>安全带</td><td colspan="4">高处作业人员均按规定使用安全带</td><td>□</td></tr>
<tr><td>安全网</td><td colspan="2">密目网张挂高度高于作业面 1.2m</td><td>□</td><td>绑扎牢固、网面无明显破损</td><td>□</td></tr>
<tr><td>安全通道</td><td colspan="4">出入口、地面通道上部安装防护棚，防护棚为落地式双层结构</td><td>□</td></tr>
<tr><td rowspan="4">临边防护</td><td colspan="4">楼梯口和梯段边安装防护栏杆</td><td>□</td></tr>
<tr><td colspan="4">未砌筑墙体的建筑物楼层周边与脚手架相连处，每层均安装防护栏杆</td><td>□</td></tr>
<tr><td colspan="4">阳台周边、卸料平台周边、雨篷周边、无外脚手架的屋面，安装防护栏杆</td><td>□</td></tr>
<tr><td colspan="4">物料提升机与建筑物之间的运输通道的两侧边，安装防护栏杆</td><td>□</td></tr>
<tr><td rowspan="5">洞口防护</td><td rowspan="3">水平方向洞口</td><td colspan="3">边长<50cm，可用竹、木等作盖板盖住洞口，盖板固定不挪动</td><td>□</td></tr>
<tr><td colspan="3">50cm≤边长<150cm，采用混凝土板内的钢筋网或钢管扣成网格作防护网</td><td>□</td></tr>
<tr><td colspan="3">边长≥150cm，四周设防护栏杆，洞口下张挂平网</td><td>□</td></tr>
<tr><td rowspan="2">竖直方向洞口</td><td colspan="3">落地式竖直方向的洞口，用固定栅门或防护栏杆防护，下设挡脚板</td><td>□</td></tr>
<tr><td colspan="3">电梯井内每隔两层并最多隔 10m 设一道平网</td><td>□</td></tr>
<tr><td rowspan="2">悬空作业</td><td colspan="4">绑扎圈梁、挑梁、挑檐、外墙、外柱等钢筋时搭设操作平台</td><td>□</td></tr>
<tr><td colspan="4">浇注、砌筑离地 2m 以上的框架、过梁、雨篷、墙体时，应搭设操作平台</td><td>□</td></tr>
<tr><td>其他问题</td><td colspan="5"></td></tr>
<tr><td rowspan="4">检查结论</td><td colspan="3" rowspan="4">□1. 通过　　□2. 改进　　□3. 整改
改进或整改内容如下：</td><td colspan="2">检查人员签名</td></tr>
<tr><td colspan="2"></td></tr>
<tr><td colspan="2">检查日期</td></tr>
<tr><td colspan="2">年　月　日</td></tr>
</table>

注：1. “检查结论”栏，仅选一项并在选项的“□”内打“√”；其余栏目，在“□”内，肯定的打“√”，否定的打“×”；缺项的留空不填。

2. 临边防护栏杆上杆离地高度为 1.0m～1.2m，下杆离地高度为 0.5m～0.6m。钢管栏杆，应采用 Φ48 的钢管，以扣件或电焊固定钢筋栏杆，上杆直径不小于 16mm，下杆直径不小于 14mm，栏杆柱直径不小于 18mm，采用电焊或镀锌钢丝绑扎固定。防护栏杆必须自上而下用安全立网封闭，或在栏杆下边设置严密固定的高度不低于 18cm 的挡脚板。

3. 依据标准：《建筑施工高处作业安全技术规范》JGJ 80—1991。

表4-8 建筑工程扣件式钢管脚手架安全管理要点检查表

<table>
<tr><td rowspan="2">工程名称</td><td colspan="6" rowspan="2"></td><td colspan="2">施工单位</td><td colspan="3"></td></tr>
<tr><td colspan="2">搭设单位</td><td colspan="3"></td></tr>
<tr><td>脚手架类型</td><td colspan="4">□落地式 □悬挑式</td><td colspan="2">设计搭设高度(H)</td><td colspan="2">m</td><td colspan="2">已搭设高度</td><td>m</td></tr>
<tr><td colspan="12">资料检查</td></tr>
<tr><td rowspan="4">方案</td><td rowspan="2">落地式</td><td rowspan="2">H>24m</td><td>有专项方案</td><td>□</td><td>经施工单位技术负责人审查</td><td>□</td><td rowspan="2">H≤24m</td><td rowspan="2">有方案</td><td rowspan="2">□</td><td>经项目技术负责人审查</td><td>□</td></tr>
<tr><td>有验算结果</td><td>□</td><td>经总监理工程师批准</td><td>□</td><td>经总监理工程师批准</td><td>□</td></tr>
<tr><td rowspan="2">悬挑式</td><td colspan="2">有专项方案</td><td>□</td><td>经施工单位技术负责人审查</td><td>□</td><td rowspan="2">卸料平台</td><td rowspan="2">有专项方案</td><td rowspan="2">□</td><td>经项目技术负责人审查</td><td>□</td></tr>
<tr><td colspan="2">有验算结果</td><td>□</td><td>经总监理工程师批准</td><td>□</td><td>经总监理工程师批准</td><td>□</td></tr>
<tr><td>验收单</td><td>分段验收</td><td colspan="3">□</td><td>人员签名</td><td colspan="2">□</td><td colspan="2">量化内容</td><td colspan="2">□</td></tr>
<tr><td>人员</td><td colspan="11">登高架设作业人员　　　人，持证上岗　　　人</td></tr>
<tr><td>其他问题</td><td colspan="11"></td></tr>
</table>

<table>
<tr><td colspan="7">现场检查</td></tr>
<tr><td rowspan="3">立杆基础</td><td rowspan="3">落地式</td><td>基础平整、夯实、不积水</td><td>□</td><td rowspan="3">悬挑式</td><td>悬挑梁安装符合设计要求</td><td>□</td></tr>
<tr><td>有底座和垫木并符合要求，无悬空杆</td><td>□</td><td rowspan="2">立杆底部固定牢固、支座稳固，不固定在水平杆上</td><td rowspan="2">□</td></tr>
<tr><td>有纵横向扫地杆并符合要求</td><td>□</td></tr>
<tr><td rowspan="2">连墙件</td><td rowspan="2">24m≤H≤50m</td><td>采用刚性拉结</td><td>□</td><td>H<24m</td><td>三步三跨，柔性拉结须设顶撑</td><td>□</td></tr>
<tr><td>三步三跨</td><td>□</td><td>H>50m</td><td>刚性拉结，二步三跨</td><td>□</td></tr>
<tr><td rowspan="2">架体封闭</td><td colspan="2">首层和作业层满铺脚手板</td><td>□</td><td colspan="2">密目式安全网张挂高度高于作业面1.2m</td><td>□</td></tr>
<tr><td colspan="2">中间每隔12m满铺一层脚手板，或每隔10m设置一道安全平网</td><td>□</td><td colspan="2">作业层脚手架内侧与建筑物楼板之间的空隙已满铺脚手板</td><td>□</td></tr>
<tr><td rowspan="3">架体稳定</td><td>剪刀撑</td><td>H≤24m，两端设置且净间距≤15m</td><td>□</td><td colspan="2">H>24m，全高全长连续设置</td><td>□</td></tr>
<tr><td rowspan="2">架体自成体系</td><td colspan="4">模板支架、缆风绳、泵送混凝土的输送管等，不固定在脚手架上</td><td>□</td></tr>
<tr><td colspan="4">卸料平台自成受力系统，不与脚手架连接</td><td>□</td></tr>
<tr><td>横向水平杆设置</td><td colspan="5">在立杆与纵向水平杆交点处必须设置，并且无缺漏</td><td>□</td></tr>
<tr><td>其他问题</td><td colspan="6"></td></tr>
<tr><td rowspan="4">检查结论</td><td colspan="4" rowspan="4">□1. 通过　□2. 改进　□3. 整改
改进或整改内容如下：</td><td colspan="2">检查人员签名</td></tr>
<tr><td colspan="2"></td></tr>
<tr><td colspan="2">检查日期</td></tr>
<tr><td colspan="2">年　月　日</td></tr>
</table>

注：1. “脚手架类型”栏，在选项的“□”内打“√”；“检查结论”栏，仅选一项并在选项的“□”内打“√”；其余栏目，在“□”内，肯定的打“√”，否定的打“×”；缺项的留空不填。

2. 依据标准：《建筑施工扣件式钢管脚手架安全技术规范》JGJ 130—2011。

表 4-9 建筑工程施工现场临时用电安全管理要点检查表

<table>
<tr><td>工程名称</td><td colspan="4"></td><td>总容量</td><td>kW</td></tr>
<tr><td>施工单位</td><td colspan="4"></td><td>进线截面</td><td>mm^2</td></tr>
<tr><td colspan="7">资料检查</td></tr>
<tr><td>方案</td><td>5台及以上设备或总容量在50kW及以上有设计并符合规范要求</td><td>□</td><td>5台以下设备或总容量在50kW以下有措施</td><td>□</td><td>经过审批</td><td>□</td></tr>
<tr><td>验收单</td><td>人员签字</td><td>□</td><td>内容量化</td><td colspan="3">□</td></tr>
<tr><td>测试报告</td><td colspan="5">接地电阻至少每月测试一次。工作接地≤4Ω，重复接地≤10Ω，防雷接地≤30Ω</td><td>□</td></tr>
<tr><td>人员</td><td colspan="6">电工　　　人，持证上岗　　　人</td></tr>
<tr><td>其他问题</td><td colspan="6"></td></tr>
<tr><td colspan="7">现场检查</td></tr>
<tr><td rowspan="2">外电防护</td><td>最小安全操作距离大于：1kV以下4m；1～10kV 6m；35～110kV 8m</td><td>□</td><td colspan="3">达不到最小安全操作距离时，采取有效防护措施并悬挂警告牌</td><td>□</td></tr>
<tr><td colspan="5">防护设施与外电线路之间的最小安全距离大于：10kV以下1.7m；35kV，2m</td><td>□</td></tr>
<tr><td rowspan="4">接零与接地</td><td>在施工现场专用的中性点直接接地的电力线路中，采用TN-S接零保护系统</td><td>□</td><td colspan="3">PE线由工作接地线、配电室或总漏电保护器电源侧零线引出</td><td>□</td></tr>
<tr><td>电气设备不带电的金属外壳和配电箱体与PE线做电气连接</td><td>□</td><td colspan="3">PE线为绿/黄双色绝缘多股铜芯线，与电气设备连接线截面≥$2.5mm^2$</td><td>□</td></tr>
<tr><td>PE线与N线不混接</td><td>□</td><td colspan="3">PE线不少于3次重复接地</td><td>□</td></tr>
<tr><td colspan="5">做防雷接地的设备，PE线应同时做重复接地，接地电阻值≤10Ω</td><td>□</td></tr>
<tr><td rowspan="2">三级配电二级保护</td><td>使用总配电箱、分配电箱、开关箱三级配电</td><td>□</td><td colspan="3">总配电箱和开关箱装设漏电保护器，且参数匹配</td><td>□</td></tr>
<tr><td>漏电保护器安装在配电箱、开关箱隔离开关的负荷侧</td><td>□</td><td colspan="3">开关箱内的漏电保护器额定漏电动作电流≤30mA，额定漏电动作时间<0.1s</td><td>□</td></tr>
<tr><td rowspan="3">电箱设置</td><td>开关箱实行“一机一闸一漏一箱”制，动力、照明开关箱分设</td><td>□</td><td colspan="3">分配电箱与开关箱水平距离≤30m，开关箱与固定式用电设备水平距离≤3m</td><td>□</td></tr>
<tr><td>配电箱内的电器安装在金属或非木质阻燃绝缘板上</td><td>□</td><td colspan="3">箱体用钢板或阻燃绝缘材料制作并防雨。箱内分别设置N线和PE线端子板</td><td>□</td></tr>
<tr><td colspan="5">熔断器的熔体符合规格，不用铝、铜等其他金属丝代替</td><td>□</td></tr>
<tr><td>照明</td><td>隧道、高温、潮湿等特殊场所使用规范规定的安全电压照明</td><td>□</td><td colspan="3">电器、灯具的相线经过开关控制</td><td>□</td></tr>
<tr><td>架空线路</td><td colspan="5">架空线路设在专用电杆上，线路设有短路保护和过载保护</td><td>□</td></tr>
<tr><td>电缆线路</td><td colspan="5">采用五芯电缆，埋地或沿墙壁、电杆设置，用绝缘子固定，穿越建筑物加套管</td><td>□</td></tr>
<tr><td>其他问题</td><td colspan="6"></td></tr>
<tr><td>检查结论</td><td colspan="4">□1. 通过　□2. 改进　□3. 整改
改进或整改内容如下：</td><td colspan="2">检查人员签名

检查日期
年　月　日</td></tr>
</table>

注：1.“检查结论”栏，仅选一项并在选项的“□”内打“√”；其余栏目，在“□”内，肯定的打“√”，否定的打“×”；缺项的留空不填。

2. 依据标准：《施工现场临时用电安全技术规范》JGJ 46—2005。

表 4-10 建筑工程物料提升机安全管理要点检查表

<table>
<tr><td rowspan="2">工程名称</td><td colspan="3" rowspan="2"></td><td>施工单位</td><td colspan="2"></td></tr>
<tr><td>安装单位</td><td colspan="2"></td></tr>
<tr><td>提升机类型</td><td colspan="2">□龙门架 □井字架
□高架机 □低架机</td><td>设计安装高度(H)</td><td>m</td><td>已安装高度</td><td>m</td></tr>
<tr><td colspan="7">资料检查</td></tr>
<tr><td>产品</td><td colspan="5">提升机有产品合格证，生产厂家有生产许可证</td><td>□</td></tr>
<tr><td>方案</td><td colspan="2">有拆装方案，并制订了安全施工措施</td><td>□</td><td colspan="2">已审批签字</td><td>□</td></tr>
<tr><td rowspan="2">验收单</td><td>人员签字</td><td>□</td><td colspan="3">内容量化</td><td>□</td></tr>
<tr><td>低架机基础砼强度不低于 C20</td><td>□</td><td colspan="3">高架机分段验收</td><td>□</td></tr>
<tr><td>资质</td><td colspan="5">安装单位具有“起重设备安装工程专业承包资质”</td><td>□</td></tr>
<tr><td>人员</td><td colspan="3">安装作业人员 人，持证上岗 人</td><td colspan="3">司机 人，持证上岗 人</td></tr>
<tr><td>其他问题</td><td colspan="6"></td></tr>
<tr><td colspan="7">现场检查</td></tr>
<tr><td>基础</td><td colspan="2">高架机的基础埋深与做法符合设计和出厂使用要求</td><td>□</td><td colspan="2">排水良好，不积水</td><td>□</td></tr>
<tr><td rowspan="3">架体拉结</td><td rowspan="3">低架机</td><td>圆股钢丝绳直径≥9.3mm</td><td>□</td><td rowspan="3">高架机</td><td>使用附墙架</td><td>□</td></tr>
<tr><td>20m 及以下，1 组；21～30m，2 组</td><td>□</td><td>自由高度≤6m</td><td>□</td></tr>
<tr><td>同一水平面对称设置，架体有横向缀件</td><td>□</td><td>不与脚手架连接</td><td>□</td></tr>
<tr><td rowspan="3">安全装置</td><td colspan="2">上极限限位器灵敏可靠，吊篮越程≥3m</td><td>□</td><td colspan="2" rowspan="3">高架机还需要有下极限限位器、缓冲器、超载限制器和通信装置</td><td rowspan="3">□</td></tr>
<tr><td colspan="2">断绳保护装置、楼层安全门、吊篮安全门、上料口防护棚符合要求</td><td>□</td></tr>
<tr><td colspan="2">停靠装置与吊篮安全门联动</td><td>□</td></tr>
<tr><td rowspan="2">传动系统</td><td colspan="2">滑轮与架体、吊篮刚性连接</td><td>□</td><td colspan="2">提升钢丝绳不接长使用并缠绕整齐</td><td>□</td></tr>
<tr><td colspan="2">钢丝绳有过路保护装置</td><td>□</td><td colspan="2">钢丝绳未达到报废标准</td><td>□</td></tr>
<tr><td rowspan="2">楼层通道</td><td colspan="2">独立搭设，不与脚手架连接</td><td>□</td><td rowspan="2">电气系统</td><td>不使用倒顺开关</td><td>□</td></tr>
<tr><td colspan="2">使用钢管搭设，不用木杆接长</td><td>□</td><td>接地电阻≤10Ω</td><td>□</td></tr>
<tr><td>其他问题</td><td colspan="6"></td></tr>
<tr><td rowspan="4">检查结论</td><td colspan="4" rowspan="4">□1. 通过 □2. 改进 □3. 整改
改进或整改内容如下：</td><td colspan="2">检查人员签名</td></tr>
<tr><td colspan="2"></td></tr>
<tr><td colspan="2">检查日期</td></tr>
<tr><td colspan="2">年 月 日</td></tr>
</table>

注：1. “提升机类型”栏，在选项的“□”内打“√”；“检查结论”栏，仅选一项并在选项的“□”内打“√”；其余栏目，在“□”内，肯定的打“√”，否定的打“×”；缺项的留空不填。

2. 高架机指提升高度在 31～150m 的物料提升机。

3. 依据标准：《龙门架及井架物料提升机安全技术规范》JGJ 88—2010。

表 4-11 建筑工程塔式起重机安全管理要点检查表

<table>
<tr><td>工程名称</td><td colspan="9"></td></tr>
<tr><td>施工单位</td><td colspan="4"></td><td colspan="2">安装单位</td><td colspan="3"></td></tr>
<tr><td>最大力矩</td><td colspan="2">t·m</td><td colspan="2">设计安装高度</td><td colspan="2">m</td><td>已安装高度</td><td colspan="2">m</td></tr>
<tr><td colspan="10">资料检查</td></tr>
<tr><td>产品</td><td colspan="8">塔式起重机有产品合格证，生产厂家有生产许可证</td><td>□</td></tr>
<tr><td>方案</td><td colspan="4">有拆装方案，并制订了安全施工措施</td><td>□</td><td colspan="3">已审批签字</td><td>□</td></tr>
<tr><td>验收单</td><td>分段验收</td><td>□</td><td>人员签字</td><td>□</td><td>内容量化</td><td>□</td><td colspan="2">基础砼强度≥C35</td><td>□</td></tr>
<tr><td>资质</td><td colspan="8">安装单位具有“起重设备安装工程专业承包资质”</td><td>□</td></tr>
<tr><td>人员</td><td colspan="4">安装作业人员　人，持证上岗　人</td><td colspan="5">司机　人，信号指挥　人，持证上岗　人</td></tr>
<tr><td>其他问题</td><td colspan="9"></td></tr>
<tr><td colspan="10">现场检查</td></tr>
<tr><td>基础</td><td colspan="8">排水良好，不积水</td><td>□</td></tr>
<tr><td>附墙装置</td><td colspan="8">按照出厂使用说明书规定超过　m 设置附墙架，应安装　组，已安装　组</td><td>□</td></tr>
<tr><td rowspan="2">安全装置</td><td colspan="8">力矩限制器、超高限位器、变幅限位器、行走限位器动作准确</td><td>□</td></tr>
<tr><td colspan="8">吊钩保险装置、卷扬机卷筒保险装置灵活牢固</td><td>□</td></tr>
<tr><td>吊钩安全</td><td colspan="8">吊钩未见施焊，挂绳处断面磨损量未超过原高的 10%</td><td>□</td></tr>
<tr><td>电气安全</td><td colspan="8">塔式起重机重复接地电阻值≤10Ω</td><td>□</td></tr>
<tr><td>多塔作业</td><td colspan="8">同一施工地点有两台以上的起重机时，保持两机间任何接近部位(包括吊重物)距离>2m，并有防碰撞措施</td><td>□</td></tr>
<tr><td>其他问题</td><td colspan="9"></td></tr>
<tr><td rowspan="4">检查结论</td><td colspan="7" rowspan="4">□1. 通过　□2. 改进　□3. 整改
改进或整改内容如下：</td><td colspan="2">检查人员签名</td></tr>
<tr><td colspan="2"></td></tr>
<tr><td colspan="2">检查日期</td></tr>
<tr><td colspan="2">年　月　日</td></tr>
</table>

注：1. “检查结论”栏，仅选一项并在选项的“□”内打“√”；其余栏目，在“□”内，肯定的打“√”，否定的打“×”；缺项的留空不填。

2. 依据标准：《塔式起重机安全规程》GB 5144—2006《建筑机械使用安全技术规程》JGJ 33—2001。

表 4-12 建筑工程施工机具安全管理检查要点

工程名称		
施工单位(分包单位)		
检查项目	检查内容	检查结果
平刨	有护手装置，外露的机械传动部位有牢固、适用的防护罩	□
	设备外壳有保护接零，开关箱内装设漏电保护器(30mA×0.1s)，不使用倒顺开关或闸刀开关，不使用平刨、电锯合二为一的多功能木工机具	□
圆盘电锯	锯片无裂纹，锯齿无连续缺齿2个及以上	□
	防护装置齐全有效，外露的机械传动部位有牢固、适用的防护罩	□
	设备外壳有保护接零，开关箱内装设漏电保护器(30mA×0.1s)，不使用倒顺开关或闸刀开关	□
手持电动工具	Ⅰ类、Ⅱ类手持电动工具金属外壳保护接零不少于2处，开关箱内设漏电保护器(15mA×0.1s)	□
	潮湿场所或在金属架上操作时，不使用Ⅰ类工具	□
钢筋机械	齿轮啮合和滑动部位润滑良好，运行无异响	□
	冷拉场地设置警戒区、设置防护栏杆及警告标志	□
	设备外壳有保护接零，开关箱内装设漏电保护器(30mA×0.1s)，不使用倒顺开关或闸刀开关	□
电焊机	设备外壳有保护接零，开关箱内装设漏电保护器(30mA×0.1s)，交流电焊机装配二次侧触电保护器	□
	交流弧焊机变压器一次侧电源线长度＜5m；二次线选用防水橡皮护套铜芯软电缆，长度＜30m	□
搅拌机	操作棚符合防雨、防坠物打击的要求	□
	料斗设有保险挂钩，在料斗下检修或清理料坑时，将料斗提升后用挂钩锁住	□
	设备外壳应做保护接零，开关箱内应装设漏电保护器(30mA×0.1s)	□
气瓶	不同类的气瓶之间距离≥5m，气瓶与明火距离≥10m	□
	乙炔气瓶使用和存放时不平放	□
蛙式夯实机	设备外壳保护接零≥2处，开关箱内应装设漏电保护器(15mA×0.1s)	□
	夯实机扶手绝缘。作业时，一人扶夯，一人传递电缆，以防止电缆线被夯击	□
潜水泵	设备外壳有保护接零，开关箱内装设漏电保护器(15mA×0.1s)	□
	水泵先装在篮筐内再放入水中，泵直立放置	□
	水泵工作时周围30m内水面无人、畜进入	□
其他问题		
检查结论	□1. 通过 □2. 改进 □3. 整改 改进或整改内容如下：	检查人员签名 检查日期 年 月 日

注：1. “检查结论”栏，仅选一项并在选项的“□”内打“√”；其余栏目，在“□”内，肯定的打“√”，否定的打“×”；缺项的留空不填。

2. 依据标准：《建筑机械使用安全技术规程》JGJ 33—2001、《施工现场临时用电安全技术规范》JGJ 46—2005。

表 4-13 建筑工程安全防护改进通知书

<table>
<tr><td>工程名称：</td><td>编号：〔　　〕进字　　号</td></tr>
<tr><td colspan="2">　　　　　　：（施工单位）
经检查发现，你施工现场安全防护存在以下问题：

以上问题，请按照有关技术规范的要求于　　年　　月　　日前改进完毕。自查合格后填写《建筑工程安全防护改进复查申请、批复书》，向我现场监理机构提出复查申请。</td></tr>
<tr><td>总监理工程师签名：

（施工单位签收后交建设单位一份）</td><td>施工单位接收人签名：</td></tr>
<tr><td>发出日期：　　年　　月　　日</td><td>签收日期：　　年　　月　　日</td></tr>
</table>

注：1. 本单一式三份，建设、监理、施工单位各一份。

2. 编号规则：年份＋流水号，如 2011 年发出的第一份《建筑工程安全防护改进通知书》编号为〔2011〕进字 1 号。

表 4－14 建筑工程安全防护改进复查申请、批复书

<table>
<tr><td>工程名称：</td><td>编号：〔 〕进复字 号</td></tr>
<tr><td colspan="2">：(监理单位)
本工程已按你单位现场监理机构/ (监督机构)发出的《建筑工程安全防护改进通知书》(编号：〔 〕进字 号)要求改进完毕，请复查。
改进情况如下：</td></tr>
<tr><td>施工单位项目负责人签名：</td><td>监理单位接收人签名：</td></tr>
<tr><td>发出日期： 年 月 日</td><td>签收日期： 年 月 日</td></tr>
<tr><td colspan="2">批复意见：
(具体填写哪些问题已改进完毕，哪些仍未达标需要继续改进；或已复查合格)</td></tr>
<tr><td>总监理工程师签名：

(施工单位签收后交建设单位、监督机构各一份)</td><td>施工单位接收人签名：</td></tr>
<tr><td>发出日期： 年 月 日</td><td>签收日期： 年 月 日</td></tr>
<tr><td>监督机构接收人签名：</td><td>签收日期： 年 月 日</td></tr>
</table>

注：1. 若改进通知书是监理单位驻现场机构发出，本单一式三份，建设、监理、施工单位各一份；若改进通知书是监督机构发出，本单一式四份，建设、监理、施工单位各一份，抄送监督机构一份。

2. 编号规则：年份＋流水号，如2011年发出的第一份《建筑工程安全防护改进复查申请、批复书》编号为〔2011〕进复字1号。

表 4-15　建筑工程安全隐患整改通知书

工程名称：	编号：〔　　　〕改字　　　号

：(施工单位)

经检查发现，施工现场存在下列安全隐患：

现通知你方必须自　　　年　　月　　日　　时起，停止使用/施工如下设施/工作面：

以上存在问题，限于　　　年　　月　　日前按照有关技术规范要求整改完毕，自查合格后填写《建筑工程安全隐患整改复查申请、批复书》，向我现场监理机构提出整改复查申请，复查合格后方可恢复相关设施/工作面的使用/施工。

总监理工程师签名： (施工单位签收后交建设单位一份)	施工单位接收人签名：
发出日期：　　　年　　月　　日	签收日期：　　　年　　月　　日

注：1. 本单一式三份，建设、监理、施工单位各一份。

2. 编号规则：年份＋流水号，如 2011 年发出的第一份《建筑工程安全隐患整改通知书》编号为〔2011〕改字 1 号。

表4-16 建筑工程安全隐患整改复查申请、批复书

<table>
<tr><td>工程名称：</td><td>编号：〔 〕改复字 号</td></tr>
<tr><td colspan="2">：(监理单位)
本工程已按你单位现场监理机构发出的《建筑工程安全隐患整改通知书》(编号：〔 〕改字 号)要求整改完毕，安全隐患已消除，请复查并准予恢复使用/施工。
整改情况如下：</td></tr>
<tr><td>施工单位项目负责人签名：</td><td>监理机构接收人签名：</td></tr>
<tr><td>发出日期： 年 月 日</td><td>签收日期： 年 月 日</td></tr>
<tr><td colspan="2">批复意见：
(具体填写哪些设施/工作面可以恢复使用/施工，哪些未达标需要继续整改；或经复查合格可以恢复使用/施工)</td></tr>
<tr><td>总监理工程师签名：

(施工单位签收后交建设单位一份)</td><td>施工单位接收人签名：</td></tr>
<tr><td>发出日期： 年 月 日</td><td>签收日期： 年 月 日</td></tr>
</table>

注：1. 本单一式三份，建设、监理、施工单位各一份。

2. 编号规则：年份+流水号，如2011年发出的第一份《建筑工程安全隐患整改复查申请、批复书》编号为〔2011〕改复字1号。

表 4-17 建筑工程安全隐患停工整改通知书

<table>
<tr><td>工程名称：</td><td>编号：〔　　　〕停字　　号</td></tr>
<tr><td colspan="2">：（施工单位）
经检查发现，施工现场存在下列重大安全隐患：

现通知你方必须于　　　年　　月　　日　　　时起停止对本工程的一切施工活动，立即对上述安全隐患进行整改。整改完毕后，填写《建筑工程复工申请、批复书》报我现场监理机构复查，复查合格后方可恢复施工。</td></tr>
<tr><td>总监理工程师签名：

（施工单位签收后交建设单位一份）</td><td>施工单位接收人签名：</td></tr>
<tr><td>发出日期：　　　年　　月　　日</td><td>签收日期：　　　年　　月　　日</td></tr>
</table>

注：1. 本单一式三份，建设、监理、施工单位各一份。

2. 编号规则：年份+流水号，如 2011 年发出的第一份《建筑工程安全隐患停工整改通知书》编号为〔2011〕停字 1 号。

表 4-18 建筑工程复工申请、批复书

工程名称：	编号：〔 〕停复字 号

:（监理单位）

本工程已按你单位现场监理机构发出的《建筑工程安全隐患停工整改通知书》（编号：〔 〕停字 号）要求整改完毕，安全隐患已消除，已具备复工条件，请复查并准予复工。

整改情况如下：

施工单位项目负责人签名：	监理机构接收人签名：
发出日期： 年 月 日	签收日期： 年 月 日

批复意见：

（具体填写哪些设施/工作面可以恢复使用/施工，哪些未达标需要继续整改；或经复查合格可以全面复工）

总监理工程师签名： （施工单位签收后交建设单位一份）	施工单位接收人签名：
发出日期： 年 月 日	签收日期： 年 月 日

注：1. 本单一式三份，建设、监理、施工单位各一份。

2. 编号规则：年份＋流水号，如 2011 年发出的第一份《建筑工程复工申请、批复书》编号为〔2011〕停复字 1 号。

表 4-19 建筑工程安全隐患报告书

监理单位：	编号：〔 〕报字 号

：（建设行政主管部门或施工安全监督机构）

由 施工的 工程，存在下列重大安全事故隐患：

我单位已于 年 月 日 时 分发出《建筑工程安全隐患整改通知书》/《建筑工程安全隐患停工整改通知书》（编号：〔 〕改字 号/ 编号：〔 〕停字 号），但施工单位拒不整改/停工。

特此报告

附件：《建筑工程安全隐患整改通知书》/《建筑工程安全隐患停工整改通知书》

总监理工程师签名：	监督机构接收人签名：
监理单位盖公章： （监督机构签收后交建设、施工单位各一份）	
发出日期： 年 月 日	签收日期： 年 月 日

注：1. 本单一式四份，建设、施工、监理、建设行政主管部门或施工安全监督机构各一份。

2. 编号规则：年份＋流水号，如 2011 年发出的第一份《建筑工程安全隐患报告书》编号为〔2011〕报字 1 号。

本章介绍了建设工程安全监理内业工作的具体内容。安全监理的内业工作就是编写、整理安全监理资料等，通过内业工作进一步使安全工作落到实处。监理单位的内业工作包括编制安全监理规划和安全监理实施细则，监理安全培训、监理报告、监理指令、监理日记，监理月报等文档的处理，对施工单位影响安全的人、材、机、法等因素的书面文档的审查，并督促实施。监理单位要按照相关监理用表进行检查并填写。监理资料整理归档应按有关规定执行。

思考与拓展题

案例一

阅读下列材料，完成以下两题。

[背景资料]某工程安全检查结果如下①安全管理：保证项目得45分，一般项目得35分；②文明施工：保证项目得50分，一般项目得34分；③脚手架：保证项目得42分，一般项目得36分；④模板工程：保证项目得50分，一般项目得35分；⑤“三宝”“四口”防护：扣18分；⑥施工用电：保证项目得38分，一般项目得36分；⑦物料提升机：保证项目小计42分，一般项目得36分；⑧施工机具：得82分；现场正在主体结构施工，无塔式起重机、起重吊装。

4－1 施工用电分项在汇总表中得分错误的是( )。

A. 8分 B. 7.4分 C. 7.8分 D. 4.1分 E. 0分

4－2 汇总表总计得分错误的是( )。

A. 78.8分 B. 74分 C. 75分 D. 72分 E. 70分

案例二

阅读下列材料，完成以下两题。

[背景资料]某工程安全检查结果如下①安全管理：保证项目得55分，一般项目得35分；②文明施工：保证项目得50分，一般项目得36分；③脚手架：保证项目得45分，一般项目得36分；④“三宝”、“四口”防护：扣18分；⑤施工用电：保证项目得48分，一般项目得36分；⑥物料提升机：保证项目小计42分，一般项目得36分；⑦施工机具：得82分；现场正在主体结构施工，无基坑支护及模板、塔式起重机、起重吊装。

4－3 文明施工分项在汇总表得分错误得是( )。

A. 8.6分 B. 8.2分 C. 17.2分 D. 4.3分 E. 0分

4－4 汇总表总计得分错误的是( )。

A. 83.73分 B. 85分 C. 86.5分 D. 87.4分 E. 0分

4－5 请你谈谈做好安全监理资料的重要性。

4－6 安全监理资料的归档有哪些要求?

4－7　安全监理资料包括哪些？

4－8　安全监理规划的内容是什么？

4－9　请你编制施工安全监理全过程流程图。

4－10　安全监理实施细则的内容是什么？

4－11　请结合施工现场，做好相关安全监理用表的填写工作。

第 5 章

建设工程现场安全监理检查要点

课程标准

课程内容	知识要点	教学目标
脚手架工程	落地式脚手架、吊篮脚手架、附着式升降脚手架、悬挑式脚手架的检查要点	掌握各种脚手架的监理检查要点和拆除注意事项
基坑支护工程	基坑支护工程安全检查要点	掌握基坑支护中施工方案、临边防护、坑壁支护、排水措施、坑边荷载等安全监理检查的重点
模板工程	模板工程安全检查要点	掌握模板工程的施工方案、支撑系统、立柱稳定、施工荷载、模板存放以及支拆模板的安全监理重点
物料提升机(龙门架、井字架)	物料提升机(龙门架、井字架)安全检查要点	掌握架体制作，限位保险装置，架体稳定，提升钢丝绳，楼层卸料平台，吊篮及安装验收等监理检查重点
外用电梯(人货两用电梯)	外用电梯(人货两用电梯)安全检查要点	掌握安全装置、安全防护、司机、荷载、安装与拆卸、安装验收等监理检查重点
塔式起重机	塔式起重机安全检查要点	掌握力矩限制器、限位器、保险装置、附墙装置与夹轨钳安装与拆卸、塔吊指挥等监理检查重点
起重吊装	起重吊装安全检查要点	掌握施工方案，起重机扒杆、钢丝绳、地锚、构件吊点以及司机，指挥等监理检查重点
施工用电	施工用电安全检查要点	掌握施工用电等监理检查重点
施工机具	施工机具安全检查要点	掌握各种施工机具监理检查要点

续表

课程内容	知识要点	教学目标
“三宝”、“四口”防护	“三宝”、“四口”防护安全检查要点	掌握“三宝”、“四口”防护安全监理检查要点
文明施工	文明施工安全检查要点	掌握现场围挡、封闭管理，施工场地，材料堆放、现场住宿、现场防火等安全监理检查重点
拆除工程	拆除工程安全检查要点	掌握拆除施工的安全管理和拆除方法的选择与技术措施

▶▶章节导读

2010 年，全国房屋市政工程生产安全事故按照类型划分，高处坠落事故 297 起，占总数的 47.37%；物体打击事故 105 起，占总数的 16.75%；坍塌事故 93 起，占总数的 14.83%；起重伤害事故 44 起，占总数的 7.02%；机具伤害事故 37 起，占总数的 5.90%；其他事故 51 起，占总数的 8.13%。2010 年，房屋市政工程生产安全事故按照部位划分，洞口和临边事故 128 起，占总数的 20.41%；脚手架事故 78 起，占总数的 12.44%；塔式起重机事故 59 起，占总数的 9.41%；基坑事故 53 起，占总数的 8.45%；模板事故 47 起，占总数的 7.50%；其他事故 262 起，占总数的 41.79%。建设工程施工项目专业各异，施工危险源种类也各不相同。现主要介绍常见的一般建筑工程施工安全监理现场监督检查要点及监理措施。

特别提示

安全监理既要肯管理又要懂技术，本章只介绍了建筑施工现场常见的安全技术方面的一些要点。安全监理人员还要针对具体工程不断地学习提高。所谓“活到老，学到老。”安全技术要虚心学习、不断学习、不断更新。

5.1 脚手架工程

5.1.1 落地式脚手架

落地式脚手架的保证项目是施工方案、立杆基础、架体与建筑物拉结、杆件间距与剪刀撑、脚手板与防护栏杆以及交底与验收，其余为一般项目。

1. 施工方案

(1) 施工前应编制专项脚手架方案指导施工。

(2) 落地式脚手架一般搭设高度在 25m 以下应有搭设方案，绘制架体与建设物拉结作法详图；搭设高度超过 25m 时，不允许使用木脚手架，使用钢管脚手架应采用双立杆及缩小间距等加强措施，并绘制搭设图样及说明脚手架基础作法；搭设高度超过 50m 时，应有设计计算书并说明脚手架基础施工方法。脚手架方案必须经上级主管部门审批。

(3) 落地式脚手架方案应包含脚手架基础作法、脚手架搭设图(步距、立杆纵距、立杆横距、与外墙距离等)、硬拉结的位置和做法、必要的计算书、堆载限制等，应能明确地指导施工。

2. 立杆基础

(1) 立杆基础应平整、密实，符合方案设计要求。立杆基础底面的平均压力应不大于地基承载力设计值。对于搭设在楼面等结构上的脚手架，应对结构承载力进行验算。当脚手架基础下有设备基础、管沟时，在脚手架使用过程中不应开挖，否则必须采取加固措施。

(2) 每10延长米立杆根部必须要有底座、垫板。底座、垫板均应准确地放在定位线上。垫板宜采用长度不少于2跨、厚度不小于50mm的木垫板，也可采用槽钢。

(3) 脚手架必须设置纵、横向扫地杆。纵向扫地杆应采用直角扣件固定在距底座上皮不大于200mm处的立杆上。横向扫地杆亦应采用直角扣件固定在紧靠纵向扫地杆下方的立杆上。当立杆基础不在同一高度上时，必须将高处的纵向扫地杆向低处延长两跨与立杆固定，高低差不应大于1m。靠边坡上方的立杆轴线到边坡的距离不应小于500mm，如图5.1所示。

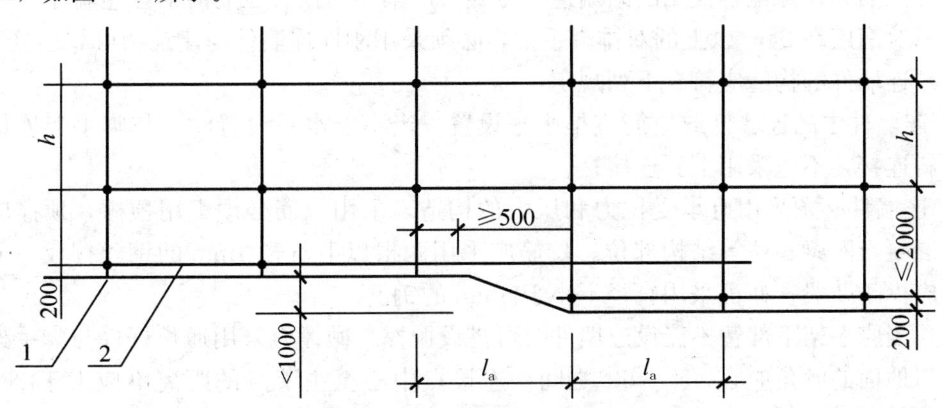

图5.1 纵、横向扫地杆构造

1—横向扫地杆；2—纵向扫地杆

(4) 脚手架底层步距和不应大于2m。

(5) 立杆必须用连墙件与建筑物可靠连接，连墙件布置间距见表5-1。

表5-1 连墙件布置最大间距

脚手架高度		竖向间距/h	水平间距/la	每根连墙件覆盖面积/m²
双排	≤50m	3	3	≤40
	>50m	2	3	≤27
单排	≤24m	3	3	≤40

注：h——步距；la——纵向。

（6）立杆接长除顶层顶部可采用搭接外，其余各层各步接头必须采用对接扣件连接。对接、搭接应符合下列规定：

① 立杆上的对接扣件应交错布置：两根相邻立杆的接头不应设置在同步内，同步内隔一根立杆的两个相隔接头在高度方向错开的距离不宜小于 500mm；各接头中心至主节点的距离不宜大于步距的 1/3；

② 搭接长度不应小于 1m，应采用不少于 2 个旋转扣件固定，端部扣件盖板的边缘至杆端距离不应小于 100mm。

（7）落地式脚手架基础应有良好的排水措施，防止地基浸泡在水中，降低地基承载力。

3. 架体与建筑结构拉结

（1）脚手架高度在 7m 以上，架体应按规定要求与建筑结构拉结。连墙件数量、布置应满足表 5－1 要求。

（2）开口型脚手架的两端必须设置连墙件，连墙件的垂直间距不应大于建筑物的层高，并不应大于 4m(2 步)。

（3）对高度在 24m 以下的单、双排脚手架，宜采用刚性连墙件与建筑物可靠连接，亦可采用拉筋和顶撑配合使用的附墙连接方式。严禁使用仅有拉筋的柔性连墙件。

（4）对高度在 24m 以上的双排脚手架，必须采用刚性连墙件与建筑物可靠连接。

（5）连墙件的构造应符合下列规定：

① 连墙件中的连墙杆或拉筋宜呈水平设置，当不能水平设置时，与脚手架连接的一端应下斜连接，不应采用上斜连接；

② 连墙件必须采用可承受拉力和压力的构造。采用拉筋必须配用顶撑，顶撑应可靠地顶在混凝土圈梁、柱等结构部位。拉筋应采用两根以上直径 4mm 的钢丝拧成一股，使用时不应少于 2 股；亦可采用直径不小于 6mm 的钢筋。

（6）当脚手架下部暂不能设连墙件时可搭设抛撑。抛撑应采用通长杆件与脚手架可靠连接，与地面的倾角应在 45°～60°之间；连接点中心至主节点的距离不应大于 300mm。抛撑应在连墙件搭设后方可拆除。

4. 杆件间距与剪刀撑

（1）每 10 延长米立杆、大横杆、小横杆设置间距应符合规定要求。脚手架搭设允许偏差：步距±20mm，纵距±50mm，横距±20mm，双排脚手架横向水平杆外伸长度－50mm，同跨内纵向水平杆高差±10mm。

（2）高度在 24m 以上的双排脚手架应在外侧立面整个长度和高度上连续设置剪刀撑。高度在 24m 以下的单、双排脚手架，均必须在外侧立面的两端各设置一道剪刀撑，并应由底至顶连续设置；中间各道剪刀撑的间距不应大于 15m。剪刀撑下端必须支撑在垫块或垫板上。

（3）剪刀撑应按规定沿脚手架高度连续设置，且确保角度满足要求。每道剪刀撑宽度不应小于 4 跨，且不应小于 6m，斜杆与地面的倾角宜在 45°～60°之间。

（4）开口型双排脚手架的两端均必须设置横向斜撑，中间宜每隔 6 跨设置一道。

5. 脚手板与防护栏杆

(1) 脚手板应铺满、铺稳，离开墙面120～150mm。竹笆脚手板应按其主竹筋垂直于纵向水平杆方向铺设，且采用对接平铺，四个角应用直径1.2mm的镀锌钢丝固定在纵向水平杆上。

(2) 脚手板材质可采用钢、木、竹材料制作，每块质量不宜大于30kg。

① 冲压钢脚手板的材质应符合现行国家标准《碳素结构钢》(GB/T700)中Q235－A级钢的规定，不得有裂纹、开焊与硬弯，并应涂防锈漆、采取防滑措施；

② 木脚手板应采用杉木或松木制作，其材质应符合现行国家标准《木结构设计规范》(GBJ5)中Ⅱ级材质的规定，其宽度不宜小于200mm，厚度不应小于50mm，两端应各设直径为4mm的镀锌钢丝箍两道。腐朽的脚手板不得使用；

③ 竹脚手板宜采用由毛竹或楠竹制作的竹串片板、竹笆板。

(3) 端部脚手板探头长度应取150mm，其板长两端均应与支撑杆可靠地固定。

(4) 脚手架外侧应设置密目式安全网，安全网端头相互连接，安全网与脚手架连接牢固。

(5) 作业层、斜道均应在外立杆的内侧搭设，并设置防护栏杆和挡脚板，防护栏杆高度应为1.2m(地面至上栏杆上皮的高度)，挡脚板高度不应小于180mm。

6. 交底与验收

(1) 单位工程负责人应按脚手架方案或施工组织设计有关脚手架的要求，向搭设和使用人员进行安全交底。

(2) 脚手架搭设完毕应进行验收，并作好有量化数据的验收记录。在验收记录单中，应有详细的验收内容及验收情况。验收记录单上应有安全员、技术员、单位工程负责人验收意见及签名。

7. 小横杆设置

(1) 主节点处立杆和大横杆交点位置必须设置一根横向水平杆，两端用直角扣件扣接且严禁拆除。主节点处两个直角扣件的中心距不应大于150mm。

(2) 单排脚手架的横向水平杆的一端，应用直角固定在纵向水平杆上，另一端应插入墙内，插入长度不应小于24cm。

8. 杆件搭接

(1) 纵向水平杆接长宜采用对接扣件连接，也可采用搭接。两根相邻纵向水平杆的对接接头不宜设在同步或同跨内，接头错开距离不宜大于纵距的1/3。搭接接头的搭接长度不应小于1m，应等距离设置3个旋转扣件固定。

(2) 钢管立管除顶层顶部可采用搭接外，其余各层各步接头必须采用对接扣件连接。对接扣件应交错布置，两根相邻立管的接头不应设置在同步内，同步内隔一根的两个相邻接头在高度方向错开的距离不宜大于步距的1/3。

9. 体内封闭

(1) 施工层以下每隔10m应设一道平网或其他封闭设施。

(2) 施工层脚手架内立杆上应设置内扶手。

10. 通道

(1) 脚手架应设置人行并兼作材料运输的上下通道，上下通道应附着脚手架或建筑物设置。

(2) 上下通道两侧及平台外围均应设置防护栏杆及挡脚板，防护栏杆高度为 1.2m，挡脚板高度不小于 180mm。上下通道上应每隔 250～300mm 设置一根防滑条，木条厚度宜为 20～30mm。

(3) 斜道脚手板构造应符合下列规定：

① 脚手板横铺时，应在横向水平杆下增设纵向支托杆，纵向支托杆间距不应大于 500mm；

② 脚手板顺铺时，接头宜采用搭接；下面的板头应压住上面的板头，板头的凸棱外宜采用三角木填顺。

11. 卸料平台

(1) 卸料平台搭设前，应编制专项卸料平台方案，卸料平台方案应包括卸料平台位置、立管的纵横间距、横管间距、荷载取值、构件受力和稳定性计算等，方案须经审批后实施。

(2) 卸料平台应严格按卸料平台方案或施工组织设计搭设。使用前安全员、技术员、单位工程负责人验收并签名，验收记录单上应有详细的验收内容。

(3) 卸料平台体系应与脚手架体系分开，在结构上相互独立。

(4) 卸料平台上必须挂牌标明最大荷载。

以下为落地式脚手架搭设监理安全检查标准表，见表 5-2。

表 5-2 落地式脚手架搭设监理安全检查标准表

序号	检查项目	检查要求	检查结果
1	施工方案	脚手架施工方案应具有操作性，搭设高度＞24m，应有经审批的含设计计算书的基础设计方案	
2	脚手架材质、脚手架扣件	搭设所使用的钢管扣件需有相应质检报告，并报监理审核。钢管脚手管外径不得小于 48mm，壁厚不得小于 3.5mm，无严重锈蚀、裂纹、变形、扣件紧固力矩 45～50N·m	
3	立杆基础	每 10 延米立杆基础平整、夯实，有排水措施，立杆下有底座、垫木，且垫木厚度不小于 5cm	
4	架体与建筑物拉结	拉结点间距、水平、垂直，距离符合要求，拉结材料符合要求，且拉结牢固。脚手架高度＞24m，不准采用柔性连接	
5	防护栏杆及网	自第二步起设栏杆扶手，按规定设置围挡封闭，密目网符合要求，操作层及以下二步设踢脚板	
6	施工层底竹笆满铺	踢脚板底笆与大横杆绑扎点不少于 4 点	
7	剪刀撑设置	不大于 9m 设一道剪刀撑，夹角为 45°～60°，自下而上连接设备，高度＞24m 时，在脚手架拐角及中间沿纵向每隔 6 跨横向平面内搭设斜杆	

续表

序号	检查项目	检查要求	检查结果
8	脚手架宽度	按设计宽度搭设	
9	立杆间距	立杆垂直偏差不大于全长的1/100，立杆间纵距按设计设置，偏差±50mm	
10	大小横杆	横平竖直，大横杆的固定间距不大于6m，挠度不大于杆长1/150；按立杆与大横杆交点设置小横杆，两端固定，单排架子小横杆插入向内>24cm	
11	四步一隔离	每隔四步设一道隔离措施，第一道隔离设在结构的首层	
12	登高设施	应设在脚手架外侧，斜道坡度按设计设置并设防滑条，上下爬梯装设稳固	
13	杆件搭设	接头错开，剪刀撑杆件接长不小于1m，立杆对接必须交叉进行，木立杆、大横杆每一处搭接不大于1.5m，钢管立杆不得采用搭接	
14	通道口防护、重要设施防护棚	按结构高度、搭设通道防护棚，长度符合设计方案要求	
15	钢管脚手架接地	四周应可靠防雷接地	
16	验收资料	脚手架搭设完毕应经有关部门验收合格并挂牌	

5.1.2 吊篮脚手架

吊篮脚手架是将预组装的脚手架悬挂在挑梁上，挑梁与建筑结构固定，脚手架的升降用手(电)动葫芦和钢丝绳来带动。施工方案中必须有吊篮和挑梁的固定方法。吊篮在使用前应做荷载试验，使用中必须有2根直径为12.5mm钢丝绳做保险绳，葫芦必须有保险卡，在吊篮提升(或下降)前必须先把保险绳固定好，待提升(或下降)到一定距离(小于1m)，在重新固定好保险绳，然后再提升(或下降)，反复进行，一直到需要的高度。严禁在保险绳不起作用的情况下提升(或下降)。检查内容中，施工方案、制作组装、安全装置、脚手板、升降操作、交底与验收为保证项目，其余为一般项目。

1. 施工方案

(1) 搭设前必须编制专项施工方案，并有设计计算书，方案应经上级审批。

(2) 施工方案应具体，能指导施工作业。

2. 制作组装

(1) 挑梁锚固和配重等抗倾覆装置均应合格，抗倾覆比应为1∶2。

(2) 吊篮组装应符合设计要求。

(3) 电动(手动)葫芦应确保使用合格产品。

(4) 吊篮使用前必须通过荷载试验，且在承受静力试验载荷时，安全锁锁绳1h后，滑移距离不大于2mm。

3. 安全装置

(1) 吊篮一般须配备制动器、行程限位、安全锁等，并必须经检验合格才能安装。

(2) 主制动器应能使吊篮平台在100mm范围内停住，采用常闭式制动器。

(3) 行程限位装置的安装方式须是以吊篮平台自身直接去触动。

(4) 安全锁应能使吊篮平台在下滑速度大于25m/min时动作，并在不超出100mm的距离内停住。

(5) 在任何情况下吊篮的承重钢丝绳的实际直径不应小于6mm。

(6) 作业人员必须系安全带，安全带不得系挂在吊篮升降用的钢丝绳上。

4. 脚手板

(1) 脚手板应满铺，并且牢固。

(2) 脚手板材质应符合要求。

(3) 不得出现探头板。

5. 升降操作

(1) 操作升降的人员必须是固定的和经过培训合格的。

(2) 升降作业时不得有其他人员在吊篮内停留。

(3) 两片吊篮连在一起同时升降应有同步装置，且必须达到同步。

6. 交底与验收

每次提升后必须经验收合格后上人作业，并挂设验收合格证(牌)。提升及作业必须有交底记录。

7. 防护

(1) 吊篮平台上须装有固定式的安全护栏，靠建筑物一侧的高度不小于800mm，后侧及两边高度不小于1 100mm，护栏应能承受1 000N水平移动的集中荷载。

(2) 沿吊篮平台底板四周应装有高度不小于100～150mm的挡板，挡板与底板间隙不得大于5mm。单片吊篮升降两端头必须有防护。

8. 防护顶板

多层作业应有防护顶板，防护顶板设置必须符合设计要求。

9. 架体稳定

作业时吊篮应与建筑结构拉结牢固。吊篮钢丝不得斜拉，吊篮离墙空隙应符合设计要求。

10. 荷载

施工荷载必须符合设计规定的要求，荷载堆放应均匀分布。

以下为吊篮脚手架(手动与电动)监理安全检查标准表，见表5-3。

表5-3 吊篮脚手架(手动与电动)监理安全检查标准表

序号	检查项目	检查要求	检查结果
1	软件资料	方案审批手续齐全，设计计算内容齐全、具体、能指导施工，方案设计符合 JGJ 5027—1992 高处作业吊篮安全规则，厂家生产的产品合格证、许可证、使用说明书等齐全	
2	制作组装	挑梁与建筑物锚固牢靠，应采用纵向水平杆将挑梁连成整体，配重质量符合设计要求并有可靠措施，挑梁应设置抗倾覆措施，吊篮长、宽符合设计要求	
3	安全装置	升降机安全锁、手扳葫芦保验卡齐全有效，吊篮应设专用保险绳，吊钩保险有效，钢丝绳符合使用要求，漏电保护器灵敏可靠	
4	脚手板	脚手板铺满，木质厚度 50mm 以上，采用钢板应是防滑的花纹钢板，无锈蚀	
5	防护	双道栏杆，高 1.2m 及踢脚板靠建筑物栏杆不低于 0.8m，外侧用密目网封闭，单片吊篮两端要封头处理，多层作业应设防护顶板，厚度 50mm	
6	空载试验	升降运行平衡，过程中无碰擦、安全装置灵敏可靠	

5.1.3 附着式升降脚手架

附着式升降脚手架是将脚手架体附着于结构上并能自行升降，可单跨升降、多跨升降，也可整体升降，因此也称整体提升脚手架。附着式升降脚手架应具备三个条件：一是架体应是刚性较强的定型的支撑框架，支撑框架还必须以主框架作为支座；二是架体上的荷载应通过主框架均匀、合理地传递到主结构上去，也就是架体要在结构上生根；三是升降时不坠落、不倾斜。本着这个要求，列出的保证项目是使用条件、设计计算、架体构造、附着支撑、升降装置、防坠落导向、防倾斜装置等，其他为一般项目。

1. 使用条件

产品应通过鉴定，并持有生产准许证和使用证。应具有当地建筑安全监督管理部门发放的准用证。有专项施工组织设计。安全施工组织设计应通过上级技术部门审批。各工种应有操作规程。

2. 设计计算

应有设计计算书。设计计算书应通过上级技术部门审批。设计荷载按承重架 3.0kN/m^2、装饰架 2.0kN/m^2、升降状态 0.5kN/m^{2}取值。压杆长细比应小于 150。受拉杆件的长细比应小于 300。主框架、支撑框架(桁架)各节点的各杆件轴线必须汇交于一点。应有完整的制作安装图。

3. 架体构造

应有定型(焊接或螺栓连接)的主框架。相邻两主框架之间的架体应有定型的支撑框架。主框架间脚手架的立杆应能将荷载直接传递到支撑框架上。

（1）架体应符合以下规定：

① 架体高度不应大于 5 倍楼层高；

② 架体宽度不应大于 1.2m；

③ 直线布置的架体支承跨度不应大于 8m，折线或曲线布置的架体支承跨度不应大于 5.4m；

④ 整体式附着升降脚手架架体的悬挑长度不得大于 1/2 水平支承跨度和 3m，单片式附着升降脚手架架体的悬挑长度不应大于 1/4 水平支承跨度；

⑤ 升降和使用工况下，架体悬臂高度均不应大于 6m 和 2/5 架体高度；

⑥ 架体全高与支承跨度的乘积不应大于 $110m^2$，架体上部悬臂部分应小于架体高度的 1/3，且不超过 4.5m。

（2）支撑框架应将主框架作为支座。

4. 附着支撑

主框架必须与每个楼层设置连接点。钢挑架与预埋钢筋环连接应严密。钢挑架上的螺栓与墙体应连接牢固，且符合设计规定。钢挑架焊接符合设计要求。

5. 升降装置

（1）应设有同步升降装置，且达到同步升降。

（2）索具、吊具应确保达到 6 倍安全系数。

（3）有两个以上吊点升降时，不得使用手动葫芦（导链）。

（4）附着升降脚手架的防倾装置必须与竖向主框架、附着支承结构或工程结构可靠连接，并遵守以下规定：

① 在升降和使用两种工况下，位于同一竖向平面的防倾装置均不得少于两处，并且其最上和最下一个防倾支撑点之间的最小间距不得小于架体全高的 1/3；

② 防倾装置的导向间隙应小于 5mm。

（5）升降时架体上不得站人。

6. 防坠落导向、防倾斜装置

（1）防坠装置应设置在竖向主框架部位，且每一竖向主框架提升设备处必须设置一个。

（2）防坠装置必须灵敏、可靠，其制动距离对于整体式附着升降脚手架不得大于 80mm，对于单片式附着升降脚手架不得大于 150mm。

（3）应设有垂直导向和防止左右、前后倾斜的防倾装置。

（4）防坠装置与提升设备必须分别设置在两套附着支承结构上，若有一套失败，另一套必须能独立承担全部坠落荷载。

7. 分段验收

每次提升前，应有具体的检查记录。每次提升后，使用前应有验收手续，且资料齐全。

8. 脚手板

架体底层的脚手板必须铺设严密，且应用平网及密目安全网兜底。离墙空隙必须封严。脚手板材质应符合要求。

9. 防护

脚手架外侧必须用密目安全网(≥2000 目/100cm^2)围档。操作层应有防护栏杆。在每一作业层架体外侧必须设置上、下两道防护栏杆(上杆高度 1.2m，下杆高度 0.6m)和挡脚板(高度 180mm)。作业层下方应封闭严密。

10. 操作

必须按施工组织设计搭设。操作前应向现场技术人员和工人进行安全交底，并保存交底记录。作业人员应经过培训，持证上岗且确定岗位。安装、升降、拆除时应设置安全警戒线。荷载应堆放均匀。升降时架体上不得有超过 2 000N 重的设备。

以下为悬挂脚手架监理安全检查标准表，见表 5-4。

表 5-4 悬挂脚手架监理安全检查标准表

序号	检查项目	检查要求	检查结果
1	施工方案	搭设方案审批手续齐全，并绘制施工图，设计计算内容齐全、具体、准确	
2	架体制作	架体悬挂点按方案制作，设计合理，埋设固定牢靠并有相应验收资料，悬挂点间距≯2m	
3	材质	制作架体的钢材、焊条应有材料质保书，有防锈处理，无开裂、严重变形	
4	脚手板	脚手板铺设严密，板厚 50mm 以上	
5	架体防护	脚手架外侧应装设立杆，设双道防护栏杆、踢脚板、密目网封闭、脚手架底部与机构之间封闭严密，底部用平网紧贴脚手底部兜严，外层再采用密目网兜包	

5.1.4 悬挑式脚手架

悬挑式脚手架的悬挑梁和悬挑架应为型钢或定型桁架，安装时必须按照设计要求进行。脚手架必须按设计规定与结构连接。悬挑式脚手架检查标准的保证项目是施工方案、悬挑梁以及架体稳定、脚手板、荷载、交底与验收，其他为一般项目。

1. 施工方案

脚手架搭设前应编制专项施工方案、设计计算书，并经上级审批。施工方案中搭设方法应具体描述。

2. 悬挑梁及架体稳定

(1) 外挑杆件与建筑结构连接必须牢固。

(2) 悬挑梁安装必须符合设计要求。

(3) 立杆底部必须固定牢固。

(4) 架体与建筑结构连接应牢固，间距竖向≤3h(竖向间距)≈5.4m、横向≤31a(水平间距)≈4.5m；靠近主节点，偏离≤300mm，从底层第一步纵向水平杆设置。

3. 脚手板

(1) 脚手板铺设应严密、牢固，竹笆脚手板主筋垂直纵向水平杆，搭接或对接平铺。搭接时宽度≥200mm，横杆两边各为≥100mm；对接时接头处设两根横向水平杆，脚手板外伸长度130～150mm，总和≤300mm，脚手板四角用1.2mm镀锌钢丝固定在纵向水平杆。

(2) 脚手板的材料质量应符合要求。

(3) 脚手板铺设不出现探头板。

4. 荷载

脚手架荷载应符合规定(标准值为3kN/m^2≈300kg/m^2)。施工荷载应做到堆放均匀。

5. 交底与验收

脚手架搭设应符合方案要求，与方案策划相一致。脚手架分段搭设应分别形成验收资料。脚手架搭设应有交底记录。

6. 杆件间距

每10延长米立杆间距应符合要求，偏差应控制在±50mm×6≈±300mm。大横杆间距为≤400mm(指竹笆下的纵向水平杆)。

7. 架体防护

施工层外侧应设置1.2m高防护栏杆和18cm高踢脚板。脚手架外侧应设置密目式安全网，网间严密。

8. 层间防护

作业层下应设置平网防护或采取其他防护措施。防护必须严密。

9. 脚手架材质

杆件直径应符合规定要求，Φ48钢管外径48.3mm，壁厚3.6mm，允许偏差－0.36mm。以下为悬挑式脚手架监理安全检查标准表(见表5-5)和脚手架拆除监理安全检查标准表(见表5-6)。

表5-5 悬挑式脚手架监理安全检查标准表

序号	检查项目	检查要求	检查结果
1	施工方案	搭设方案审批手续齐全，绘制施工图样，多层悬挑设计计算内容齐全、准确、焊接部分应有验收资料	
2	悬挑梁及悬挑架	悬挑梁、悬挑架与结构连接牢固悬挑架应采用刚性框架和刚性节点	
3	架体稳定	梁上应焊短管作底座，立杆插入固定并绑扫地杆	
4	脚手板、防护栏杆	底笆应铺满、首层与结构之间隔离严密、栏杆高度1.2m，密目网、操作层以下层踢脚板齐全	
5	杆件间距	立杆间距按1.5m布置(单层1.5～1.8m)、立杆垂直偏差全长1/100H，接长交叉进行	

续表

序号	检查项目	检查要求	检查结果
6	层间防护	作业层下设置隔离措施(四步一隔离)	
7	脚手架材质	钢管、外径(φ48mm)，壁厚不少于3.5mm，无严重锈蚀、裂纹变形	
8	扣件	扣件要有生产许可证、扣件检测资料，紧固力矩45～50N·m	
9	大小横杆	搭设要做到横平竖直、大横杆固定间距6m、挠度≯杆长1/150	
10	剪刀撑	每组剪刀撑跨越立杆根数为5～7根(>6m)，夹角45°～60°，杆件接长不应在同一平面	

表5-6 脚手架拆除监理安全检查标准表

序号	检查项目	检查要求	检查结果
1	安全措施	施工前进行安全交底并经签字；由合格的架子工担任拆除工作	
2	作业现场	脚手架拆除时应划分作业区；拆除区周围设围栏或竖立警戒标志；地面设专人指挥；禁止非工作人员入内	
3	拆除顺序	拆除顺序应遵守由上而下、先搭后拆、后搭先拆的原则(拆除顺序：栏杆、脚手架、剪刀撑、斜撑，而后小横杆、大横杆、立杆等)；严禁上下同时进行拆除；脚手架拆除后要预留的斜道、上料平台、通道、小飞跳等应在脚手架拆除前先进行加固	
4	连墙杆	连墙杆应随拆除进度逐层拆除	
5	电源线	拆除时严禁撞碰脚手架附近的电源	
6	缆风绳	拆到缆风绳处才解除该处缆绳(不能提前解除)	
7	文明施工	拆下的材料使用绳索拴住杆件并利用滑轮徐徐下运，严禁抛掷材料，堆放整齐及时清理。	

5.2 基坑支护工程

基坑支护安全检查，主要检查施工现场的基坑、基槽施工，在施工前必须进行勘察，明确地下情况，制订施工方案，按照土质情况和深度设置安全边坡或固壁支撑，对于较深的沟坑，必须进行专项设计和支护。对于边坡和支护应随时检查，发现问题立即采取措施消除隐患。按照规定坑槽周边不得堆放材料和施工机械，确保边坡的稳定，如施工机械确需在坑、槽边作业时，应对机械作业范围内的地面采取加固措施。施工方案、临边防护、坑壁支护、排水措施、坑边荷载作为保证项目，是安全检查的重点。

5.2.1 施工方案

(1) 基础施工必须有支护方案施工组织设计。

（2）针对地质情况及周边环境，基坑支护方案或施工组织设计必须明确针对性的措施(如降水方案、监测方案、挖土方案等)，明确给出控制参数(如周边建筑物沉降报警值、管线及路面沉降报警值、坑口位移报警值、支撑应力报警值、坑边堆载最大值、监测周期、监测频率等)。

（3）开挖深度超过5m的基坑或开挖深度虽未超过5m，但地质情况和周边环境较复杂的基坑，必须由具有资质的设计单位进行专项支护设计。

（4）支护设计方案或施工组织设计必须按企业内部管理规定进行审批。

5.2.2 临边防护

（1）深度超过2m的基础，坑边必须设置防护栏杆并且用密目网封闭，栏杆立杆应与便道预埋件电焊连接，栏杆宜采用Φ48钢脚手管，表面喷黄漆标志。

（2）坑口应砖砌翻口，防坑边碎石和坑外水进入坑内。对于取土口、栈桥边、行人支撑边等部位必须设置安全防护设施并符合要求。

5.2.3 坑壁支护

（1）进行放坡开挖的基坑，放坡比例必须符合支护方案或施工组织设计要求，应根据地质报告对边坡稳定性进行计算。坡面宜采用钢丝网细石混凝土护坡。

（2）特殊支护结构的施工质量必须符合支护方案和支护设计的要求(如土钉支护的土钉锚内注浆量、喷射混凝土的厚度、每皮土开挖的厚度等，又如换撑的部位等)。

（3）通过监测和观察，发现支护体系发生异常变化时(如监测值超过报警值、变化速率突然变大、坑壁突然渗水或漏水等)，必须及时分析原因，制订和实施相应的措施。

5.2.4 排水措施

（1）坑内、坑外必须采取有效的排水措施。根据支护方案及支护设计或施工组织设计要求，应对坑内进行轻型井点降水或其他方法降水。每皮挖土面应采用明沟排水。基坑见底后，宜采用明沟或盲沟明排水。坑外应采用明沟排水，防止坑外水进入坑内，同时防止坑外水过多渗入地下增加侧压力。

（2）基坑采用坑外降水时，必须制订相应的措施保护临近建筑、道路、管线等(如对临近建筑、道路、管线进行沉降监测，设置地下水位观测井等)。

5.2.5 坑边荷载

施工过程必须按设计要求的槽边距离安排坑边堆土、堆料及运输车辆行驶、机械设备施工等，使坑边地面荷载造成侧向压力最小。

5.2.6 上下通道

（1）按规定在合理的位置(办公室附近、宿舍附近)设置若干人员上下基坑通道。

（2）通道下部搁置点必须坚实(如支撑面)。根据基坑深度，通道扶梯可做成多跑扶梯。通道扶梯两边应设置扶手，并采用黄、黑漆标志。

5.2.7 土方开挖

（1）挖土机、空压机等施工机械进场必须进行验收，确认合格后方可使用，并保存验收记录。

（2）挖土机作业半径内严禁施工人员进入，必须作好对扦土人员和凿砼人员的书面交底工作。

（3）挖土机在基坑内作业位置及行走路线上应铺设跑板，确保机械安全作业。

（4）挖土机司机必须持证上岗。

（5）土方作业应严格按方案进行施工，软土基坑应分层均衡开挖，层高不宜超过 1m。若分层厚度较厚，必须按支护方案或是施工组织设计要求的坡度留坡。

5.2.8 基坑支护

（1）根据监测方案，定期、定时对支护体系进行水平位移监测、支撑应力监测、测斜、支撑立柱沉降监测等。监测数据应及时整理、分析、传递、保存。

（2）根据监测方案，定期、定时对毗邻建筑物和重要管线及道路进行沉降观测。监测数据及时整理、分析、传递、保存。

5.2.9 作业环境

（1）基坑内作业人员必须有安全立足点。例如，深井点水泵应有检修平台；凿除混凝土支撑底部垫层时，必须有操作平台。

（2）垂直作业必须设置隔离防护设施。例如，钢筋混凝土支撑爆破前，所有地下室楼板预留孔必须封闭，防止清渣时混凝土碎块坠落。

（3）挖土及地下室结构施工阶段，沿基坑一周必须配置足够数量的固定照明灯具，同时作业面上必须配置足够数量的移动照明灯具。

以下为基坑支护监理安全检查标准表，见表 5-7。

表 5-7 基坑支护监理安全检查标准表

序号	检查项目	检查要求	检查结果
1	施工方案	基础施工时有具体的支护方案，支护设计及方案经过上级审批；施工方案针对性强能指导施工；基坑深度超过 5m 设有专项支护设计	
2	临边防护	深度超过 2m 的基坑施工设有临边防护措施；临边及其他防护符合要求	
3	坑壁支护	坑槽开挖设置安全边坡符合安全要求；特殊支护的做法符合设计方案；支护设施产生局部变形立即采取措施调整	
4	排水措施	基坑施工设置有效排水措施；深基础施工采用坑外降水，采取防止临近建筑物危险沉降措施	

续表

序号	检查项目	检查要求	检查结果
5	坑边荷载	积土、料具堆放距槽边距离不小于设计规定；机械设备施工与槽边距离符合要求并有措施	
6	上下通道	人员上下设专用通道；设置的通道符合要求	
7	土方开挖	施工机械进场经过验收；挖土机作业位置牢固、安全；挖土机作业时，不得有人员进入挖土机作业半径内；按照规定程序挖土或超挖；司机持证作业	
8	基坑支护变形监测	按照规定进行基坑支护变形监测；按照规定对毗邻建筑物和重要管线和道路进行沉降观测	
9	作业环境	基坑内作业人员设安全立足点；垂直作业上下设隔离防护措施；设置足够照明，光线充足	

5.3 模板工程

模板工程安全检查主要将模板施工管理的主要问题列入检查项目。要求模板施工前要进行模板支撑设计、编制施工方案，并经上一级技术部门批准。设计不仅有计算书而且还要有细部构造的大详图，对材料规格尺寸、接头方法、间距及剪刀撑设置等均应详细注明。方案应包括模板的制作、安装及拆除等施工程序、方法及安全措施。模板工程安装完毕，必须由技术负责人按照实际要求检查验收后才能浇筑混凝土。模板支撑的拆除，必须确认混凝土强度达到设计要求时经申报批准后才能进行。模板工程检查标准的保证项目是施工方案、支撑系统、立柱稳定、施工荷载、模板存放以及支拆模板。

1. 施工方案

(1) 模板工程施工前应编制专项施工方案。

(2) 模板工程专项施工方案必须经审批。

(3) 方案中应根据混凝土输送方法制订有针对性安全措施。

2. 支撑系统

(1) 现浇混凝土模板的支撑系统必须有设计计算。

(2) 模板支撑系统必须符合设计要求。

3. 立柱稳定

(1) 支撑模板的立柱材料必须符合要求。

(2) 立柱底部应设置底座或垫板。

(3) 支架立杆应竖直设置，2m 高度的垂直允许偏差为 15mm。

(4) 设在支架立杆根部的可调底座，当其伸出长度超过 300mm 时，应采取可靠措施固定。

(5) 当梁模板支架立杆采用单根立杆时，立杆应设在梁模板中心线外，其偏心距不应大于 25mm。

（6）满堂模板支架四边与中间每隔 4 排支架立杆应设置一道纵向剪刀撑，由底至顶连续设置。

（7）高于 4m 的模板支架，其两端与中间每隔 4 排立杆从顶层开始向下每隔 2 步设置一道水平剪刀撑。

4. 施工荷载

（1）施工荷载应符合方案规定，不得超载。

（2）模板上材料应均匀堆放。

5. 模板存放

（1）模板存放必须稳固，有防倾倒措施。

（2）各种模板存放应堆放整齐，堆放高度应符合要求，一般不应超过 2m。

6. 支撑模板

（1）2m 以上的高处作业必须设有可靠立足点。

（2）支、拆模板区域应设置警戒线且须有监护人。

（3）支、拆模板时应将悬空模板拆除干净。

7. 模板验收

（1）模板拆除前必须提出申请并经批准。

（2）模板工程须有验收手续。

（3）验收单应有量化验收内容。

（4）支、拆模板前必须进行安全技术交底。

8. 混凝土强度

（1）模板拆除前必须有混凝土强度报告。

（2）拆模板时混凝土强度必须符合设计的强度或规范要求。

9. 运输道路

（1）在模板上运输混凝土应有走道垫板。

（2）走道垫板应稳固且牢靠。

10. 作业环境

（1）作业面孔洞及临边应有防护措施。

（2）垂直作业上下应有隔离防护措施。

以下为模板支护工程监理安全检查标准表，见表 5－8。

表 5－8 模板支护工程监理安全检查标准表

序号	检查项目	检查要求	检查结果
1	施工方案	模板支护工程应编制专项施工方案并经审批合格，方案中应对模板及支撑系统的稳定进行计算，并根据混凝土输送方式制定针对性安全措施	

续表

序号	检查项目	检查要求	检查结果
2	支撑系统	支撑系统应严格按设计方案施工，钢管材质符合要求，立杆的布置应符合 JGJ 130—2011 规定，并按照规定设置纵横向支撑。支架立杆应竖直设置，底部设垫板不得使用砖块和多层木板垫高，立杆 2 米高度的垂直允许误差为 15mm。当梁模板支架立杆采用单根时，立杆应设置在梁模板中心线处，其偏心距不应大于 25mm	
3	满堂模板支架	满堂模板支架四边与中间每隔四排立杆支架应设置一道纵向剪刀撑，由底至顶层连续设置；高于 4m 的模板支架，其两端与中间每隔 4 排立杆从顶层开始向下每隔 2 步设置一道水平剪刀撑	
4	施工荷载	模板施工荷载不超过规定；模板堆料均匀	
5	模板存放	大模板存放设防倾斜措施；各种模板存放整齐、符合安全要求	
6	支拆模板	2m 以上高处作业设可靠立足点；拆除区域设置警戒线且有监护人；不得留有未拆除的悬空模板	
7	模板验收	模板支撑系统应有专项的安全交底记录和验收记录	
8	运输道路	在模板上运输混凝土设走道垫板；走道垫板稳定、牢固	
9	作业环境	作业面孔洞及临边设防护措施；垂直作业上下设隔离防护措施	
10	文明施工	各种材料堆放整齐	

5.4 物料提升机

物料提升机发生事故的主要原因：一是自己生产自己使用，设计不合理；二是安全装置不能满足规范规定，流于形式；三是缆风绳与建筑物连接不符合要求，使用中架体晃动大、失稳；四是提升机安装后不经验收，给使用带来隐患。因此，检查标准中将架体制作、限位保险装置、架体稳定、提升钢丝绳、楼层卸料平台防护、吊篮及安装验收都列为保证项目作为检查重点。

1. 架体制作

(1) 自制架体的设计应有计算书，并经上级审批。

(2) 自制架体制作应符合设计要求和规范要求。

(3) 使用厂家生产的产品，应具有建筑安全监督管理部门准用证。

2. 限位保险装置

(1) 吊篮应设置停靠装置，并可靠有效。

(2) 吊篮应设置断绳保护装置。当吊篮悬挂或运行中发生断绳时，应能可靠地使其停住并固定在架体上。其滑落行程，在吊篮满载时不得超过 1m。

(3) 应设置超高限位装置，并可靠有效。

(4) 提升机宜选用可递式卷扬机，高架提升机(提升高度 31～150mm 为高架)不得选用摩擦式卷扬机。

(5) 使用摩擦式卷扬机超高限位不得采用断电方式。

(6) 高架提升机应设置下极限限位器、缓冲器、超载限制器及断绳保护装置、弹塞保险，并可靠有效。

3. 架体稳定

1) 缆风绳

(1) 缆风绳必须使用圆股钢丝绳。

(2) 钢丝绳直径应不小于 9.3mm，缆风绳角度应在 45°～60°之间。

(3) 架高在 20m 以下(含 20m)时，应设一组(4～8 根)缆风绳；架高在 21～30m 时，应设不少于两组缆风绳。

(4) 地锚埋置深度应符合方案设计要求。一般宜采用水平式地锚，当土质坚实地锚受力小于 15kN 时，也可选用桩式地锚。

2) 与建筑结构连接

(1) 连墙杆位置应符合规定要求。

(2) 连墙杆连接应确保牢固可靠。其间隔一般不宜大于 9m，且在建筑物的顶层必须设置一组。

(3) 附墙架与架体及建筑之间均应采用刚性件连接，并形成稳定结构，连墙杆不得与脚手架连接。严禁使用铅丝绑扎。

(4) 连墙杆材质和连接方法应符合方案要求。

4. 提升钢丝绳

(1) 钢丝绳磨损不应超过报废标准。

(2) 钢丝绳不得锈蚀、缺油。端头与卷筒应用压紧装置卡牢，在卷筒上应能按顺序整齐排列。当吊篮处于工作最低位置时，卷筒上的钢丝绳应不少于 3 圈。

(3) 钢丝绳端部的固定当采用绳卡时，绳卡应与绳径匹配，其数量不得少于 3 个，间距不小于钢丝绳直径的 6 倍。绳卡滑鞍放在受力绳一侧，不得正反交错设置绳卡。

(4) 钢丝绳必须穿越主要干道时，应挖沟槽并加保护措施。严禁在钢丝绳穿行的区域内堆放物料。

(5) 钢丝绳运行中应架起，使之不拖地面和被水浸泡。

5. 楼层卸料平台防护

(1) 卸料平台两侧应设置防护栏杆或栏板。

(2) 平台脚手板搭设应满铺且固定牢靠。

(3) 平台应设置防护门，使用符合安全防护要求。

(4) 防护门应形成定型化、工具化。

(5) 地面进料口应设置防护棚。防护棚宽度不应大于提升机的最外部尺寸；其长度：低架提升机应大于 3m，高架提升机应大于 5m；其材料强度应能承受 10kPa 的均布荷载。也可采用 50mm 厚木板架设或采用两层竹笆，上下竹笆层间距应不小于 600mm。

6. 吊篮

(1) 吊篮应设置安全门。

(2) 安全门宜采用联锁装置，升降运行时安全门封闭吊篮的进料口，防止物料从吊篮中滚落。

(3) 高架提升机应使用吊篮作业。

(4) 吊篮不得违章载人上下。

(5) 吊篮提升不得使用单根钢丝绳。

7. 安装验收

(1) 物料提升机安装完毕，应组织相关人员验收，合格后方可交付使用。

(2) 安装验收单应记录量化验收内容，并有验收相关责任人的签字确认。

(3) 验收合格交付使用的提升机应悬挂操作规程牌、限载牌、验收合格牌。

8. 架体

(1) 架体安装拆除应制订专项施工方案，并按规定审批。

(2) 架体基础的埋深与做法符合设计和提升机出厂使用规定。基础应有排水措施。

(3) 低架提升机的架体基础，当无设计要求时应符合下列规定：

① 土层压实后的承载力，应不小于 80kPa；

② 浇筑 C20 混凝土，厚度为 300 mm；

③ 基础表面应平整，水平度偏差不大于 10mm。

(4) 新制作的提升机，其架体垂直偏差最大不应超过架体高度的 1.5‰；多次使用过的提升机，其架体在重新安装时偏差不应超过 3‰，并不得超过 200mm。

(5) 架体和吊篮间隙应控制在方案规定的范围内。

(6) 架体外侧应设置立网防护，防护应严密无隙。

(7) 设置摇臂把杆必须经设计计算许可，安装应符合方案要求，应设置保险绳。

(8) 井字架开口处应作加固处理。

9. 传动系统

(1) 卷扬机地锚应可靠牢固。

(2) 卷筒与钢丝绳直径的比值应不小于 30，并且钢丝绳应缠绕排列整齐。

(3) 第一个导向滑轮距离应不小于 15 倍卷筒宽度。

(4) 滑轮翼缘应完好不破损，并与应架体柔性连接。

(5) 卷筒两端的凸缘至最外层钢丝绳的距离不应小于钢丝绳直径的 2 倍。卷筒边缘必须设置防止钢丝绳滑脱保险装置。

(6) 滑轮组的滑轮直径与钢丝绳直径比值：低架提升机不应小于 25；高架提升机不应小于 30。

10. 联络信号

(1) 信号装置是由司机控制的一种音响装置，其音量应能使各楼层使用提升机装卸物料人员清晰听到。

（2）当司机不能清楚地看到操作者和信号指挥人员时，必须加装通信装置。其必须是一个闭路的双向电气通信系统。

11. 卷扬机操作棚

（1）卷扬机操作应设置独立操作棚，上部应搭设防坠防护棚。

（2）操作棚应符合方案设计要求。

（3）卷扬机应搭设防护棚。

12. 避雷

（1）在防雷保护范围以外应设置避雷装置和接地装置。

（2）避雷装置的接地电阻不应大于10Ω。

（3）电气设备的绝缘电阻值（包括对地电阻值）必须大于0.5MΩ，运行中必须大于1 000Ω/V。

以下为井架与龙门架搭设监理安全检查标准表，见表5－9。

表5－9 井架与龙门架搭设监理安全检查标准表

序号	检查项目	检查要求	检查结果
1	厂家定型产品	须通过省（市）级产品鉴定，须有公司级的设计计算书	
		安装完毕应经安全监督部门验收合格并挂牌	
2	架体结构	架体的连接件齐全、可靠，无弯曲、变形、锈蚀，出料开口处有加固措施，架体全高三面包小眼网	
		吊篮导轨无明显变形，接头处无错位，吊篮上下运行平稳、无碰擦	
3	吊篮	安全门灵活可靠	
		篮顶动滑轮牢固，无破损和锈蚀，吊盘颜色与架体存明显区别	
4	附着装置	按方案设计规定或使用说明书要求设置，首道附着不超过7m，严禁与脚手架等临时设施连接	
5	缆风绳	高度20m以下设一组，高于20m增设一组，角度45°～60°，地锚连接牢固，绳夹符合要求	
6	卷扬机	具备生产许可证	
		钢丝绳如有断丝、磨损，应在许可范围内无拖地、过路保护、绳端固定可靠	
		卷筒排绳整齐，钢丝绳不少于3圈与第一导向轮距离不少于20倍	
		滑轮直径应与钢丝绳直径相配D/B=25～30	
		机架固定前后锚固桩受力后无移位	
		携带式控制按钮回路电压不大于36V，引线长度不超过5m，采用点动式并配有紧急停止开关	
		操作室应为能上锁、能防雨、防坠物、视线良好的操作室	

续表

序号	检查项目	检查要求	检查结果
7	安全装置	灵敏、可靠、上限位与天梁最小距离为 3m	
		停层安全保护装置装置齐全、完好、安全可靠	
		防坠落装置、超载限制器灵敏、可靠	
		上料口安全门高度(三面围护采用定型金属网片高度)1.8m、双层防坠棚齐全、卸料平台铺设牢靠	
		卷筒防脱绳保险齐全、有效、可靠	
		滑轮防跳绳保护齐全、有效、可靠	
		信号装置、音响装置、吊篮升降时发出警告使用，司机控制	
8	电气	漏电保护装置总电源应设短路及漏电保护装置	
		接地装置应外露，电气连接牢固	
		通信或联络装置：当司机不能看清楚操作者和信号指挥人员，必须装设通信装置，即闭路的双向电气通讯系统或监控闭路电视	
9	标志	楼层标志齐全张挂在醒目处	
		限载标志进料口上设置醒目、摇臂起重限载也应设置	

5.5 外用电梯

外用电梯(人货两用电梯)是施工现场的大型设备并具有一定的危险性，必须在每班使用前按规定检查，包括制动、各种限位装置、梯笼门和防护门等处的电器连锁装置是否灵敏可靠，司机经过专门培训，不准超载使用，不装配重不准载人。外用电梯检查标准的保证项目是安全装置、安全防护、司机、荷载、安装与拆卸和安装验收，其余是一般项目。

1. 安全装置

(1) 吊笼内空净高度不得小于 2m；人货两用升降机的吊笼顶部及除门之外的侧面应有围护。

(2) 需在吊笼顶上进行安装与维修作业的，吊笼顶部的周围必须设置高度不低于 1.05m 的护身栏杆。

(3) SS 型人货两用升降机，提升吊笼的钢丝绳不得少于两根且应是彼此独立的。钢丝绳的安全系数不得小于 12，直径不得小于 9mm。

(4) SS 型人货两用升降机，提升吊笼的钢丝绳允许用一根，但其安全系数不得小于 8。额定载重量不大于 320kg 的升降机，钢丝绳直径不得小于 6mm；额定载重量大于 320kg 的升降机，钢丝绳直径不得小于 8mm。

(5) 悬挂对重用的钢丝绳安全系数不得小于 8，直径不得小于 9mm。

(6) 安全器上用钢丝绳安全系数不得小于 5，直径不得小于 8mm。

(7) 层门和安装吊杆的提升钢丝绳安全系数不得小于 8，直径不得小于 5mm。

(8) 所有滑轮、滑轮组均应有防绳脱槽措施。

(9) 当吊笼停止在完全压缩的缓冲器上时，卷筒上应至少留有3圈钢丝绳。

(10) 吊笼应设有安全器和安全钩。安全器应能保证升降机吊笼出现不正常超速运行时及时动作，将吊笼制停；安全钩应能防止吊笼脱离导轨架或安全器输出端齿轮脱离齿条。

(11) 有对重的升降机，当对重质量大于吊笼质量时应有双向安全器。

(12) 防坠器应按规定定期进行检测，使用过程应按规定进行坠落试验。

(13) 升降机的对重钢丝绳或提升钢丝绳的绳数不少于两条，在钢丝绳组的一端应设置张力均衡装置，并装有由相对伸长量控制的非自行复位型的防松绳开关。当其中一条钢丝绳出现的相对伸长量超过允许值或断绳时，该开关将切断控制电路，吊笼停车。采用单根提升钢丝绳或对重钢丝绳的升降机也应设置防松绳开关，当升降机出现松绳时，该开关立即切断控制电路，制动器制动。

(14) 在施工升降机安装高度大于120m并超过建筑物高度时应安装空中障碍灯。

(15) 梯门联锁装置应完好有效。

2. 安全防护

吊笼出入口应按规定搭设防护棚。防护棚材质及搭设应符合设计要求。每层卸料口必须设置防护门，卸料口两侧必须封闭。防护门应完好符合要求并正确使用，梯笼运行中必须关闭。卸料台口搭设应符合设计要求。

3. 司机

(1) 司机应经培训合格后持有效操作证上岗作业。

(2) 司机在每班作业前应认真做好例保工作，必须按规定检查制动、各限位装置、梯笼口和围护门等处的电器联锁装置，确保灵敏可靠，按规定试车后方能进行作业。

(3) 应按规定实行交接班，并保存交接书面记录。

4. 荷载

(1) 按规定控制承载人数，并且要有控制措施(吊笼内乘员的体重按每人80kg计算，占据的底面积不应小于0.2m^2)。

(2) 按规定控制承载重量，并且要有控制措施。

(3) 电梯载人应按规定加装配重。

5. 安装与拆卸

(1) 应按规定制订安装与拆卸方案，经申报批准后方可实施。

(2) 拆装队伍应具有资格证书，拆装作业人员应经培训合格，并持有特殊作业人员上岗证及安全资格证。

6. 安装验收

安装完毕应经主管部门验收合格后方可交付使用。安装、拆卸作业应进行书面交底。交底人和被交底人均应签字确认。安装验收单应记录量化验收内容，并有验收相关责任人的签字确认。验收合格交付使用的电梯应悬挂操作规程牌、限载牌、验收合格牌。

7. 架体稳定

(1) 架体垂直度应符合说明书规定的要求，架体的自由端的高度应按设计要求架设。

(2) 架体与建筑结构附着应按规定间距高度设置，附墙与架体的水平夹角应不大于70度。

(3) 架体、附着装置不得与脚手架连接。

8. 联络信号

联络信号应按规定设置。楼层呼叫器及厢笼内的楼层显示器应完好有效。显示信号应准确无误。

9. 电气安全

(1) 电气安装应符合方案要求，每台电梯必须设置独立专用电器，且门锁完好。

(2) 升降机结构、电动机和电器设备的金属外壳均应接地，接地电阻不超过4Ω。

(3) 在施工升降机安装高度大于120m并超过建筑物高度时应安装空中障碍灯。

10. 避雷

(1) 在避雷保护范围以外应设置避雷装置。

(2) 避雷装置应符合方案要求。

以下为施工升降机安装(加节)监理安全检查标准表，见表5-10。

表5-10 施工升降机安装(加节)监理安全检查标准表

序号	检查项目	检查要求	检查结果
1	基础	基础隐蔽工程验收资料齐全，并签字	
		应有排水设施，基础无裂纹，平整度符合要求	
2	钢结构	不应有明显变形，脱焊和开裂、外形整洁、油漆不滑	
		螺桂连撞安装准确、紧固可靠，不得有松动	
3	围栏防护	吊笼底部对重升降通道周围应设置防护围栏，防护栏高度不低于1.8m	
		升降机周围三面应设双层防坠棚、上下层间距不小于0.6m	
		吊笼顶部四周应有护栏，不低于1.1m	
		停层点处层门净高度应不低于1.8m，宽与吊笼净出口宽度之差不得大于0.12m	
4	对重钢丝绳绳头固接	绳卡固接时其数量不得少于3个，间距不小于绳径的6倍，滑鞍放在受力绳的一侧，绳卡应与绳径匹配	
5	钢丝绳	钢丝绳应有出厂合格证，及末达到报废标准	
6	传动防护	传动系统的转动零部件应有防护罩等防护装置	
7	导向轮、背轮	轮子连接及润滑良好，导向轮灵活，无明显倾侧现象	
8	制动器	应设常闭式制动器，并装有手动紧急操作机构及手动松闸功能	
9	导向和缓冲装置	吊笼与对重导向应正确可靠，吊笼采用滚轮导向，导轨接头平滑	
		底座应设置吊笼和对重缓冲器，无缺损和变形	

续表

序号	检查项目	检查要求	检查结果
10	安全装置	吊笼应设有安全器和安全钩，安全开关等安全装置	
		安全器由标定有效期的年限牌，安全器的有效期为两年	
		安全开关设有笼门限位，极限开关和放松绳开关，性能良好	
		上限位和上极限位开关之间的越程距离为不小于0.25m	
11	导轮架和附着	升降机的运动部件与建筑物和固定设备、脚手架等之间距离不得小于0.25m	
		附着装置之间距离应符合使用说明书要求，水平度保持基本水平与埋件连接应采用螺栓连接形式	
12	电气	电气装置应防护良好，金属机构及电机等外壳均应接地，接地电阻不大于4Ω，并设置二级滑电保护	
		电路应设有相序和断相保护器	
		电路应设总接触器、断路、零位保护、电箱无明显变形锈蚀、开启自如、箱内线路排列整齐，接地、零线分开，电气元件安装牢固、无松动、过热现象	
		操纵控制应安装非自行复位的急停开关	
13	其他	安装调试后的坠落试验及记录完整	

5.6 塔式起重机

塔式起重机在使用中常常因安全限位装置(四限位、两保险)不齐全或不可靠造成事故，高塔的附墙装置不能随意变动或中途拆除，夹轨器是轨道运行式塔式起重机的安全装置。塔式起重机在安装拆除中容易发生倾翻事故，因此检查表中将力矩限制器、限位器、保险装置、附墙装置与夹轨器、安装与拆卸及塔式起重机指挥作为保证项目，其他为一般项目。

1. 力矩限制器

(1) 塔式起重机必须安装起重力矩限制器。

(2) 当起重力矩大于相应工况下额定值并小于额定值的110%时，应切断上升和幅度增大方向的电源，但机构可做下降和减小幅度方向的运动。

2. 限位器

(1) 上旋式及下旋式塔式起重机均应设置吊钩高度限位器(即防冲顶限位器)。

(2) 下旋式塔式起重机应设置变幅限位器(即防臂架前倾后倾限位器)。

(3) 上旋式塔式起重机应设置小车行程限位。

(4) 行走式塔式起重机应在铁路两端设置行走限位器，以保证塔式起重机在驶入轨道末端时或与同一轨道上其他塔式起重机相距在不小于0.5m范围内时自动停车。

(5) 对小车变幅的起重机，应设小车断绳保护装置。

3. 保险装置

(1) 吊钩应设置自落式保险装置和设有防脱棘爪，禁止补焊。

(2) 卷扬机滚筒应设置防脱绳保险装置，滚筒两侧边缘的高度应超过最外层钢丝绳，其值应不小于钢丝绳直径的2倍。

(3) 钢丝绳在放出最大工作长度后，卷扬机滚筒上的钢丝绳至少应保留3圈，钢丝绳应排列整齐。

(4) 滑轮应设有防钢丝绳跳槽的装置。

(5) 上下爬梯应设置护圈，护圈最小直径为650mm，间距为700±50mm，护圈侧面应用3条沿护圈圆周方向均布的板条连接。

4. 附墙装置与夹轨器

(1) 塔式起重机高度超过规定应安装附墙装置。附墙装置应明确各道附着装置之间的距离，与建筑物水平附着的距离及与建筑物的连接形式。架体的自由端高度应按方案要求架设。

(2) 附墙装置中的附着框架与塔身节、附着杆与附着框架、建筑物与附着杆的连接必须牢固，各连接件不应缺少或松动。

(3) 附着杆有调整装置的应按要求调整后锁紧，与附着杆相连接的建筑物不应有裂纹或损坏。

(4) 轨道式塔式起重机必须安装夹轨器，夹轨器应能保证在非工作状态下起重机不能在轨道上移动。

(5) 停机时应将所有的夹轨器夹紧。

5. 安装与拆卸

(1) 应按规定制订安装与拆卸方案，经申报批准后方可实施。

(2) 拆装队伍应具有资格证书，拆装作业人员应经培训合格，并持有特殊作业人员上岗证及安全资格证。

(3) 拆装作业应进行书面交底，交底人和被交底人均应签字确认。

(4) 安装起重机的过程中，对各个安装部件的连接件必须特别注意要按说明书的规定安装齐全、固定牢靠，并在安装后做详细检查。

(5) 在安装或拆卸带有起重臂和平衡臂的起重机时，严禁只拆装一个臂就中断作业。

(6) 在紧固要求有预紧力的螺栓时，必须使用专门的可读数的工具，将螺栓准确地紧固到规定的预紧力值。

(7) 在安装和拆卸附着杆时，必须使起重机处于顶升时的平衡状态且使两臂位于附着方向相垂直的位置。

6. 塔吊指挥

(1) 司机必须经过建设行政主管部门或其指定的单位进行培训，培训合格后持有效操作证上岗作业。

(2) 指挥应经培训合格后持有效操作证上岗作业，严禁无证人员指挥。

(3) 在起重机作业中，只允许一个人对司机的操作发出指挥信号，严禁有两个或两个以上的人对司机发出指挥信号。

7. 升降塔身

(1) 自升式起重机在升降塔身时必须按说明书规定使起重机处于最佳平衡状态，并将导向装置调整到规定的间隙。

(2) 在升降塔身的过程中必须有专人仔细注意检查，严防电缆被押拉、刮碰、挤伤等。

(3) 凡有下列情况时，不得进行塔身升降作业：

① 作业高处的风力超过说明书中的规定；

② 在雨、雪、大雾等容易打滑的环境里；

③ 在烟雾熏呛的环境里。

8. 路基与轨道

(1) 路基应坚实、平整，且有排水措施。

(2) 枕木铺设应符合方案要求。

(3) 道钉与接头螺栓数量应满足要求。

(4) 轨道顶面纵、横方向上的倾斜度不大于1/1000；轨距误差不大于公称值的1/1000，其绝对值不大于6mm；钢轨接头间隙不大于4mm，与另一侧钢轨接头错开，距离不小于1.5m，接头处两轨顶高度不大于2mm。

(5) 起重机轨道应通过垫块与轨枕可靠地连接，钢轨接头处必须有轨枕支承，不得悬空。每间隔6m设轨距拉杆一个。

(6) 轨道两端应封头并设置极限位置阻挡器，装置应可靠有效。

(7) 铁路的连接处应用黄绿双色线进行连接。

(8) 塔式起重机路基应符合方案设计要求。

9. 电气安全

(1) 行走式塔式起重机应设置卷线器且灵敏有效，防止电缆拖地。

(2) 塔式起重机在高压线附近作业，当小于规定的安全距离时应采取有效防护措施，搭设防护架，防护架材料不得使用导电的金属材料。

(3) 道轨应接地接零并符合方案要求。接地应成组，每隔20米应设置一组，接地线应采用黄绿双色线，截面积符合标准要求，接地桩应采用镀锌钢管或角钢，打入地下深度应不小于2.5米，接地电阻应小于4Ω。

(4) 每台塔式起重机必须设置独立专用电箱且门锁完好。

10. 多塔作业

(1) 两台以上塔式起重机作业，专项方案中应有防碰撞措施。

(2) 运行作业过程中防碰撞措施可靠有效。

11. 安装验收

(1) 塔式起重机安装完毕应经主管部门验收合格后方可交付使用。

(2) 验收资料应齐全、真实。

(3) 安装验收单应记录量化验收内容，并有验收相关责任人员的签字确认。

(4) 验收合格交付使用的塔式起重机应悬挂操作规程牌、限载牌、验收合格牌。

以下为塔式起重机安装监理安全检查标准表，见表5-11和表5-12。

表5-11 上回转塔式起重机安装监理安全检查标准表

序号	检查项目	检查要求
1	安装单位和安装人员的许可证、资质应符合要求，安装后由专业单位进行的专项检测、验收手续应完备合格	
2	塔吊结构	部件、附件、连接件安装齐全，位置正确
		螺栓拧紧力矩达到技术要求，开口销完全撬开
		结构无变形、开焊、疲劳裂纹
		压重、配置重量、位置达到说明书要求
3	绳轮钩系统	钢丝绳在卷筒上面缠绕整齐、润滑良好
		钢丝绳规格正确、断丝和磨损未达到报废标准
		钢丝绳固定和编插符合国家标准
		各部位滑轮转动灵活、可靠、无卡塞现象
		吊钩磨损未达到报废标准、保险装置可靠
4	转动系统	各机构转动平衡、无异常响声
		各润滑器润滑良好、润滑油牌号正确
		制动器动作灵活可靠隐蔽工程资料齐全、准确
5	路基复验	复查路基或基础隐蔽工程资料齐全、准确
		钢轨顶面纵、横方向上的倾斜度不大于1/1000
		塔身对支撑面垂直度≤4/1000
		止挡装置距钢轨两端距离≥1m
		行走限位装置距止挡装置距离≥3m
6	附着锚固之前检查	框架、锚杆、墙板等无开焊、变形和裂纹
		锚杆长度和结构形式符合附着要求
		建筑物上附着点布置和强度符合要求
		基础经过加固后强度满足承压要求
7	电气系统	供电系统供电充分、正常工作、电压380V±5%
		碳刷、接触器、继电器接触良好
		仪表、照明、报警系统完好、可靠
		控制，操纵装置动作灵活、可靠、电气按要求设置短路和过电流，失压及零位保护，切断总电源的紧急开头符合要求，必须实施二级漏电保护
		电器系统对地的绝缘电阻大于0.5MΩ
8	安全限位和保险装置	力矩限制器灵敏、可靠，其综合误差不大于额定值的8%
		重量限制器灵敏、可靠，其误差不大于额定值5%
		回转限位器灵敏可靠
		行走限位器灵敏可靠
		变幅限位器灵敏可靠
		超高限位器灵敏可靠
		吊钩保险灵敏可靠
		卷筒保险灵敏可靠
9	附着锚固之后检查项目	锚固架安装位置符合规定要求
		塔身与锚固框架固定可靠
		框架、锚杆、墙板等各处螺栓、销轴齐全、正确可靠
		垫铁，模块等零部件齐全可靠
		最高附着点以下塔身轴线对支承面垂直不得大于相应高度2/100
		最高附着点以下塔身轴线对支承面垂直不得大于4/1000，锚固点以上塔机自由高度不大于规定要求

表5-12 下回转塔式起重机安装监理安全检查标准表

序号	验收部位	验收要求	检查结果
1	安装单位和安装人员的许可证、资质应符合要求，安装后由专业单位进行的专项检测、验收手续应完备合格		
2	位置与轨道	布置位置合理符合施工组织设计要求	
		与架空线最小距离符合规定并有防护架	
3	路基与轨道	路基坚实、平整、有排水措施，路基箱或枕木箱铺设符合要求，夹板、道钉使用正确	
		拉杆设置正确牢固、轨距偏差小于2mm	
		轨接头间距不大于4mm。接头高低差不大于2mm	
		路轨顶面平整倾斜度小于1/1000，止挡缓冲装置距钢轨两端距离)1m	
4	金属结构 传动系统	无疲劳、损伤，焊缝无滑、裂、脱焊	
		法兰及其螺栓齐全，紧固正确	
		各制动调整合理，各传动机构平稳无异声，润滑良好	
		滑轮应设钢丝绳防脱槽装置	
5	电气	电缆电气线路绝缘良好有防破损措施	
		行走式塔吊电缆不利拖地和有接头	
		仪表、照明、报警系统完好可靠	
		地面近塔吊处有专用控制开关箱，应设漏电保护	
		失压、零位保护控制系统动作可靠	
		接地装置设置正确可靠	
		电气系统对地的绝缘电阻大于0.5MΩ	
6	钢丝绳 与吊索	钢丝绳断丝未超标；无锈蚀，无污染	
		滑轮组件活络，无裂缝、损伤，绳卡设置须合理，紧固正确	
		吊钩无变形，吊钩磨损原高度，10%；超过则报废	
7	限位与 保险装置	力矩限制器(TM限位)灵敏可靠，其综合误差不大于额定值8%	
		吊钩高度限位器灵敏可靠	
		变幅限位器灵敏可靠，行走限位器灵敏可靠	
		升降驾驶室乘人梯笼限位器，灵敏可靠	
		驾驶室防坠保险装置和避雷器，齐全可靠	
		卷扬机绳筒防钢丝绳跳出保险装置完好、可靠	
		防脱钩保险装置灵敏可靠	

续表

序号	验收部位	验收要求	检查结果
8	定机定人	已落实持证专职司机指挥有专人并持有上岗证书	
		机械、指挥人员上岗挂牌已落实，机械性能挂牌已落实	
9	其他	塔吊夹轨钳齐全有效	
		驾驶室能密闭，门窗玻璃完好，门能上锁，塔吊配重正确按规定堆放	
		塔吊面漆无起壳、脱落，保养良好	

5.7 起重吊装

起重吊装主要指建筑施工中的结构安装和设备安装工程，起重吊装是专业性较强且危险性较大的工作。一些事故的发生其主要原因：一是没有针对作业条件和工程情况编制作业方案，或方案过于简单；二是对选用的起重机械没有检查和试吊，使用中不能满足要求；三是钢丝绳选用不当或地锚埋设不符合设计要求；四是司机、指挥、起重工未经培训，不懂专业知识；五是高处作业无防护措施。因此，将施工方案、起重机械、钢丝绳与地锚、吊点以及司机、指挥列为保证项目作为检查重点。

1. 施工方案

(1) 起重吊装作业应编制专项施工方案。

(2) 专项施工方案必须经上级审批，方案策划内容应有针对性。

2. 起重机械

1) 起重机

(1) 起重机应设置超高和力矩限制器，装置须灵敏有效。

(2) 吊钩宜设有防止吊重意外脱钩的保险装置。

(3) 起重机械应具有准用证。

(4) 起重机械安装后必须经验收合格方可作业。

2) 起重扒杆

(1) 起重扒杆应经设计计算并经审批。

(2) 扒杆组装应符合设计要求。

(3) 扒杆使用前必须经过试吊作业，确认安全可靠。

3. 钢丝绳与地锚

(1) 起重钢丝绳磨损、断丝不得超标。

(2) 滑轮应符合设计要求和规定。

(3) 缆风绳安全系数应不小于3.5倍。

(4) 地锚埋设应符合设计要求。

4. 吊点

(1) 吊点的设置应符合设计规定位置。

(2) 索具使用应合理，绳径倍数应满足设计要求。

5. 司机、指挥

(1) 司机必须经培训合格持有效上岗证作业。

(2) 司机上岗操作的起重机机型应与其上岗证指定可操作机型相符。

(3) 指挥人员必须经培训合格持有上岗证作业。

(4) 高处作业应设置信号传递装置且灵敏有效。

6. 地耐力

(1) 起重机作业路面地耐力应符合说明书要求。

(2) 地面铺垫措施的实施应符合方案要求。

7. 起重作业

(1) 每次作业前相关人员应获得被吊物体重量的信息。

(2) 起重吊装严禁超载作业。

(3) 每次作业前必须经试吊检验，并确认安全可靠。

8. 高处作业

(1) 结构吊装应设置防坠落措施。

(2) 作业人员必须佩带安全带，并系挂在牢靠悬挂点上。

(3) 人员上下应专设爬梯、斜道。

9. 作业平台

(1) 起重吊装人员作业时应有可靠立足点。

(2) 作业平台临边防护应符合方案要求和有关规定。

(3) 作业平台脚手板应满铺且符合要求。

10. 构件堆放

(1) 板堆放应不超过1.6m高度。

(2) 其他物件堆放高度应符合方案要求和有关规定。

(3) 大型构件堆放应有稳定措施。

11. 警戒

(1) 起重吊装作业区域应设置警戒标志。

(2) 起重吊装作业区域应安排专人警戒。

12. 操作工

起重工、电焊工必须经培训合格持有效上岗证及安全操作证上岗作业。

以下为起重吊装监理安全检查标准表，见表5-13。

表 5-13 起重吊装监理安全检查标准表

序号	检查项目	检查要求	检查结果
1	施工方案	起重吊装作业有方案；作业方案经过上级审批或方案针对性强	
2	起重机	起重机设超高和力矩限制器；吊钩设保险装置；起重机取得准用证；起重机安装后经过验收	
3	起重扒杆	起重扒杆有设计计算书或经过审批；扒杆组装符合设计要求；扒杆使用前经过试吊	
4	钢丝绳与地锚	起重钢丝绳不得磨损、断丝超标；滑轮符合规定要求；缆风绳安全系数不小于3.5倍；地锚埋设符合设计要求	
5	吊点	符合设计规定位置；索具使用合理、绳径倍数满足要求	
6	司机、指挥	司机、指挥持证上岗；非本机型司机不得操作；高处作业有信号传递	
7	地耐力	起重机作业路面地耐力符合说明书要求；地面铺垫措施达到要求	
8	起重作业	被吊物体重量清楚后吊装；不得出现超载作业情况；每次作业前经过试吊检验	
9	高处作业	结构吊装设置防坠落措施；作业人员系安全带或安全带设牢靠悬挂点；人员上下设专用爬梯、斜道	
10	作业平台	起重吊装人员作业设可靠立足点；作业平台临边防护符合规定；作业平台脚手板满铺	
11	构件堆放	楼板堆放不能超过1.6m高度；其他物体堆放高度符合规定要求；大型构件堆放有稳定措施	
12	警戒	起重吊装作业设警戒标志，并设专人警戒；道路缆风绳设警戒标志	
13	操作工	起重工、电焊工持安全操作证上岗	

5.8 施工用电

为消除触电事故隐患，《规范》规定：施工现场临时用电工程必须采用TN-S系统，设置专用的保护零线，要求使用五芯电缆配电系统采用“三级配电两级保护”，同时规定开关箱(末级)必须装设漏电保护器(30mA或15mA，0.1s)实行“一机一闸”每台设备有各自专用的开关箱的规定，从而提高了临时用电的本质安全。由于现场住宿工棚高度较低，所以照明一般使用安全电压供电。为此安全检查把以上内容列为保证项目。

1. 临时用电的施工组织设计

(1) 临时用电设备在5台及5台以上或设备总容量在50kW及以上者，应编制临时用电施工组织设计。

(2) 临时用电设备在5台以下或设备总容量在50kW以下者，应制订安全用电技术措施和电气防火措施。

（3）临时用电施工组织设计的内容：

① 现场勘探；

② 确定电源进线，变电所、配电室、总配电箱、分配电箱等的位置及线路走向；

③ 负荷计算；

④ 选择变压器容量、导线截面和电器的类型、规格；

⑤ 绘制电器平面图、立面图和接线系统图；

⑥ 制订安全用电技术措施和电气防火措施。

2. 外电防护

（1）在建工程(含脚手架具)的外侧边缘与外电架空线路的边线之间应保证安全距离且有防护措施，安全距离见表5-14。

表5-14 外电线路电压及安全距离

外电线路电压	1kW以下	1～10kW	35～110kW	154～220kW	330～500kW
最小安全操作距离	4m	6m	8m	10m	15m

（2）塔式起重机的任何部位或被吊物边缘与10kV以下的架空线路边缘最小水平距离应确保不小于2m。

（3）上、下脚手架的斜道严禁搭设在有外电线路的一侧。

（4）对达不到1、2条规定的最小距离时，必须采取防护措施，增设屏障、遮拦、围栏或保护网，并悬挂醒目警告标志牌。

3. 接地与接零保护系统

（1）工作接地与重复接必须符合要求。

（2）在施工现场专用的中性点直接接地的电力线路中必须采用TN-S接零保护系统。

（3）电器设备的金属外壳必须与专用保护零线连接。专用保护零线应由工作接地线、配电室的零线或第一级漏电保护器电源侧的零线引出。

（4）保护零线与工作零线不得混接。保护零线的截面应不小于工作零线的截面，同时必须满足机械强度要求。保护零线架空敷设的间距大于12m时，保护零线必须选择不小于$10mm^2$的绝缘铜线或不小于$16mm^2$的绝缘铝线。保护零线的统一标志为绿/黄双色线。

4. 配电箱、开关箱

（1）应符合“三级配电两级保护”要求。

（2）总配电箱应设在靠近电源的地区，分配电箱应装设在用电设备或负荷相对集中的地区。分配电箱与开关箱的距离不得超过30m，开关箱与其控制的固定式用电设备的水平距离不宜超过3m。

（3）开关箱(末级)应有漏电保护，保护器必须有效。

（4）固定式配电箱、开关箱的下底与地面的垂直距离应大于1.3m，小于1.5m；移动式分配电箱、开关箱的下底与地面垂直距离宜大于0.6m，小于1.5m。

（5）漏电保护装置参数应与现场用电量匹配。

（6）电箱内必须设置隔离开关。

（7）每台用电设备应有各自专用的开关箱，必须实行“一机一闸”制，严禁用同一个开关电器直接控制两台及两台以上用电设备(含插座)。

（8）配电箱、开关箱中导线的进线口和出线口应设在箱体的下底面，严禁设在箱体的上顶面、侧面、后面或箱门处。

（9）配电箱和开关箱内安装的接触器、刀闸、开关等电气设备应完好且动作灵活、良好可靠，触头不应有严重烧蚀现象。

（10）配电箱内多路配电应分别以标记标志。

（11）配电箱、开关箱的进、出线应加护套分路成束并做防水弯，导线不得与箱体进、出口直接接触。移动式配电箱和开关箱的进、出线必须采用橡皮绝缘电缆。

（12）电箱有应安装门、锁，且有防雨措施。

5. 现场照明

（1）照明专用回路应有漏电保护。

（2）灯具金属外壳应有接零保护。

（3）室内线路及灯具安装高度低于 2.4m 时，应使用 36V 以下安全电压供电。

（4）潮湿作业场所应使用 36V 以下安全电压供电。

（5）安全电压照明线路走向应清晰、排列有序，接头用绝缘布包扎。

（6）手持照明灯应使用 36V 及以下电源供电。

6. 配电线路

（1）电线应确保完好不老化，破损处应包扎。

（2）电缆穿越建筑物、构筑物、道路、易受机械损伤的场所及引出地面从 2m 高度至地下 0.2m 处，必须加设护套管。

（3）电杆埋设深度宜为杆长的 1/10 加 0.6m，但在松软土质处适当加大埋设深度或采用卡盘等加固。

（4）架空线必须采用绝缘铜线或绝缘铝线且必须设在专用的电杆上，严禁架设于树木、脚手架上。

（5）施工用电必须使用五芯电缆，不得使用四芯线加一根线代替五芯线。

（6）电缆线埋地深度不小于 0.6 米，并在电缆线上下各均匀铺设不小于 50mm 厚的细砂，然后覆盖砖等硬质保护层。

（7）橡皮电缆架空铺设时，应沿墙壁或电杆设置并用绝缘子固定，固定点间距应保证橡皮电缆能承受自重所带来的荷载。橡皮电缆的最大弧垂距地不得小于 2.5m。

（8）室内配线所用导线截面应根据用电设备的计算负荷确定，但铝线截面应不小于 $2.5mm^2$，铜线截面应不小于 $1.5mm^2$。

7. 电器装置

（1）手动开关电器只许用于直接控制照明电路和容量不大于 5.5kW 的动力电路。容量大于 5.5KW 的动力电路应采用自动开关电器或降压启动装置。

(2) 闸具、熔断器参数应与设备容量匹配，安装必须符合要求。

(3) 不得用其他金属丝代替熔丝。

8. 变配电装置

(1) 配电室应靠近电源，并应设在无灰尘、无蒸气、无腐蚀介质及无振动的地方。

(2) 配电屏(盘)正面的操作通道宽度，单列布置不小于 1.5m，双列布置不小于 2m。

(3) 配电屏(盘)后的维护通道宽度不小于 0.8m(个别地点有建筑物结构凸出的部分，则此点通道宽度可不小于 0.6m)。

(4) 配电屏(盘)侧面的维护通道宽度不小于 1m。

(5) 配电室的天棚距地面不小于 3m。

(6) 配电室内的裸母线与地面垂直距离小于 2.5m 时，采用遮栏隔离，遮栏下面通行道的高度不小于 1.9m。

(7) 配电室周围应配置砂箱和绝缘灭火器。

(8) 配电屏(盘)应装设短路、过负荷保护装置和漏电保护器。

9. 安全技术档案

(1) 临时用电施工组织设计的全部资料。

(2) 修改临时用电施工组织设计的资料。

(3) 技术交底资料。

(4) 临时用电工程检查验收表。

(5) 电气设备的试、检验凭单和调试记录。

(6) 接地电阻测定记录表。

(7) 定期检(复)查表。

(8) 电工维修工作记录。

(9) 档案应做到立卷整齐、内容齐全，并有专人管理。

以下为施工用电监理安全检查标准表，见表 5-15。

表 5-15 施工用电监理安全检查标准表

序号	检查项目	检查要求	检查结果
1	外电防护	不得小于安全距离且有防护措施，防护措施符合要求、封闭严密；四周装设有高度不小于 1.7m 的围栏；道路畅通，无积水；四周不得有易燃物	
2	接地接零保护系统	工作接地与重复接地符合要求；采用 TN-S 系统；专用保护零线设置符合要求；保护零线与工作零线不得混接	
3	配电箱开关箱	符合“三级配电两级保护”的要求；开关箱(末级)漏电保护或保护器灵敏；漏电保护装置参数匹配；电箱内设隔离开关；按照“一机、一闸、一漏、一箱”规定操作；安装位置得当、周围杂物少便于操作；闸具完好符合要求；配电箱多路配电设标记，电箱下引出线不得混乱；电箱设门、设锁、设防雨措施	

续表

序号	检查项目	检查要求	检查结果
4	现场照明	照明专用回路设漏电保护；灯具金属外壳作接零保护；室内线路及灯具安装高度低于2.4m使用安全电压供电；潮湿作业使用36V以下安全电压；使用36V以下安全电压照明线路清晰和接头处用绝缘布包扎；手持照明灯须使用36kV及以下电源供电	
5	配电线路	电线不得老化、破皮未包扎；线路过道有保护措施；电杆、横担、架空线路符合要求；须使用五芯线，不得使用四芯电缆外加一根线替代五芯电缆；电缆架设或埋设符合要求	
6	电器装置	不得用金属丝代替熔丝；闸具、熔断器参数与设备容量匹配、安装符合要求	
7	变配电装置	符合安全规定	
8	用电档案	设专项用电施工组织设计；接地电阻值摇测记录、电工巡视维修记录或填写真实；档案整齐、内容齐全、专人管理	
9	配电箱	采用规范化的系列盘(箱)；统一编号	
10	配电箱安装	盘、箱安装必须牢固；露天盘、箱能防雨雪，能防火；盘、箱应设置在不易被碰撞、物击、水淹、土埋的处所；盘、箱附近不得有易燃、易爆物品；不得有腐蚀性物品；应设置警告牌；盘、箱外壳有可靠的保护接地(接零)；盘、箱内部有专用的保护接地(零)端子排；进线口和出线口必须设在箱下面或侧面；开关熔断器必须上口接电源、下口接负荷	
11	配电箱使用	盘、箱面操作部分不得有带电体裸露；盘、箱内设备罩盖齐全；盘、箱内安装的接触器、刀闸、开关等电气设备接触良好、可靠；触头不得有严重烧蚀现象；熔丝应有保护罩；管形熔断器应有管使用；严禁用铜、铅等金属丝代替熔丝	
12	刀闸安装	照明、动力合一的配电箱必须分别装设刀闸或开关；具有3个回路以上的配电箱应装设总刀闸及分路刀闸；必须装设漏电保护器；动作灵敏可靠；一分路刀闸应接一台电气设备；使用二相刀闸、插座应标明电压；严禁用导线直接插入插座；严禁用导线勾挂在刀闸上用电	
13	流动闸箱	流动闸箱坚固完好；流动闸箱装有漏电保安器；漏电保护器应试验，动作灵敏、可靠；照明、动力合一的流动刀闸箱是否装设四极漏电电流动作保护器；流动闸箱与电源距离不大于40m；流动闸箱与用电设备距离不大于5m	

5.9 施工机具

施工机具虽然与大型设备相比其危险性较小，但由于数量多、使用广泛，因此发生事故的几率大，又因其设备小，往往在管理上被忽视。因此，在进行安全检查时也与大型设备一样，要求进行验收，施工现场不允许使用不合格的机具。施工机具还必须按照《施工现场临时用电安全技术规范》的要求，除做保护接零外，应在设备负荷的首端处设置漏电保护装置。平刨、电锯、电钻等联合机械在施工现场严禁使用。

1. 平刨

(1) 平刨安装后应组织验收，验收合格后方可使用，设备须挂标志牌并保存验收记录。

(2) 护手安全装置应完好。

(3) 传动部位应设防护罩并保持完好，作业时不得随意拆卸。

(4) 保护接零完好并装设漏电保护器，测量绝缘电阻不得小于 0.5MΩ。

(5) 无人操作时应切断电源。

(6) 使用单独电动机应有单独的操作开关。

2. 圆盘锯

(1) 圆盘锯安装后应组织验收，验收合格后方可使用，设备须挂标志牌并保存验收记录。

(2) 圆盘锯、分料器、防护挡板，传动部位应装设防护罩并保持完好，作业时不得随意拆卸。

(3) 保护接零完好并装设漏电保护器，测量绝缘电阻不得小于 0.5MΩ。

(4) 无人操作时应切断电源。

(5) 使用单独电动机应有单独的操作开关。

3. 手持电动工具

使用手持电动工具应确保电源线长度不超过 3 米，并使用规定的手头。手持式电动工具可以分为以下三类：

(1) Ⅰ类工具：工具在防止触电的保护方面不仅依靠基本绝缘，而且还包含一个附加的安全预防措施，必须做好保护接零。使用Ⅰ类手持电动工具，必须按规定穿戴绝缘防护用品。

(2) Ⅱ类工具：工具在防止触电的保护方面不仅依靠基本绝缘，而且还提供双重绝缘或加强绝缘的附加安全预防措施和设有保护接地或依赖安全条件的措施。

(3) Ⅲ类工具：工具在防止触电的保护方面领先由安全特低电压供电和工具内部不会产生比安全特低电压高的电压。

4. 钢筋机械

1) 对焊机

(1) 机械安装后应组织验收，验收合格后方可使用，设备须挂标志牌并保存验收记录。

(2) 保护接零完好，并装设漏电保护器，测量绝缘电阻不得小于 0.5MΩ。

(3) 作业区应设置防护设施。

(4) 传动部位应装设防护罩并保持完好，作业时不得随意拆除。

（5）机械设备应处于安全区域并设置防雨棚。

（6）当多台对焊机并列安装时，相互间距不得小于 3m，应分别接在不同相位的电网上，并应分别有各自的刀型开关。

2）切断机

（1）机械安装后应组织验收，验收合格后方可使用，设备须挂标志牌并保存验收记录。

（2）保护接零完好，并装设漏电保护器，测量绝缘电阻不得小于 0.5MΩ；

（3）作业区设置防护设施；

（4）传动部位应装设防护罩并保持完好，作业时不得随意拆卸。

（5）机械设备应处于安全区域并设置防雨棚。

（6）机械未达到正常转速时，不得切料、不得剪切直径及强度超过机械铭牌规定的钢筋和烧红的钢筋。

（7）切断短料时，手和切刀之间的距离应保持在 150mm 以上，如手握端小于 400mm 时，应采用套管或夹具将钢筋短头压住或夹牢。

（8）严禁用两手在刀片两边握住钢筋俯身送料。

3）弯曲机

（1）机械安装后应组织验收，验收合格后方可使用，设备须挂标志牌并保存验收记录。

（2）保护接零完好，并装设漏电保护器，测量绝缘电阻不得小于 0.5MΩ。

（3）作业区设置防护设施。

（4）传动部位应装设防护罩并保持完好，作业时不得随意拆卸。

（5）机械设备应处于安全区域并设置防雨棚。

（6）对超过机械铭牌规定直径的钢筋严禁进行弯曲。在弯曲未经冷拉或带有锈皮的钢筋时，应戴防护镜。

（7）在弯曲钢筋的作业半径内和机身不设固定销的一侧严禁站人。弯曲好的半成品应堆放整齐，弯钩不得朝上。

5. 电焊机

（1）电焊机安装后应组织验收，确认合格后方可使用，设备须挂标志牌并保存验收记录。

（2）保护接零完好，并装设漏电保护器。

（3）按规定装设二次空载降压保护器或触电保护器。

（4）一节电源线长度应确保 5 米以下，并穿管保护。

（5）焊把线长度 30 米以下按规定接头不超过 3 处，绝缘应确保无破损、老化。

（6）多台电焊机集中使用时，应分接在三相电源网络上，使三相负载平衡。多台焊机的接地装置，应分别由接地板处引接，不得串联。

（7）移动电焊机时，应切断电源，不得用拖拉电缆的方法移动焊机。当焊接中突然停电时，应立即切断电源。

（8）电焊机应设置防雨罩。

6. 砂浆搅拌机

(1) 砂浆搅拌机安装后应组织验收，确认合格后方可使用，设备须挂标志牌并保存验收记录。

(2) 保护接零完好，并装设漏电保护器，测量绝缘电阻不得小于 0.5MΩ。

(3) 作业前应检查并确认传动机构、工作装置、防护装置等牢固可靠，三角胶带松紧度适当，搅拌叶片和筒壁间隙在 3～5mm 之间，搅拌轴两端密封良好。

(4) 运转中，严禁用手或木棒等伸进搅拌筒内，或在筒口清理灰浆。

(5) 料斗保险挂钩完好并正确使用。

(6) 固定式搅拌机的上料斗应能在轨道上移动。料斗提升时，严禁斗下有人。

(7) 传动部位应装设防护罩并保持完好，作业时不得随意拆卸。

(8) 搅拌机处于安全区域并设置防雨棚，作业平台平稳牢固。

7. 气瓶

(1) 氧气、乙炔应设置专用仓库存放且符合存放要求，仓库间距不得小于 2m，并制订危险品仓库管理防火制度，悬挂严禁烟火警示牌，放置专用灭火器。

(2) 氧气瓶应具有红色标准色标，乙炔瓶应具有黑色标准色标。

(3) 操作使用时乙炔发生器、氧气瓶和焊距相互间的距离不得小于 10m。当不满足上述要求时，应采取隔离措施。同一地点有两个以上乙炔发生器时，其相互间距不得小于 10m。

(4) 乙炔瓶使用或存放时必须竖放。乙炔发生器的压力应保持正常，压力超过 147 kPa 时应停用。

(5) 气瓶应有防震圈和安全帽，不得倒置，不得在强烈日光下曝晒，不得用行车或吊车吊运。未安装减压器的氧气瓶严禁使用。氧气瓶中的氧气不得全部用尽，应留 49kPa 以上的剩余压力。

(6) 电石起火时必须用干砂或二氧化碳灭火器，严禁用泡沫、四氯化碳灭火器或水灭火。电石粉末应在露天销毁。

8. 翻斗车

(1) 翻斗车应具有准用证。

(2) 行驶前应检查锁紧装置并将料斗锁牢，不得在行驶时掉斗。

(3) 在坑沟边缘卸料时应设置安全挡块；车辆接近坑边时应减慢行使，不得剧烈冲撞挡块。

(4) 驾驶员应经培训合格后，持有效上岗证驾车作业。

(5) 严禁料斗内载人，料斗不得在卸料工况下行使或进行平地作业。

(6) 内燃机运转或料斗内载荷时，严禁在车底下进行任何作业。

9. 潜水泵

(1) 保护接零完好，并装设漏电保护装置，工作时泵周围 30mm 以内水面不得有人、畜进入。

(2) 泵应直立于水中，水深不得小于 0.5m，不得在含泥沙的水中使用。

（3）潜水泵放入水中或提出水面时应先切断电源，严禁拉拽电缆或出水管。

（4）接通电源后应先试运转，检查并确认旋转方向正确，在水外运转时间不得超过5min。

（5）每周应测定一次电动机定子绕组的绝缘电阻，其值应无下降。

10. 打桩机

（1）打桩机应具有准用证。安装完毕应按规定验收，经验收合格后方可使用，书面验收手续齐全、符合要求。

（2）打桩机应设置超高限位装置。

（3）施工现场应按地基承载力不小于83kpa的要求进行整平压实。在基坑和围堰内打桩，应配置足够的排水设备。

（4）打桩机作业区内应无高压线路，作业区应有明显标志或围栏，非工作人员不得进入。桩锤在施打过程中，操作人员必须在距离桩锤中心5m以外监视。

（5）严禁吊桩、吊锤、回转或行走等动作同时进行。打桩机在吊有桩和锤的情况下，操作人员不得离开岗位。

（6）插桩后，应及时校正桩的垂直度。桩入土3mm以上时，严禁用打桩机行走或回转动作来纠正桩的倾斜度。

（7）遇有雷雨、大雾和六级及以上大风等恶劣气候时，应停止一切作业。当风力超过七级或有风暴警报时，应将打桩机顺风向停置并应增加缆风绳，或将桩立柱放倒地面上，立柱长度在27m及以上时应提前放倒。

（8）打桩机作业应编制专项施工方案，经申报批准后实施。施工前应进行施工作业交底，交底人和被交底人均须签字确认。

（9）打桩作业人员应遵守操作规程。

11. 静力压桩机

（1）打桩机应具有准用证。安装完毕应按规定验收，经验收合格后方可使用，书面验收手续齐全、符合要求。

（2）压桩机安装地点应按施工要求进行先期处理，应平整场地，地面应达到35kPa的平均地基承载力。

（3）起重机吊桩进入夹持机构进行接桩或插桩作业中，应确认在压桩开始前吊钩已安全脱离桩体。接桩时，上一节应提升350～400mm，此时不得松开夹持板。

（4）顶升压桩机时，四个顶升缸应两个一组交替动作，每次行程不得超过100mm。当单个顶升缸动作时，行程不得超过50mm。

（5）压桩时，非工作人员应离机10m以外。起重机的起重臂下严禁站人。

（6）压桩过程中应保持桩的垂直度，如遇地下障碍物使桩产生倾斜时，不得采用压桩机行走的方法强行纠正，应先将桩拔起，待地下障碍物清除后重新插桩。

（7）压桩机行走时，长、短船与水平坡度不得超过5°。

（8）打桩机作业应编制专项施工方案，经申报批准后实施。施工前，应进行施工作业交底，交底人和被交底人均须签字确认。

(9) 打桩作业人员应遵守操作规程。

12. 转盘钻孔机

(1) 打桩机应具有准用证。安装完毕应按规定验收，经验收合格后方可使用，书面验收手续齐全、符合要求。

(2) 安装钻孔机时，钻孔钻架基础应夯实、整平，应保持整机处于水平位置。

(3) 钻架的吊重中心、钻机的卡孔和护进管中心应在同一垂直线上，钻杆中心允许偏差为20mm。

(4) 开机时，应先送浆后开钻；停机时，应先停钻后停浆。

(5) 提钻、下钻时，应轻提轻放。钻机下和井孔周围2m以内机高压胶管下不得站人。严禁钻杆在旋转时提升。

(6) 钻机的移位和拆卸，应按照说明书规定进行，在转移和拆运过程中应防止碰撞机架。

(7) 打桩机作业应编制专项施工方案，经申报批准后实施。施工前，应进行施工作业交底，交底人和被交底人均须签字确认。

(8) 作业人员应遵守操作规程。

以下为电动工器具监理安全检查标准表，见表5-16。

表5-16 电动工器具监理安全检查标准表

序号	检查项目	检查要求	检查结果
1	电动工器具外观	外壳、手柄无裂缝、无破损；保护接地线或接零线连接正确、牢固；不得利用自身的工作零线兼作接零保护；电缆或软线完好；插头完好；开关动作正常、灵活、无缺损；电气保护装置完好；机械防护装置完好；转动部分灵活；单相电源线必须使用三芯软橡胶电缆；三相电源线必须使用四芯软橡胶电缆；缆线护套应穿进设备的接线盒内并予以固定	
2	电动工器具检测维修	应定期用500V的兆欧表测量带电部分与外壳之间的绝缘电阻必须大于2MΩ；维修后必须进行绝缘电阻测量及绝缘耐压试验(电压为380V，时间为1分钟)	
3	电动工器具使用	连接电动机械及工具的电气回路应单独设立开关或插座，严禁一闸接多台设备；应装设漏电电流动作保护器并符合下列要求：①额定漏电动作电流不得大于30mA；②动作时间不得大于0.1秒；③电压型漏电保护器的额定漏电动作电压不得大于36V；金属外壳应接地；操作开关应设置在操作人员伸手可及处；当休息、下班或遇突然停电时，应切断电源侧开关；使用可携式或移动式电动工具时必须戴绝缘手套或站在绝缘垫上；移动工具时，不得提着电线或工具的转动部分；在潮湿、含有酸类的场地上以及在金属容器内使用Ⅲ类绝缘的电动工具时，是否符合下列要求：a. 必须采取可靠的绝缘措施 b. 必须设专人监护 c. 电动工具的开关应设在监护人伸手可及的地方	

续表

序号	检查项目	检查要求	检查结果
4	平刨	平刨安装后有验收合格手续、护手安全装置；传动部位设防护罩，并作保护接零、漏电保护器；无人操作时切断电源；不得使用平刨和圆盘锯合用一台电机的多功能木工机具	
5	圆盘锯	电锯安装后有验收合格手续；设置锯盘护罩、分料器、防护挡板安全装置和传动部位防护；并作保护接零、漏电保护器；无人操作时切断电源	
6	钢筋机械	机械安装后有验收合格手续；并有作保护接零、漏电保护器；钢筋冷拉作业区及对焊作业区设防护措施；传动部位设防护	
7	搅拌机	搅拌机安装后有验收合格手续；并有保护接零、漏电保护器；离合器、制动器、钢丝绳达到要求；操作手柄设保险装置；搅拌机设防雨棚和作业台安全；料斗设保险挂钩并使用挂钩；传动部位设防护罩；作业平台平稳	
8	翻斗车	翻斗车取得准用证；翻斗车制动装置灵敏；持证司机驾车；行车不得载人或违章行车	
9	潜水泵	设置保护接零、漏电保护器；保护器灵敏、使用合理	
10	打桩机械	打桩机取得准用证和安装后有验收合格手续；打桩机设超高限位装置；打桩机行走路线地耐力符合说明书要求；打桩作业有方案；打桩操作不违反操作规程	
11	磨削机具（砂轮锯、磨石切、片机、万向、抛光机）	砂轮锯的锯片安装同心、牢固；两侧用柔软性垫片；砂轮片无裂口；有防护罩；使用时工作夹持牢固；操作人员避开锯片的切线方向；严禁当砂轮用	
12	电焊机配置	一、二次线应布置整齐、固定牢靠一次线长度不超过规定或穿管保护；电源单独控制使用自动开关；焊把线接头不超过 3 处，线无绝缘老化；电焊机设防雨罩；电焊机的外壳必须可靠接地，接地电阻不得大于 4Ω，不得多台串联接地；电焊机各电路以机壳的热态绝缘电阻不得低于 0.4MΩ；电焊机裸露的导电部位和转动部分必须装设防护罩	
13	电焊机使用	绝缘必须良好；导线截面应与工作参数相适应；焊钳应具有良好的隔热能力；严禁将电缆管、电缆外皮或吊车轨道等作为电焊地线；电焊导线不得靠近热源；严禁接触钢丝绳或转动机械；工作时操作人员应穿戴专用工作服；穿绝缘鞋；带焊接手套；在狭小或潮湿地点施焊时，应垫以木板或采取其他防止触电的措施并设监护人；电焊机倒换接头、转移工作地点或发生故障时，必须切断电源；电源线、焊接电缆与电焊机接线处应有防护罩	

续表

序号	检查项目	检查要求	检查结果
14	链条葫芦检查	应有产品合格证；应在检验周期(一年)内使用；检查试验应有记录；吊钩有下列情况者严禁使用：①危险断面高度磨损量超过10%者；②开口度量值超过原开口度0.25%；③钩尾或螺纹部分有裂纹或变形者；链轮、倒卡有变形者严禁使用；链条直径磨损量达15%者严禁作用；刹车片沾染油脂者严禁使用	
15	链条葫芦使用	链条葫芦的起重链不得打扭；不得拆成单股使用；链条葫芦不得超负荷使用；拉链人数不得超过规定；操作人员不得站在链条葫芦的正下方；吊起的重物如需要空中停留较长时间时，应将手拉链拴在起重链上并在重物上加设保险绳；使用中如发生卡链，应将重物垫好后方可进行检修	
16	卷扬机检查	应设置在地势较高且平坦、坚实处；底座下应垫以枕木，枕木不得伸出脚踏制动器一端的底座；卷扬机的操作位置应有良好视野；卷扬机的旋转方向应和控制器上标明的方向一致；卷扬机制动操纵杆在最大操纵范围内不得触及地面或其他障碍物；第一个导向滑轮应设置在卷筒中心垂直线上；卷筒轴心线与导向滑轮轴心线的距离是否符合以下规定：平卷筒：不应小于卷筒长度的20倍；槽有卷筒：不应小于卷筒长度的15倍；钢丝绳应从卷筒下方卷入；卷筒上的钢丝绳应排列整齐；卷筒上的钢丝绳工作时最少应保留5圈；最多时，外层钢丝绳应低于卷筒边缘一根钢丝绳直径的距离；接地可靠，接地电阻小于4Ω	
17	卷扬机使用	卷扬机工作前应进行试车，检查其是否固定牢固，防护设施、电气绝缘、离合器、制动装置、保险棘轮、导向滑轮、索具等完全合格；严禁向滑轮上套钢丝绳；严禁在滑轮或卷筒附近用手扶行走的钢丝绳；任何人不得跨越正在行走的钢丝绳；任何人不得在各导向滑轮的内侧逗留或通过；重物需长时间悬吊时，应用棘爪支住	

5.10 “三宝”、“四口”防护

“三宝”系指安全帽、安全网和安全带；“四口”系指楼梯口、电梯井口、预留洞口、通道口。对于“四口”必须做到定型化、工具化，并按照施工方案进行验收。临边及洞口的具体做法应该符合《建筑施工高处作业安全技术规范》的有关规定。

1. 安全帽

进入施工现场必须戴安全帽。安全帽质量应符合标准。

2. 安全网

在建工程外侧面应用密目式安全网封闭。密目式安全网应使用2 000目以上并经试验合格的产品。

3. 安全带

2m 以上高空作业必须系挂安全带。安全带的使用应符合要求。

4. 楼梯口、电梯井口防护

楼梯口、电梯井口应设有定型化、工具化的防护措施。电梯井内每隔两层(不大于10m)应设置一道平网。

5. 预留洞口、坑井防护

预留洞口、坑井防护应设有定型化、工具化。

6. 通道口防护

通道口必须设有牢固、材料质量符合要求的防护棚。施工现场通道附近的各类洞口与坑槽等处，除设置防护措施与安全标志外，夜间还应设红灯示警。

7. 阳台、楼板、屋面等临边防护

阳台、楼板、屋面等临边必须设有严密的、符合要求的防护措施。楼板、屋面和平台等面上短边尺寸小于 25cm 但大于 2.5cm 的孔口，短边尺寸小于 50cm 但大于 25cm 的洞口必须用坚实的盖板盖没，盖板应能防止挪动移位。边长为 50～150cm 的洞口，必须设置以扣件扣接钢管而成的网格，并在其上满铺竹笆或脚手板，也可采用贯穿于混凝土板内的钢筋构成防护网，钢筋网格间距不得大于 20cm。边长在 150cm 以上的洞口，四周设防护栏杆，洞口下张设安全网。

以下为“三宝”、“四口”防护监理安全检查标准表，见表 5－17～表 5－21。

表 5－17 个人防护用品监理安全检查标准表

序号	检查项目	检查要求	检查结果
1	安全帽	安全帽是否是有“生产许可证”单位的产品；是否有“产品合格证”；帽的质量是否满足以下要求：垂直间距塑料衬 25～50mm、棉织或化纤：30～50mm；锁紧器符合要求；佩带高度 80～90mm；是否在规定的使用期(从产品制造完成之日计算，塑料帽不超过两年半，玻璃钢、橡胶帽不超过三年半)；到期后是否经抽查测试合格后再使用	
2	安全带	安全带是否是有“生产许可证”单位的产品；是否有“产品合格证”；是否定期检验；是否有记录；使用前是否作检查(绳无变质、磨损，保护套完好)	
3	防护服	特殊作业防护服是否从有“生产许可证”的厂家进货；是否有“产品合格证”；焊工工作服是否符合以下要求：白色帆布的；右门襟扣住左门襟；发生意外能迅速脱下	
4	防护眼镜	防护眼镜是否是有“生产许可证”单位的产品；产品是否有合格证书；防辐射面罩是否符合以下要求：护目镜：按出厂遮光编号或使用说明书使用；颜色是混合色；面罩由不导电材料组成；观察窗、滤光片、保护片尺寸吻合，无缝隙；各部件无松动脱落	

续表

序号	检查项目	检查要求	检查结果
5	防护鞋	防护鞋是否是有“生产许可证”单位的产品；是否有“产品合格证”；绝缘鞋是否符合以下要求：在规定电压范围内使用；绝缘鞋胶料部分无破损；绝缘胶鞋每六个月做一次预防性试验；在浸水、浸油、浸酸和浸碱条件下不得作为绝缘鞋用	
6	手套	绝缘手套是否符合以下要求：是有“生产许可证”单位的产品；根据作业电压进行选择；表面无裂痕、拆缝、发粘、发脆等缺陷；筒口上压制“绝缘”和耐压等级；焊接手套是否符合以下要求：是有“生产许可证”单位的产品；皮革表面无僵硬、薄档、洞眼等残缺；手套有足够长度，不让手腕裸露	

表5-18　安全防护设施搭设监理安全检查标准表

序号	检查项目	检查要求	检查结果
1	楼梯口、电梯井道口	应设双道防护栏杆，高度1.2m，底部宜设不低于18cm挡脚板；电梯井管笼井道口，应设固定栅门、网格间距≤15cm，底部设不低于18cm挡脚板，电梯井道口内每隔两层≯10m设一道安全平网，网与井壁间隙≯10cm	
2	预留洞口、竖向洞口	边长在1.5m以上洞口，四周设防护栏，洞口下设安全平网或加一层密目网，平面洞口短边＞25cm，必须设置有一定强度的固定牢靠的板，竖向下边低于800mm的窗台等洞口须设1.2m栏杆	
3	基槽、坑井	除设置必要的防护措施外，夜间应设置红灯示警	
4	阳台、楼层、屋面等临边	双道防护栏高度1.2m，底部应设不低于18cm的挡脚板，坡度大于1∶2.2屋面栏杆高度1.5m并加挂安全立网，栏杆长度大于2m应增设栏杆柱	
5	通道防坠棚、机械设备及操作防护棚等临边	应有专门搭设方案、杆件搭接长度符合要求，架体自成独立系统不得与脚手架连接，防护棚搭设尺寸应满足上方坠落物的半径以外要求。施工高度在24m以下可搭设单层护棚(宜采用5cm木板)双层防护如设置在人员密集区应采用5cm木板与竹笆，双层棚之间＞600mm	

表5-19　落地操作平台搭设监理安全检查标准表

序号	检查项目	检查要求	检查结果
1	资料	施工组织单独设计、平面布置、计算资料审批手续齐全	
2	基础	底部坚实平整、符合施工组织设计、有排水措施	
3	杆件搭设	立杆垂直、间距符合规定、大小横向联杆纵横平直	
4	剪刀撑设置	剪刀撑搭设、间距、角度、设置符合规定	

续表

序号	检查项目	检查要求	检查结果
5	拉结、支撑设置	拉结、支撑设置的间距、角度、设置符合规定	
6	架体	架体横平竖直、整体稳定牢固、材质符合规定	
7	架体立杆	架体的立杆材质、连接部位的方式符合规定	
8	作业面四周防护	操作、施工作业面四周防护严密、牢靠、安全	
9	操作平台	操作平台面铺设材料符合规定、不留孔隙	
10	登高扶梯	登高扶梯防护设施齐全	
11	通道	进入作业面的通道铺设牢固、平整、无明显高低	
12	标志牌	设置操作平台的限载标志牌(内外)	
13	固定措施	移动式操作平台，轮子与平台连接牢固，立柱离地不＞8mm使时有可靠的固定措施	

表5-20 悬挂式钢平台搭设监理安全检查标准表

序号	检查项目	检查要求	检查结果
1	资料	按规范进行设计和制作，计算书及施工图样审批手续齐全	
2	连接固定	搁置点与上部拉结点必须位于建筑物上，不得设置在脚手架等施工设施或设备上，平台根部应与建筑物作保险连接	
3	斜拉杆或钢丝绳	斜拉杆或钢丝绳，构造上两边各设前后两道，两道中的每道均应作单道受力计算。一道作保险钢丝绳	
4	吊环	设置4个经过验算的吊环，用甲类3号沸腾钢制作，连接部位应使用卡环	
5	绳卡	安装时，钢丝绳采用绳卡时不得少于4个，间距10～12cm，并设安全弯	
6	钢丝绳	建筑物锐角利口围系钢丝绳处应加衬软垫物，平台外口应略高于内口，左右不得晃动	
7	平台铺设	平台铺设牢固、严密、不准使用竹笆，三侧面设不低于1.2m高围护，围护可用木板或薄钢板，正前面可设置活动门	
8	荷载	显著标明允许荷载值、(人员和物料的总重量)，严禁超过设计的允许荷载	

表5-21 危险品管理监理安全检查标准表

序号	检查项目	检查要求	检查结果
1	危险品库设置	布置合理，防火距离满足要求；防火警示标志醒目	
2	消防器材灭火器	放在醒目处；放在易取处；符合安全要求；定期检查；按时换药	

续表

序号	检查项目	检查要求	检查结果
3	库房的结构	满足防火要求，窗与通气孔能防火花飞入；门窗向外开启(包括底窗)；地面应不起火花；地面不渗油；室内设备良好；电气设备均应是防爆型	
4	气瓶检查	在检验周期(间隔三年)内使用；应有瓶帽应配戴两个防振圈；无严重腐蚀、严重损伤；应有明显的漆色标志：氧气瓶：天蓝色用黑色标注“氧”；乙炔瓶：白色用红色标注“乙炔”；氩气瓶：灰色用绿色标注“氩”；氮气瓶：黑色用黄色标注“氮”	
5	气瓶的存放	应存放在通风良好场所；夏季应有防日光曝晒措施；严禁和易燃、易爆物混放在一起；严禁靠近热源；气瓶与明火的距离不得小于10m；严禁与所装气体混合后能引起燃烧、爆炸的气瓶一起存放；乙炔气瓶应保持直立，并应有防倾倒措施；乙炔气瓶不得放在橡胶等绝缘体上	
6	气瓶的使用	严禁使用不合格的减压器；减压器严禁沾染油脂；严禁气瓶不装减压器直接使用；气瓶不得与带电物体接触；氧气瓶不得沾染油脂；瓶阀冻结时严禁用火烘烤；空瓶应留有符合规定的剩余压力；空瓶应标明“空瓶”字样	
7	特种气瓶	气瓶安全帽、防震圈齐全，安全帽应拧紧；搬运时轻装轻卸，严禁抛掷、溜放；气瓶存放在防晒、防潮和通风的场所，不得靠近热源和油污的地方；严禁水分和油污粘在阀门上。不得与其他气体混放	
8	爆炸物品管理	爆破施工应取得相应的爆破许可证，制定专项的安全管理方案，爆炸物品存放符合规定并安排专人负责，爆炸物品领取与发放建立完整的台账，爆炸物品运输严格按规定执行	

5.11 文明施工

特别提示

施工现场不但应该做到安全生产不发生事故，同时还应做到文明施工、整齐有序。现场围挡、封闭管理、施工场地，材料堆放、现场住宿、现场防火等应作为检查重点。

1. 现场围挡检查要点

(1) 施工现场必须实行封闭施工，沿工地四周连续设置围挡。围挡材料要求坚固、稳定、统一、整洁、美观，宜须用硬质材料。砖块或空心砖或彩钢板等，不得采用彩条布、竹笆。采用砖块和空心砖作围挡材料的要求压顶，美化墙面。

(2) 市区主要路段(含机场、码头、车站)沿街工地围挡高度应不低于2.5m。市区一般路段的工地周围围挡高度应不低于1.8m。

2. 封闭管理检查要点

(1) 施工现场必须实行封闭管理，设置进出门口大门制度、门卫制度，严格执行外来人员进场登记制度，门卫值班室应设在进出大门的一侧。

(2) 门头应有企业的“形象标志”，大门宜采用硬质材料，力求美观、大方并能上锁，不得采用竹笆片等易损、易破材料。

(3) 进入施工现场所有工作人员必须佩带工作卡。

3. 施工场地检查要点

(1) 施工现场应积极推行地坪施工，作业区、生活区主干道地面必须用一定厚度的砼硬化，场区其他次道路地面应硬化处理。

(2) 施工现场道路畅通、平坦、整洁，无散落物。

(3) 施工现场设置排水系统，排水畅通，不积水。

(4) 严禁泥浆、污水、废水外流或堵塞下水道和排水道河道。

(5) 施工现场适当地方设置吸烟处，作业区内禁止随意吸烟。

(6) 积极美化施工现场环境，根据季节变化适当进行绿化布置。

4. 材料堆放检查要点

(1) 建筑材料、构件、料具必须按施工现场总平面布置图堆放，布置合理。

(2) 建筑材料、构配件及其他料具等必须做到安全、整齐堆放(存放)，不得超高。堆料分门别类悬挂统一制作的标牌，标明名称、品种、规格数量等。

(3) 建立材料收发管理制度，仓库、工具间材料堆放整齐，易燃易爆物品分类堆放，专人负责，确保安全。

(4) 施工现场建立清扫制度，落实到人，做到工完料尽、场地清，车辆进出场应有防泥被带出的措施。建筑垃圾及时清运，临时存放现场的也应集中堆放整齐、悬挂标牌。不用施工机具和设备应及时出场。

5. 现场住宿检查要点

(1) 施工现场根据作业需要设置职工宿舍。宿舍应集中统一布置，严禁在厨房、从业区内住人。

(2) 施工现场作业区与办公、生活区必须明确划分，确因场地狭窄不能划分的要有可靠的隔离栏防护措施。

(3) 宿舍内应有保暖、清暑、防煤气中毒、防蚊虫等措施。

(4) 宿舍应确保主体结构安全、设施完好，禁止用钢管、毛竹及竹片等搭设的简易工棚宿舍，活动房搭设不宜过两层。

(5) 宿舍建立室长卫生管理制度且和宿舍人员名单一起上墙。宿舍内宜设置统一床铺和储物柜，室内保持通风、整洁，生活用品整齐堆放，禁止摆放作业工具。

(6) 宿舍内(包括值班室)严禁使用煤气灶、煤油炉、电饭煲、热得快、电炒锅、电炉等器具。

(7) 宿舍周围环境应保持整洁、安全。

6. 现场防火检查要点

(1) 施工现场必须建立健全消防防火责任制和管理制度，并成立领导小组，配备足够、合适的消防器材及义务消防人员。

(2) 施工现场必须有消防平面布置图。

(3) 建筑物每层应配备消防设施，高层建筑(30米以上)应随层做消防水源管道(DN50立管，设加压泵，留消防水源接口)，配备足够灭火器，放置位置正确、固定可靠。高层建筑一般每100m²必须配备2个合适的灭火器，一般临时设施区每100m²配备两个10L灭火器，木工间、机具间等每25m²应配备一个合适的灭火器，油库、危险品仓库应配备足够数量、种类的灭火器。高层建筑应每层设置消防水源管道，采用2寸立管，并设置加压泵，每层设置消防水源接口。

(4) 应严格执行三级动火审批制度，在动火证、操作证、消防器材齐全的条件下，监护人全过程严格履行监护职责。

7. 综合治理检查要点

(1) 项目部应建立严格的治安保卫制度，与宿舍管理制度一并设置在宿舍区醒目处，制度职责应分解到人。所有人员携带物品出工地都应自觉接受门卫检查。专人负责宿舍管理，及时调解工人之间的矛盾，对于违反治安保卫制度的应作处理。

(2) 施工现场因地制宜积极设置学习和娱乐场所，丰富职工业余生活，注重精神文明建设。

8. 施工现场标牌检查要点

(1) 施工现场必须设有"五牌一图"，即工程概况牌、管理人员名单及监督电话牌、消防保卫(防火责任)牌、安全生产牌、文明施工牌和施工现场平面图。标牌规格统一、位置合理、字迹端正、线条清晰、表示明确，并固定在现场主要进出口处，严禁将"五牌一图"挂在外脚手架上。

(2) 施工现场应合理悬挂安全生产宣传和警示牌，标牌悬挂牢固可靠，特别是主要施工部位、作业点和危险区域以及主要通道口都必须有针对性地悬挂醒目的安全警示牌。

(3) 施工现场应合理地设置宣传栏、读报栏、黑板报，营造安全气氛。

9. 生活设施检查要点

(1) 施工现场应设置食堂和茶水棚(亭)。食堂应有良好的通风和洁卫措施，保持卫生整洁。炊事员持健康证上岗。食堂内应功能分隔，特别是灶前灶后、仓储间、生熟食间应分开。积极使用燃油、电热灶具，不宜用柴灶。食堂的地面、墙面、宜铺设地砖和面砖。食堂应有健全的卫生管理制度。

(2) 施工现场应设固定的男、女简易淋浴和厕所，并要保持结构稳定、牢固和防风雨。厕所天棚、墙面刷白，高1.5m墙裙，便槽贴面砖，地面用水泥砂浆或地砖，宜采用水冲式，并实行专人管理、及时清扫，保持整洁，要有灭蚊和防止蚊蝇滋生措施。高层建筑应每层设置便溺设施，多层建筑应每两层设置，便溺设施应尽量做到文明。现场严禁随地大小便。

(3) 建立现场卫生责任制，设卫生保洁员，生活区、办公区应设置专用垃圾箱，垃圾箱内套垃圾袋，工地内应砌专用生活垃圾堆场由专人清运归集。项目部应与当地环卫部门签订协议，由环卫部门定期抽粪和清运生活垃圾，垃圾堆场内放置环卫部门提供的专用垃圾箱。

10. 保健急救检查要点

(1) 施工现场必须有保健药箱(箱内配备一些工地常用的药品)含急救器材。

(2) 施工现场配备的急救人员必须经卫生部门培训，应掌握常用的“人工呼吸”、“固定绑扎”、“止血”等急救措施，并会使用简单的急救器材，办公室墙上应用明显的紧急使用电话号码告示，包括急救车、就近医院、专科医院。

(3) 施工现场应经常开展卫生防病宣传教育，并做好记录。

11. 社区服务

工地上应有防粉尘防噪声措施，脚手架外围必须用密目网封闭，场地、便道应每天清扫，建筑垃圾宜袋装化，临时发电机组应有隔音棚。夜间施工应办理夜间施工许可证，许可证复印件或安民告示张贴在大门口。合理组织施工，夜间施工应尽力避开浇捣砼等噪声大的作业。工地上严禁焚烧任何垃圾废物。项目部进场后应及时与当地居委会联系，加强与居委会及居民沟通，与居委会签订共建协议，力所能及地帮助居民解决一些困难。工地大门口应公布“文明施工承诺书”。对于爆破作业等施工应提前通知居委会。制订落实爱民制度和不扰民措施。

以下为施工现场安全/环境监理检查标准表，见表5-22。

表5-22 施工现场安全/环境监理检查标准表

序号	检查项目	检查要求	检查结果
1	现场围挡	在市区主要地段的工地周围设置高于2.5m的围挡，一般路段设置高于1.8m的围挡，围挡材料坚固、稳定、整洁、美观、连续设置	
2	封闭管理	施工现场进出口设大门及门卫制度，进入施工现场佩带工作卡，门口并设置企业标志	
3	施工现场	工地地面做硬化处理，道路畅通；有排水设施、排水畅通，防止泥浆、污水、废水外流或堵塞下水道；工地设置吸烟处，以防随意吸烟。温暖季节设绿化布置	
4	施工场所布置	砼搅拌站、钢筋加工棚、木工加工棚、危险品库等按批准的总平面布置图设置，地面进行硬化处理，机械操作规程上墙，安全标牌齐全，电缆布置整齐保护措施完善，砼搅拌站按规定设置计量设备并校验合格	
5	材料堆放	建筑材料、构件、料具按总平面布局堆放并挂牌标志，做到工完料尽场地清。易燃易爆物品分类存放	
6	现场住宿	施工作业区与办公、生活区明显划分，在建工程不得兼作住宿。宿舍周围环境卫生、安全。民工宿舍用电用火等消防措施落实	
7	现场消防	设置消防措施、制度，人员落实，灭火器材配置合理，禁令警示明显，满足消防要求，高层建筑设消防水源。动火须有审批手续和动火监护	

续表

序号	检查项目	检查要求	检查结果
8	治安综合治理	建立治安保卫制度和治安防范措施	
9	施工现场标牌	大门口处挂“五牌一图”，内容齐全，标牌规范、整齐，有安全标语、宣传栏、黑板报等	
10	生活设施	建立卫生责任制，食堂符合卫生要求。厕所符合卫生要求，不随地大小便。保证供应卫生饮水，有淋浴室。生活垃圾及时清理或装容器，专人管理	
11	保健急救	建立急救措施和急救器材，设立保健医药箱。开展卫生防病宣传教育	
12	环保措施	设立防粉尘、防噪音措施，建立施工不扰民措施。现场不得焚烧有毒有害物质	

5.12 拆除工程

5.12.1 拆除施工的安全管理

需拆除施工的单位，应在动工前向工程所在地县以上的地方建设行政主管部门办理手续，取得拆除许可证明。拆除工程应由具备资质的队伍承担，不得转包。

5.12.2 拆除方法的选择与安全要求

建(构)筑物的拆除方法一般有人工拆除、机械拆除和爆破拆除等方法。

1. 人工拆除

人工拆除的拆除顺序，具体可以归成“自上而下，先次后主”。

2. 机械拆除

机械拆除的拆除顺序：解体→破碎→翻渣→归堆待运。

3. 爆破拆除

炸药在爆炸瞬间产生高温高压气体对外做功，借此来解体和破碎建(构)筑物的方法称爆破拆除法。从事爆破拆除的企业，必须经当地公安主管部门审查、批准，发给火工品使用许可证后方可到工商管理部门登记注册。

本章小结

本章主要根据《标准》(JGJ 59—2011)要求安全监理人员必须掌握的知识，主要介绍了各种脚手架的监理检查要点和拆除注意事项；基坑支护中施工方案、临边防护、坑壁支护、排水措施、坑边荷载等安全监理检查的重点；模板工程的施工方案、支撑系统、立柱稳定、施工荷载、模板存放以及支拆模板的安全监理重点；物料提升机(龙门架、井字架)架体制作，限位保险装置，架体稳定，提升钢丝绳，楼层卸料平台，吊篮及安装验收等监理检查重点；外用电梯(人货两用电梯)安全装置、安全防护、司机、荷载、安装与拆卸、安装验收等监理检查重点；塔式起重机力矩限制器、限位器、保险装置、附墙装置与夹轨器安装与拆卸、塔式起重机指挥等监理检查重点；起重吊装施工方案、起重机扒杆、钢丝绳、地锚、构件吊点以及司机、指挥等监理检查重点；施工用电等监理检查重点；各种施工机具监理检查要点；“三宝”、“四口”防护安全监理检查要点；文明施工中的现场围挡、封闭管理，施工场地，材料堆放、现场住宿、现场防火等安全监理检查重点；拆除施工的安全管理和拆除方法的选择与技术措施等内容。本章主要根据《建筑施工安全检查标准》JGJ59 的要求，安全监理人员必须掌握的知识。

思考与拓展题

5—1　请问检查落地式扣件钢管脚手架的保证项目是什么？

5—2　请说出下图扣件钢管脚手架各杆件 1～17 的名称，如图 5.2 所示。

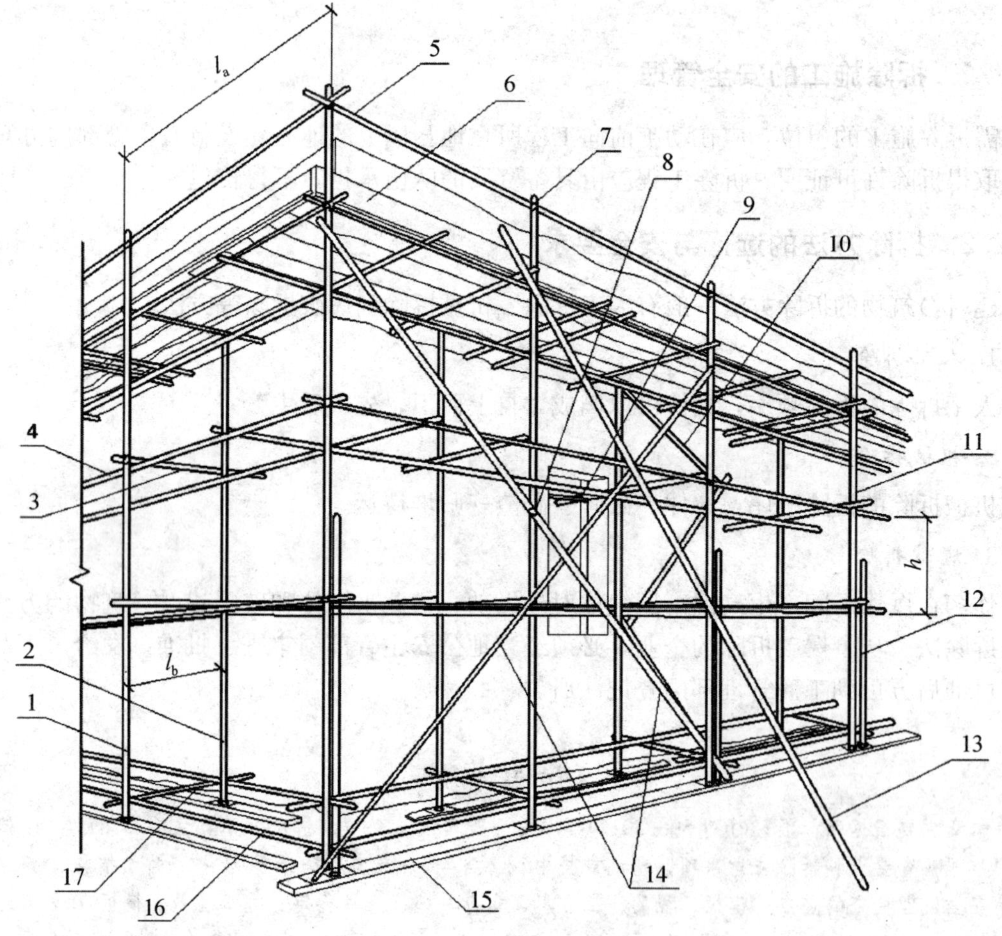

图 5.2　钢管脚手架

5—3　什么是脚手架主节点？

5—4　请问检查吊篮脚手架的保证项目有哪些？

5—5　附着式升降脚手架应具备哪三个条件？

5—6　简述各类脚手架的拆除顺序。

5—7　基坑支护工程安全检查的重点是什么？

5—8　模板工程检查标准的保证项目是什么？

5—9　物料提升机(龙门架、井字架)检查标准的保证项目是什么？

5—10　外用电梯(人货两用电梯)检查标准的保证项目是什么？

5—11　塔式起重机的四限位、两保险各指什么？

5—12　塔式起重机安全检查表中的保证项目有哪些？

5—13　起重吊装检查表中的保证项目有哪些？

5—14　在什么情况下应编制临时用电施工组织设计？

5—15　临时用电施工组织设计的内容是什么？

5—16　在建工程(含脚手架具)的外侧边缘与外电架空线路的边线之间达不到安全距离时，必须采取防护措施有哪些？

5—17　保护零线与工作零线各有什么作用？

5—18　“一机、一闸、一漏、一箱”的含义是什么？

5—19　“三级配电两级保护”的含义是什么？

5—20　施工现场实行三相五线制，请问五根线的颜色各是什么？如何排列？

5—21　什么是安全电压？

5—22　请说说Ⅰ类手持电动工具、Ⅱ类手持电动工具、Ⅲ类手持电动工具的区别。

5—23　打桩机的安全监理检查要点有哪些？

5—24　什么是“三宝”、“四口”、“五临边”？

5—25　不同尺寸的孔口、洞口防护是如何设置的？

5—26　请结合施工现场，你认为应如何进行封闭围挡？

5—27　施工现场必须设有“五牌一图”，这“五牌一图”指什么？

5—28　建(构)筑物的拆除方法一般有哪些？拆除顺序如何？

第6章

建设工程安全风险管理

课程标准

课程内容	知识要点	教学目标
建设工程安全风险管理的基本概念	风险的定义与相关概念、风险的分类、建设工程风险与风险管理、风险识别的方法及评价方法、风险损失控制和风险转移	能了解风险的相关知识，掌握风险损失控制和风险转移
安全事故的致因分析理论	海因里希事故因果连锁论、现代事故因果连锁(博德 Frank Bird)、能量意外释放理论、轨迹交叉论	能了解安全事故的致因分析理论
危险源的分类与识别	危险源的定义、危险源的分类	能进行危险源的分类与识别、能进行安全隐患的查处
伤亡事故的报告、调查、处理	伤亡事故的类别、事故的特点和原因分析、安全事故的报告、处理依据和程序	能进行伤亡事故的报告、调查、处理
安全事故应急救援	事故应急救援的基本任务、特点、过程和预案	能熟悉安全事故应急预案

▶▶章节导读

本章了解建设工程安全风险管理的基本概念、对建设工程风险管理重要性的认识；建筑行业是高危行业，仅次于交通、煤矿，排第三位，高危行业的从业人员要有风险意识，要善于风险评价进行损失控制和风险转移。同时高危行业容易引发安全事故，我们要加强对事故的原因分析，举一反三，吸取教训，因此我们要了解安全事故的致因分析理论，熟悉危险源的分类与识别，进一步加强施工现场事故隐患的排查，做到防患于未然。我们也要掌握伤亡事故的报告、调查、处理等相关知识，加强事故的处理力度，坚持“事故责任人没有受到处理不放过”的原则，做到“安全生产，警钟长鸣”。我们还要做好安全事故应急救援这项工作，编制好安全事故应急救援预案。

特别提示

安全的对立面不是事故，安全的对立面是风险；零事故不是我们追求的目标，零风险才是我们的永远目标。因为零事故仅仅是证明没发生事故，但并未证明消除了发生事故的“病灶”——风险。有风险就有隐患，就有可能发生事故。安全管理的对象是风险，管理的结果要么是安全，要么是事故。“小洞不补，大洞吃苦”。风险管理的重点是防止危险源变成高风险的危险源。

6.1 建设工程安全风险管理的基本概念

6.1.1 风险的定义与相关概念

1. 风险的定义

为学术界和实务界较为普遍接受的有以下两种定义：①风险就是与出现损失有关的不确定性；②风险就是在给定情况下和特定时间内，可能发生的结果之间的差异(或实际结果与预期结果之间的差异)。当然，也可以考虑把这两种定义结合起来。由上述风险的定义可知，所谓风险要具备两方面条件：一是不确定性，二是产生损失后果，否则就不能称为风险。因此，肯定发生损失后果的事件不是风险，没有损失后果的不确定性事件也不是风险。

2. 与风险相关的概念

与风险相关的概念有风险因素、风险事件、损失、损失机会。

1）风险因素

风险因素是指能产生或增加损失概率和损失程度的条件或因素，是风险事件发生的潜在原因，是造成损失的内在或间接原因。通常风险因素可分为三种：自然风险因素，道德风险因素，心理风险因素。

2）风险事件

风险事件是指造成损失的偶发事件，是造成损失的外在原因或直接原因，如失火、雷电、地震、偷盗、抢劫等事件。

3）损失

损失是指非故意的、非计划的和非预期的经济价值的减少，通常以货币单位来衡量。

4）损失机会

损失机会是指损失出现的概率。概率分为客观概率和主观概率两种。

客观概率是某事件在长时期内发生的频率。客观概率的确定主要有三种方法：演绎法、归纳法、统计法。

主观概率是个人对某事件发生可能性的估计。主观概率的结果受到很多因素的影响，对损失机会这个概念，要特别注意其与风险的区别。

特别提示

风险和危险的区别是什么？危险是可能产生的潜在损失。风险和危险不一样，风险是个更大范围的概念，它是危险事件出现的概率，表示出现危险的可能性大致会有多大；风险的另外一个含义是，危险出现的后果严重程度和损失的大小比例。危险是一个事实，是定性的东西。风险是可以变化的，能够用数字来表示。风险因素引发风险事件，风险事件导致损失，而损失所形成的结果就是风险。现在安全管理科学的发展已经进步到这样一个程度，能够把潜在的危险、存在的风险，作为企业运行的一个内容进行管理。管理风险，控制危险，预防事故，是企业安全管理的核心内容。

6.1.2 风险的分类

风险可根据不同的角度进行分类，常见的风险分类方式有以下几种。

1. 按风险的后果分

按风险所造成的不同后果可将风险分为纯风险和投机风险。

1）纯风险

纯风险是指只会造成损失而不会带来收益的风险。例如，自然灾害一旦发生，将会导致重大损失，甚至人员伤亡；如果不发生，只是不造成损失而已，但不会带来额外的收益。此外，政治、社会方面的风险一般也都表现为纯风险。

2）投机风险

投机风险则是指既可能造成损失也可能创造额外收益的风险。投机风险具有极大的诱惑力，人们常常只注意其有利可图的一面，而忽视其带来厄运的可能。

特别提示

纯风险与投机风险还有一个重要区别。在相同的条件下，纯风险重复出现的概率较大，表现出某种规律性，因而人们可能较成功地预测其发生的概率，从而相对容易采取防范措施。而投机风险则不然，其重复出现的概率较小，所谓“机不可失，时不再来”，因而预测的准确性相对较差，也就较难防范。

2. 按风险产生的原因分

按风险产生的不同原因可将风险分为政治风险、社会风险、经济风险、自然风险、技术风险等。

3. 按风险的影响范围分

按风险的影响范围大小可将风险分为基本风险和特殊风险。

1）基本风险

基本风险是指作用于整个经济或大多数人群的风险，具有普遍性，如战争、自然灾害、高通胀率等。显然，基本风险的影响范围大，其后果严重。

2）特殊风险

特殊风险是指仅作用于某一特定单体(如个人或企业)的风险，不具有普遍性，如偷车、抢银行、房屋失火等。特殊风险的影响范围小，虽然就个体而言，其损失有时亦相当大，但相对于整个经济而言，其后果不严重。

特别提示

在某些情况下，特殊风险与基本风险很难严格加以区分。基本风险与特殊风险的界定有时需要考虑具体的出发点。

6.1.3 建设工程风险与风险管理

1. 建设工程风险

对建设工程风险的认识要明确两个基本点：第一，建设工程风险大。建设工程风险因素和风险事件发生的概率均较大，其中有些风险因素和风险事件的发生概率很大。这些风险因素和风险事件一旦发生，往往造成比较严重的损失后果。明确这一点，有利于确立风险意识，只有从思想上重视建设工程的风险问题，才有可能对建设工程风险进行主动的预防和控制。第二，参与工程建设的各方均有风险，但同一风险事件，对建设工程不同参与方的后果有时迥然不同。

风险损失的衡量就是定量确定风险损失值的大小。建设工程风险损失包括以下几方面。

1）投资风险

投资风险导致的损失可以直接用货币形式来表现，即法规、价格、汇率和利率等的变化或资金使用安排不当等风险事件引起的实际投资超出计划投资的数额。

2）进度风险

进度风险导致的损失由以下部分组成。

(1) 货币的时间价值。进度风险的发生可能会对现金流动造成影响，在利率的作用下，引起经济损失。

(2) 为赶上计划进度所需的额外费用，包括加班的人工费、机械使用费和管理费等一切因追赶进度所发生的非计划费用。

(3) 延期投入使用的收入损失。这方面损失的计算相当复杂，不仅仅是延误期间内的收入损失，还可能由于产品投入市场过迟而失去商机，从而大大降低市场份额，因而这方面的损失有时是相当巨大的。

3）质量风险

质量风险导致的损失包括事故引起的直接经济损失，修复和补救等措施发生的费用以及第三者责任损失等，可分为以下几个方面。

（1）建筑物、构筑物或其他结构倒塌所造成的直接经济损失。

（2）复位纠偏、加固补强等补救措施和返工的费用。

（3）造成的工期延误的损失。

（4）永久性缺陷对于建设工程使用造成的损失。

（5）第三者责任的损失。

4）安全风险

安全风险导致的损失包括以下几方面。

（1）受伤人员的医疗费用和补偿费。

（2）财产损失，包括材料、设备等财产的损毁或被盗。

（3）因引起工期延误带来的损失。

（4）为恢复建设工程正常实施所发生的费用。

（5）第三者责任损失。在此，第三者责任损失为建设工程实施期间，因意外事故可能导致的第三者的人身伤亡和财产损失所作的经济赔偿以及必须承担的法律责任。

由以上四方面风险的内容可知，投资增加可以直接用货币来衡量；进度的拖延则属于时间范畴，同时也会导致经济损失；而质量事故和安全事故既会产生经济影响又可能导致工期延误和第三者责任，显得更加复杂。而第三者责任除了法律责任之外，一般都是以经济赔偿的形式来实现的。因此，这四方面的风险最终都可以归纳为经济损失。需要指出的是，在建设工程实施过程中某一风险事件的发生往往会同时导致一系列损失。例如，地基的坍塌引起塔式起重机的倒塌，并进一步造成人员伤亡和建筑物的损坏，以及施工被迫停止等。这表明，这一地基坍塌事故影响了建设工程所有的目标——投资、进度、质量和安全，从而造成相当大的经济损失。

2. 风险管理

风险管理就是一个识别、确定和度量风险，并制订、选择和实施风险处理方案的过程。风险管理过程包括风险识别、风险评价、风险对策决策、实施决策、检查五方面内容。

1）风险识别

风险识别是指通过一定的方式，系统而全面地识别出影响建设工程目标实现的风险事件并加以适当归类的过程，必要时还需对风险事件的后果作出定性的估计。

2）风险评价

风险评价是指评价风险大小以及确定风险是否可容许的全过程。

3）风险对策决策

风险对策决策是确定建设工程风险事件最佳对策组合的过程。一般来说，风险管理中所运用的对策有以下四种：风险回避、损失控制、风险自留和风险转移。

风险自留就是将风险留给自己承担，是从企业内部财务的角度应对风险。风险自留不改变建设工程风险的客观性质，即不改变工程的发生概率，也不改变工程风险潜在损失的严重性。因此，风险自留与风险控制技术是不同的。

4）实施决策

对风险对策所作出的决策还需要进一步落实到具体的计划和措施当中。

5）检查

检查并发现新的风险。建设工程实施过程中，一方面要对各项风险对策的执行情况不断地进行检查，并评价各项风险对策的执行效果；另一方面，在工程实施中内外条件发生变化时，如工程变更或施工条件改变等，要确定是否需要提出不同的风险处理方案。此外，还需要检查是否有被遗漏的建设工程风险或者发现新的建设工程风险。当发现新的建设工程风险时，就要进行新的建设工程风险识别，即开始新一轮的风险管理过程。

6.1.4 风险识别的方法

建设工程风险识别的方法有专家调查法、财务报表法、流程图法、初始清单法、经验数据法和风险调查法。

对于建设工程的风险识别来说，仅仅采用一种风险识别方法是远远不够的，一般都应综合采用两种或多种风险识别方法，才能取得较为满意的结果。而且不论采用何种风险识别方法组合，都必须包含风险调查法。从某种意义上讲，前五种风险识别方法的主要作用在于建立初始风险清单，而风险调查法的作用则在于建立最终的风险清单。

6.1.5 风险评价方法

风险评价也就是对某项活动和过程中识别出的所有危险源，从其发生可能性和后果严重程度两方面综合考虑，评价其危险程度大小并与预定目标和准则对比，确定其是否在可容许的范围的过程。以下介绍两种常用的风险评价方法。

1. *方法1*

将安全风险的大小用事故发生的可能性与发生事故后果的严重程度的乘积来衡量。即

$$R=p\cdot f$$

式中，R——风险大小；

p——事故发生的概率(频率)；

f——事故后果的严重程度。

根据上述的估算结果，可对风险的大小进行分级，见表6-1。

表6-1 风险分级表

后果(f) 风险级别(大小) 可能性(p)	轻度损失 (轻微伤害)	中度损失 (伤害)	重大损失 (严重伤害)
很大	Ⅲ	Ⅳ	Ⅴ
中等	Ⅱ	Ⅲ	Ⅳ
极小	Ⅰ	Ⅱ	Ⅲ

注：Ⅰ——可忽略风险；Ⅱ——可容许风险；Ⅲ——中度风险；Ⅳ——重大风险；Ⅴ——不容许风险。

2. 方法2

将可能造成安全风险的大小用事故发生的可能性、人员暴露于危险环境中的频繁程度和事故后果三个自变量的乘积衡量，即

$$S=L\cdot E\cdot C$$

式中，S——风险大小；

L——事故发生的可能性，按表6－2所给的定义取值；

E——人员暴露于危险环境中的频繁程度，按6－3所给的定义取值；

C——事故后果的严重程度，按表6－4所给的定义取值。

此方法因为引用了L、E、C三个自变量，故也称为LEC方法。

表6－2 事故发生的可能性

分数值	事故发生的可能性(L)	分数值	事故发生的可能性(L)
10	必然发生的	0.5	很不可能，可以设想
6	相当可能	0.2	极不可能
3	可能，但不经常	0.1	实际不可能
1	可能性极小，完全意外		

表6－3 暴露于危险环境中的频繁程度

分数值	人员暴露于危险环境中的频繁程度(E)	分数值	人员暴露于危险环境中的频繁程度(E)
10	连续暴露	2	每月一次暴露
6	每天工作时间暴露	1	每年几次暴露
3	每周一次暴露	0.5	非常罕见的暴露

表6－4 发生事故产生的后果

分数值	事故发生造成的后果(C)	分数值	事故发生造成的后果(C)
100	大灾难，许多人死亡	7	严重，重伤
40	灾难，多人死亡	3	较严重，受伤较重
15	非常严重，一人死亡	1	引人关注，轻伤

根据经验，危险性(S)的值在20以下为可忽略风险；危险性的值在20～70之间为可容许风险；危险性的值在70～160之间为中度风险；危险性的值在160～320之间为重大风险。当危险性值大于320的为不容许风险。危险性等级划分见表6－5。

表6-5 危险性等级划分表

危险性量值(S)	危险程度	危险性量值(S)	危险程度
≥320	不容许风险，不能继续作业	20～70	可容许风险，需要注意
160～320	重大风险，需要立即整改	≤20	可忽略风险，可以接受
70～160	中度风险，需要整改		

6.1.6 风险损失控制和风险转移

1. 损失控制的概念

损失控制是一种主动、积极的风险对策。损失控制可分为预防损失和减少损失两方面工作。

预防损失措施的主要作用在于降低或消除(通常只能做到减少)损失发生的概率，而减少损失措施的作用在于降低损失的严重性或遏制损失的进一步发展，使损失最小化。一般来说，损失控制方案都应当是预防损失措施和减少损失措施的有机结合。制定损失控制措施必须以定量风险评价的结果为依据，才能确保损失控制措施具有针对性，取得预期的控制效果。风险评价时特别要注意间接损失和隐蔽损失。制定损失控制措施还必须考虑其付出的代价，包括费用和时间两方面的代价。

2. 风险转移

风险转移是建设工程风险管理中非常重要而且广泛应用的一项对策，分为非保险转移和保险转移两种形式。

根据风险管理的基本理论，建设工程的风险应由有关各方分担，而风险分担的原则是任何一种风险都应由最适宜承担该风险或最有能力进行损失控制的一方承担。符合这一原则的风险转移是合理的，可以取得双赢或多赢的结果。例如，项目决策风险应由业主承担，设计风险应由设计方承担，而施工技术风险应由承包商承担等。否则，风险转移就可能付出较高的代价。

1) 非保险转移

非保险转移又称为合同转移，因为这种风险转移一般是通过签订合同的方式将工程风险转移给非保险人的对方当事人。建设工程风险最常见的非保险转移有以下三种情况。

(1) 业主将合同责任和风险转移给对方当事人。在这种情况下，被转移者多数是承包商。例如，在合同条款中规定，业主对场地条件不承担责任；又如，采用固定总价合同将涨价风险转移给承包商等。

(2) 承包商进行合同转让或工程分包。承包商中标承接某工程后，可能由于资源安排出现困难而将合同转让给其他承包商，以避免由于自己无力按合同规定时间建成工程而遭受违约罚款；或将该工程中专业技术要求很强而自己缺乏相应技术的工程内容分包给专业分包商，从而更好地保证工程质量。

(3) 第三方担保。担保方所承担的风险仅限于合同责任，即由于委托方不履行或不适当履行合同以及违约所产生的责任。第三方担保的主要表现是业主要求承包商提供履约保证和预付款保证(在投标阶段还有投标保证)。

非保险转移的优点主要体现在：一是可以转移某些不可保的潜在损失，如物价上涨、法规变化、设计变更等引起的投资增加；二是被转移者往往能较好地进行损失控制，如承包商相对于业主能更好地把握施工技术风险，专业分包商相对于总包商能更好地完成专业性强的工程内容。但是，非保险转移的媒介是合同，这就可能因为双方当事人对合同条款的理解发生分歧而导致转移失效。另外，在某些情况下，可能因被转移者无力承担实际发生的重大损失而导致仍然由转移者来承担损失。非保险转移一般都要付出一定的代价，有时转移代价可能超过实际发生的损失，从而对转移者不利。

2) 保险转移

保险转移通常直接称为保险，对于建设工程风险来说，则为工程保险。通过购买保险，建设工程业主或承包商作为投保人将本应由自己承担的工程风险(包括第三方责任)转移给保险公司，从而使自己免受风险损失。

特别提示

工程保险并不能转移建设工程的所有风险，一方面是因为存在不可保风险，另一方面则是因为有些风险不宜保险。因此，对于建设工程风险，应将工程保险与风险回避、损失控制和风险自留结合起来运用。对于不可保风险，必须采取损失控制措施。即使对于可保风险，也应当采取一定的损失控制措施，这有利于改变风险性质，达到降低风险量的目的，从而改善工程保险条件，节省保险费。谁都想风险小，可是减少风险是要付出代价的。降低风险发生概率、减少事故造成的损失，都需要投入，包括人力、物力、财力。零风险一直是我们的理想目标。“风险不必减至零，但一定要在可接受范围之内。”这是阿尔伯达的结论。企业要根据影响风险的因素，经过优化，寻求最佳方案，把风险限定在一个合理的、可接受的水平上。

6.2 安全事故的致因分析理论

6.2.1 海因里希事故因果连锁论

海因里希提出事故因果连锁论是用来阐明导致伤害事故各种原因因素及与伤害间的关系，认为人的不安全行为和物的不安全状态是事故发生的直接原因，伤亡事故是由于五个因素即社会环境、人的过失、不安全行为或物的不安全状态、事故、伤亡按顺序发展的结果，如多米诺骨牌一样发生连锁反应。假如移去一颗骨牌(人的不安全行为)，则伤害就不会发生。

1. 事故的因果连锁理论

事故的因果连锁理论认为：人员伤亡的发生是事故的结果；事故发生是由于人的不安全行为和物的不安全状态造成的；人的不安全行为或物的不安全状态是由于人的缺点造成的；人的缺点是由不良社会环境诱发或者是由于先天的遗传因素造成的。

2. 构成事故五个因素

(1) 遗传及社会环境。遗传因素可能造成鲁莽、固执的性格；社会环境因素可能妨碍教育，助长性格上的缺点发展。

(2) 人的缺点。人的缺点是指先天的缺点，有鲁莽、固执、过激、神经质、轻率等；后天的缺点有缺乏安全生产知识和技能等。

(3) 人的不安全行为或物的不安全状态。人的不安全行为或物的不安全状态是指那些曾经引起事故或可能引起事故的人的行为或机械设备、物料的状态。

(4) 事故。事故是由于物体、物质、人或放射线的作用或反作用，使人员受到伤害或可能受到伤害的、出乎意外的、失去控制的事件。

(5) 伤害。伤害是由于事故产生的人身伤害。

海因里希认为：企业安全工作的中心就是防止人的不安全行为，消除建设机械等物的不安全状态，中断事故连锁的进程而避免事故的发生。

6.2.2 现代事故因果连锁

强调管理因素作为背后的原因在事故中的重要作用，人的不安全行为或物的不安全状态是工程事故的直接原因，必须追究。但是这些只不过是其背后深层原因的征兆，是管理上缺陷的反映，只有找出深层的背后的原因，改进企业安全管理，才能有效地防止事故。

1. 控制不足—管理

现代事故因果连锁中一个最重要的因素是安全管理。安全管理者应该懂得管理的基本理论和原则。控制是管理机制(计划、组织、指导、协调及控制)中的一种机能。安全管理中的控制是指损失控制，包括人的不安全行为、物的不安全状态的控制，是安全管理工作的核心。

2. 基本原因—起源论

为了从根本上预防事故，必须查明事故的基本原因，并针对查明的基本原因采取对策。基本原因包括个人原因和工作条件的原因。个人原因包括缺乏知识或技能，动机不正确，身体上或精力上的问题。工作条件的原因包括操作规程不合适，设备、材料不合格，施工环境差等因素。只有找出这些基本原因，才能有效地控制事故的发生。

3. 直接原因—征兆

不安全行为或不安全状态是事故的直接原因。但是，直接原因不过是像基本原因那样，是深层原因的征兆一种表面的现象。在实际工作中，如果只抓住了作为表面现象的直接原因而不追究其背后隐藏的深层原因，就永远不能从根本上杜绝事故的发生。

4. 事故—接触

从实用的目的出发，往往把事故定义为最终导致人员伤亡、财物的损失，不希望发生的事件。但是越来越多的安全专业人员从能量的观点把事故看成是人的身体或构筑物，设备与超过其最大值的能量的接触；或人体与妨碍正常生理活动的物质接触。于是，防止事故就是防止接触。为了防止接触，可以通过改进装置、材料及设施防止能量释放；通过训练提高工人识别危险的能力，佩戴个人保护用品等来实现。

5. 伤害—损坏—损失

伤害包括工伤、职业病以及对人员精神方面、神经方面全身心的不利影响。人员伤害及财产损坏统称为损失。在许多情况下，采取恰当的措施使事故造成的损失最大限度地减少，如对受伤人员进行正确的抢救等。

特别提示

如果我们把人的不安全行为与物的不安全状态统称为现场失误；把企业领导和安全工作人员的管理欠缺统称为管理失误。那么，现代事故因果连锁理论的核心在于对现场失误的背后原因进行了深入的研究，现场失误是由管理失误造成的。

6.2.3 能量意外释放理论

大多数伤亡事故都是因为过剩的能量，或干扰人体与外界正常能量交换的危险物质的意外释放而引起的。这种过量的能量或危险物质的释放，都是由于人的不安全行为或物的不安全状态所造成。即人的不安全行为或物的不安全状态使得能量或危险物质失去了控制，是能量或危险物质释放的导火线，各种形式的能量是构成伤害的直接原因。能量一般分为势能、动能、化学能、电能、原子能、辐射能、声能、生物能等。

为了防止事故的发生，可以通过技术改进来防止能量意外释放；通过教育、训练来提高职工识别危险的能力；通过佩戴个人防护用品来避免伤害。具体有以下措施：用安全的能源代替不安全的能源；限制能量；防止能量积蓄(如建筑物的避雷装置等)；缓慢地释放能量(如减压装置等)；设置屏蔽措施(如设置安全围栏，安全网等)；在时间或空间上把能量与人隔离；信息形式屏蔽(如挂安全警告牌等)。

6.2.4 轨迹交叉论

一起事故的发生除了人的不安全行为之外，一定存在着某种物的不安全状态，只有两种因素同时出现，才能发生事故。轨迹交叉论认为，在事故发展进程中人的因素的运动轨迹与物的因素的运动轨迹的交点，就是事故发生的时间和空间；或者说人的不安全行为和物的不安全状态发生于同一时间、同一空间；或者说两者相遇，则在此时间、空间发生事故。

人的因素运动轨迹由于遗传、社会环境或管理缺陷原因造成心理上、生理上的弱点，安全意识低下，缺乏知识和技能引发人的不安全行为。

物的因素运动轨迹由于设计、制造缺陷、使用、维护、保养过程中潜在的故障、毛病等引起物的不安全状态。

特别提示

作为一种事故致因理论，强调人的因素和物的因素在事故致因中占有同样重要的地位。按照该理论，可以通过避免人与物两种状态同时出现来预防事故的发生。

6.3 危险源的分类与识别

6.3.1 危险源的定义

危险源是可能导致人身伤害或疾病、财产损失、工作环境破坏或这些情况组合的危险因素和有害因素。

危险因素强调突发性和瞬间作用，有害因素强调在一定时期内的慢性损害和累积作用。

危险源是安全控制的主要对象，因此，有人把安全控制也称为危险控制或安全风险控制。

6.3.2 危险源的分类

按各种危险源在事故发生发展过程中的作用或特征进行分类，有利于危险源的识别工作。

根据能量意外释放理论，能量或危险物质的意外释放是伤亡事故发生的物理本质。因此，把生产过程中存在的，可能发生意外释放的能量(能源或能量载体)或危险物质称作第一类危险源。

第一类危险源产生的根源是能量与有害物质。系统具有的能量越大，存在的有害物质数量越多，系统的潜在危险性和危害性也越大。

施工现场生产的危险源是客观存在的，这是因为在施工过程中，需要相应的能量和物质。施工现场中所有能产生、供给能量的能源和载体在一定条件下都可能释放能量造成危险，是最根本的危险源；现场中有害物质在一定条件下能损伤人体的生理机能和正常代谢功能，破坏设备和物品的效能，也是最根本的危险源。为了防止第一类危险源导致事故，必须采取措施约束、限制能量或危险物质，控制危险源。

正常情况下，生产过程中的能量或危险物质受到约束或限制，不会发生意外释放，即不会发生事故。但是，一旦这些约束或限制能量或危险物质的措施受到破坏或失效(故障)，则将发生事故。导致能量或危险物质约束或限制措施破坏或失效的各种因素称作第二类危险源。

第二类危险源主要包括物的故障、人的失误和环境因素。

1） 物的故障

物包括机械设备、设施、装置、工具、用具、物质、材料等。根据物在事故发生中的作用，可分为起因物和致害物两种，起因物是指导致事故发生的物体或物质，致害物是指直接引起伤害及中毒的物体或物质。

物的故障是指机械设备、设施、装置等在运行或使用过程中由于性能(含安全性能)低下而不能实现预定的功能(包括安全功能)的现象。不安全状态是存在于起因物上的，是使事故能发生的不安全的物体条件或物质条件。从安全功能的角度，物的不安全状态也是物的故障。物的故障可能是由于设计、制造缺陷造成的，也可能由于安装、搭设、维修、保养、使用不当或磨损、腐蚀、疲劳、老化等原因造成，或是由于认识不足、检查人员失误、环境或其他系统的影响等。但故障发生的规律是可知的，通过定期检查、维修保养和分析总结可使多数故障在预定期间内得到控制(避免或减少)。因此，掌握各类故障发生的规律和故障率是防止故障发生造成严重后果的重要手段。

发生故障并导致事故发生的这种危险源，主要表现为发生故障、误操作时的防护、保险、信号等装置缺乏、缺陷，设备、设施在强度、刚度、稳定性、人机关系上有缺陷等。

2）人的失误

人的失误是指人的行为结果偏离了被要求的标准，即没有完成规定功能的现象。人的不安全行为也属于人的失误。人的失误会造成能量或危险物质控制系统故障，使之屏蔽、破坏或失效，从而导致事故发生。广义的屏蔽是指约束、限制能量，防止人体与能量接触的措施。

人的失误包括人的不安全行为和管理失误两个方面。

(1）人的不安全行为。人的不安全行为是指违反安全规则或安全原则，使事故有可能或有机会发生的行为。违反安全规则或安全原则包括违反法律法规、标准、规范、规定，也包括违反大多数人都知道并遵守的不成文的安全原则，即安全常识。人的不安全行为可以是本不应做而做了某件事，可以是本不应该这样做(应该用其他方式做)而这样做的某件事，也可以是应该做某件事但没做成。

人的不安全行为包括：

① 操作错误、忽视安全、忽视警告包括：未经许可开动、关停、移动机器；开动、关停机器时未给信号；开关未锁紧，造成意外转动、通电或泄漏等；忘记关闭设备；忽视警告标志、警告信号；操作错误(指按钮、闸门、把手等的操作)；奔跑作业；供料或送料速度过快；机械超速运转；违章驾驶机动车；酒后作业；客货混载；冲压机作业时，手伸进冲压模；工件紧固不牢；用压缩空气吹铁屑；其他。

② 造成安全装置失效，包括：拆除了安全装置；安全装置堵塞，失掉了作用；调整的错误造成安全装置失效；其他。

③ 使用不安全设备，包括：临时使用不牢固的设施；使用无安全装置的设备；其他。

④ 手代替工具操作，包括：用手代替手动工具；用手清除切屑；不用夹具固定、用手拿工件进行机加工。

⑤ 物体(指成品、半成品、材料、工具、切屑和生产用品等)存放不当。

⑥ 冒险进入危险场所，包括：冒险进入涵洞；接近漏料处(无安全设施)；采伐、集材、运材、装车时，未离开危险区；未经安全监察人员允许进入油罐或井中；未“敲帮问顶”开始作业；冒进信号；调车场超速上下车；易燃易爆场合明火；私自搭乘矿车；在绞车道行走；未及时瞭望。

⑦ 攀、坐不安全位置(如平台护栏、汽车挡板、吊车吊钩)。

⑧ 在起吊物下作业、停留。

⑨ 机器运转时进行加油、修理、检查、调整、焊接、清扫等工作。

⑩ 有分散注意力行为。

⑪ 在必须使用个人防护用品用具的作业或场合中，忽视其使用，包括：未戴护目镜

或面罩；未戴防护手套；未穿安全鞋；未戴安全帽；未佩戴呼吸护具；未佩戴安全带；未戴工作帽；其他。

⑫ 不安全装束，包括：在有旋转零部件的设备旁作业穿过于肥大的服装；操纵带有旋转零部件的设备时戴手套；其他。

⑬ 对易燃、易爆等危险物品处理错误。

(2) 管理失误。管理失误表现在以下方面：

① 对物的管理失误，有时称技术上的缺陷(原因)，包括：技术、设计、结构上有缺陷，作业现场、作业环境的安排设置不合理等缺陷，防护用品缺少或有缺陷等。

② 对人的管理失误，包括：教育、培训、指示、对施工作业任务和施工作业人员的安排等方面的缺陷或不当。

③ 对管理工作的失误，包括：施工作业程序、操作规程和方法、工艺过程等的管理失误；安全监控、检查和事故防范措施等的管理失误；对采购安全物资的管理失误等。

3) 环境因素

人和物存在的环境，即施工现场作业环境中的温度、湿度、噪声、振动、照明或通风换气等方面的问题，会促使人的失误或物的故障发生。环境因素包括：

(1) 物理因素。物理因素包括噪声、振动、温度、湿度、照明、风、雨、雪、视野、通风换气、色彩等，均可能成为危险。

(2) 化学因素。化学性因素有爆炸性物质、腐蚀性物质、可燃液体、有毒化学品、氧化物、危险气体等。化学性物质可通过呼吸道吸入、皮肤吸收、误食等途径进入人体。

(3) 生物因素。包括细菌、昆虫、病毒、原生虫等，其感染途径有食物、空气、唾液等。

一起事故的发生往往是两类危险源共同作用的结果，两类危险源相互关联、相互依存。第一类危险源的存在是事故发生的前提，在事故发生时释放出的能量是导致人员伤害或财物损坏的能量主体，决定事故后果的严重程度；第二类危险源是第二类危险源造成事故的必要条件，决定事故发生的可能性。

特别提示

危险源识别的首要任务是识别第一类危险源，在此基础上再识别第二类危险源。

6.4 伤亡事故的报告、调查、处理

6.4.1 伤亡事故的类别

1. 按照事故发生的原因分类

根据《企业职工伤亡事故分类标准》(GB 6441—1986)，综合考虑事故的起因物、致害物、伤害方式等特点，将危险源及危险源造成的事故分为20类。此种分类方法所列的

危险源与企业职工伤亡事故处理统计、职业病处理等基本一致，在便于实际应用。施工现场危险源识别时对危险源或其造成的伤害的分类多采用这种方法。建设工程施工中最主要的事故类型是高处坠落、坍塌、物体打击、触电、机械伤害、火灾和中毒等12类。

（1）物体打击指落物、滚石、锤击、碎裂、崩块、碰伤等造成的人身伤害，不包括因爆炸而引起的物体打击。

（2）车辆伤害包括挤、压、撞、倾覆等。

（3）机械伤害包括绞、碾、碰、割、戳等。

（4）起重伤害指起重设备或操作过程中所引起的伤害，不包括上下驾驶室时发生的坠落伤害，起重设备引起的触电及检修时制动失灵造成的伤害。

（5）触电指由于电流经过人体导致的生理伤害，包括雷击伤害。

（6）灼烫指火焰引起的烧伤、高温物体引起的烫伤、强酸或强碱引起的灼伤、放射线引起的皮肤损伤，不包括电烧伤及火灾事故引起的烧伤。

（7）火灾指在火灾时造成的人体烧伤、窒息、中毒等。

（8）高处坠落指由于危险势能差引起的伤害，包括从架子、屋架上坠落以及平地坠入坑内等。

（9）坍塌指建筑物、堆置物倒塌以及土石塌方等引起的事故伤害。

（10）火药爆炸指在火药的生产、运输、储藏过程中发生的爆炸事故。

（11）中毒和窒息指煤气、油气、沥青、化学、一氧化碳中毒等。

（12）其他伤害包括扭伤、跌伤、冻伤、野兽咬伤等。

2. 按事故后果严重程度分类

根据《生产安全事故报告和调查处理条例》（国务院第493号令）第三条规定，根据生产安全事故造成的人员伤亡或者直接经济损失，事故一般分为以下等级：

特别重大事故是指造成30人以上死亡，或者100人以上重伤(包括急性工业中毒，下同)，或者1亿元以上直接经济损失的事故。

重大事故是指造成10人以上30人以下死亡，或者50人以上100人以下重伤，或者5 000万元以上1亿元以下直接经济损失的事故。

较大事故是指造成3人以上10人以下死亡，或者10人以上50人以下重伤，或者1 000万元以上5 000万元以下直接经济损失的事故。

一般事故是指造成3人以下死亡，或者10人以下重伤，或者1 000万元以下直接经济损失的事故。

本条第一款所称的“以上”包括本数，所称的“以下”不包括本数。

6.4.2 建设工程安全事故的特点和原因分析

安全事故是指人们在进行有目的的活动过程中，发生了违背人们意愿的不幸事件，使其有目的的行动暂时或永久地停止。建设工程主安全事故指在建设工程施工现场发生的安全事故，一般会造成人身伤亡或伤害且伤害要求包括急救在内的医疗救护，或造成财产、设备、工艺等损失。

1. 建设工程安全事故的特点

(1) 严重性。建设工程发生安全事故，其影响往往较大，会直接导致人员伤亡或财产的损失，给广大人民生命和财产带来巨大损失，重大安全事故往往会导致群死群伤或巨大财产损失。近年来，安全事故死亡人数和事故起数仅次于交通、矿山，成为人们关注的热点问题之一。因此，对建设工程安全事故隐患决不能掉以轻心，一旦发生安全事故，其造成的损失将无法挽回。

(2) 复杂性。建设工程施工生产的特点决定了影响建设工程安全生产的因素很多，造成工程安全事故的原因错误复杂。即使是同一类安全事故，其发生原因也可能多种多样。因此，在对安全事故进行分析时对判断出其性质、原因(直接原因、间接原因、主要原因)等增加了复杂性。

(3) 可变性。许多建设工程施工中出现安全事故隐患，其安全事故隐患并非静止的，而是有可能随着时间而不断地发展、恶化，若不及时整改和处理，往往可能发展成为严重或重大安全事故。因此，在分析与处理工程安全事故隐患时，要重视安全事故隐患的可变性，应及时采取有效措施，进行纠正、消除，杜绝其发展恶化为重特大安全事故。

(4) 多发性。建设工程中的安全事故往往在建设工程某部位或某工序或某作业活动经常发生，如高处坠落事故、坍塌事故、物体打击事故、触电事故、机械伤害事故、中毒事故等。因此，对多发性安全事故应注意吸取教训、总结经验，采用有效预防措施，加强事前预控、事中控制。

2. 建设工程安全事故的原因分析

1) 建设工程安全事故的原因

建设工程安全事故发生的基本因素主要包括勘察设计原因、施工人员违章作业、施工单位安全管理不到位、安全物资质量不合格、安全生产投入不足等。

对建设工程安全事故发生的原因进行分析时，应判断出直接原因、间接原因、主要原因等。

(1) 直接原因。根据《企业职工伤亡事故分类标准》(GB6441)，直接导致伤亡事故发生的机械、物质和环境的不安全状态，以及人的不安全行为，是事故的直接原因。

(2) 间接原因是事故中属于技术和设计上的缺陷，教育培训不够、未经培训、缺乏或不懂安全操作技术知识，劳动组织不合理，对现场工作缺乏检查或指导错误，没有安全操作规程或不健全，没有或不认真实施事故防护措施，对事故隐患整改不力等原因，是事故的间接原因。

(3) 主要原因。导致事故发生的主要因素，是事故的主要原因。

2) 对建设工程安全事故进行原因分析

工程安全事故原因分析的步骤如下所述。

(1) 首先整理和阅读调查材料，根据《企业职工伤亡事故分类标准》(GB 6441—1986)的附录A，按以下7项内容进行分析：

① 受伤部位，指身体受伤的部位；

② 受伤性质，指人体受伤的类型；

③ 起因物，指导致事故发生的物体、物质；

④ 致害物，指直接引起伤害及中毒的物体或物质；

⑤ 伤害方法，指致害物与人体发生接触的方式；

⑥ 不安全状态，指能导致事故发生的物质条件；

⑦ 不安全行为，指能造成事故的人为错误。

(2) 确定事故的直接原因、间接原因、事故责任者。在分析事故原因时，应根据调查所确认的事实，从直接原因入手逐步深入到间接原因，从而掌握事故的全部原因。通过对直接原因和间接原因的分析，确定事故中的直接责任者和领导责任者，再根据其在事故发生过程中的作用确定主要责任者。

(3) 制定事故预防措施。根据对事故原因的分析，制订防止类似事故再次发生的预防措施，在防范措施中，应把改善劳动生产条件、作业环境和提高安全技术措施水平放在首位，力求从根本上消除危险因素。

3) 建设工程安全事故责任分析

在查清伤亡事故原因后，必须对事故进行责任分析，目的在于使事故责任者、单位领导人和广大职工吸取教训、接受教育、改进安全工作。事故责任分析可以通过事故调查所确认的事实，事故发生的直接原因和间接原因，有关人员的职责、分工和在具体事故中所起的作用，追究其所应负的责任；按照有关组织管理人员及生产技术因素，追究最初造成不安全状态的责任；按照有关技术规定的性质、明确程度、技术难度，追究属于明显违反技术规定的责任；对属于未知领域的责任不予追究。

根据对事故应负责任的程度不同，事故责任者分为直接责任者、主要责任者和领导责任者。

直接责任者指在事故发生中有因果关系的人。例如，安装电器线路，电工把零线与火线接反，造成他人触电身亡，则电工便是直接责任者。

主要责任者是在事故发生中属于主要地位和起主要作用的人。例如，某工地一工人违章从外脚手架爬下时，立体封闭的安全网系绳脱扣将其摔下致伤，因此绑扎此处安全网的架子工便自然成了主要责任者。

重要责任者是在事故责任者中负一定责任、起一定作用，但不起主要作用的人。例如，某公司在职工中实施了联互保协议，一工人违章乘坐提升物料的吊篮下楼，卷扬机司机不观察情况盲目启动下降，同班组与乘坐者签协议的工人也不制止，结果吊篮坠下时造成乘坐者蹲伤，他本人是直接责任者，司机是主要责任者，协议互保人就应是重要责任者。

领导责任者是指忽视安全生产、管理混乱、规章制度不健全、违章指挥、冒险蛮干，对工人不认真进行安全教育，不认真消除事故隐患；或者出现事故以后仍不采取有力措施，致使同类事故重复发生的单位领导。例如，某工地领导只重视进度，强行让工人加班加点，对工人随意拆除防护设施视而不见，造成事故，工地的主要领导和主管安全生产的领导均为领导责任者。

凡对事故责任者的处理在以教育为主的同时还必须根据有关规定、按情节轻重，分别给予经济处罚、行政处分，直至追究刑事责任。对事故责任者的处理意见形成之后，事故责任企业的有关部门必须尽快办理报批手续。

6.4.3 安全事故的报告

根据《生产安全事故报告和调查处理条例》(国务院令第493号)规定：

(1) 事故报告应当及时、准确、完整，任何单位和个人对事故不得迟报、漏报、谎报或者瞒报。事故调查处理应当坚持实事求是、尊重科学的原则，及时、准确地查清事故经过、事故原因和事故损失，查明事故性质、认定事故责任、总结事故教训、提出整改措施，并对事故责任者依法追究责任。

(2) 事故发生后事故现场有关人员应当立即向本单位负责人报告；单位负责人接到报告后，应当于1小时内向事故发生地县级以上人民政府安全生产监督管理部门和负有安全生产监督管理职责的有关部门报告。情况紧急时，事故现场有关人员可以直接向事故发生地县级以上人民政府安全生产监督管理部门和负有安全生产监督管理职责的有关部门报告。

(3) 安全生产监督管理部门和负有安全生产监督管理职责的有关部门逐级上报事故情况，每级上报的时间不得超过2小时。

(4) 报告事故应当包括下列内容：

① 事故发生单位概况；

② 事故发生的时间、地点以及事故现场情况；

③ 事故的简要经过；

④ 事故已经造成或者可能造成的伤亡人数(包括下落不明的人数)和初步估计的直接经济损失；

⑤ 已经采取的措施；

⑥ 其他应当报告的情况。

(5) 事故报告后出现新情况的，应当及时补报。自事故发生之日起30日内，事故造成的伤亡人数发生变化的，应当及时补报。道路交通事故、火灾事故自发生之日起7日内，事故造成的伤亡人数发生变化的，应当及时补报。

(6) 事故发生单位负责人接到事故报告后，应当立即启动事故相应应急预案，或者采取有效措施组织抢救，防止事故扩大，减少人员伤亡和财产损失。

(7) 事故发生后，有关单位和人员应当妥善保护事故现场以及相关证据，任何单位和个人不得破坏事故现场、毁灭相关证据。

因抢救人员、防止事故扩大以及疏通交通等原因，需要移动事故现场物件的，应当做出标志，绘制现场简图并做出书面记录，妥善保存现场重要痕迹、物证。

6.4.4 安全事故处理依据和程序

1. 建设工程安全事故处理依据

进行建设工程安全事故处理的主要依据有四个方面：安全事故的实况资料；具有法律效力的建设工程合同，包括工程承包合同、设计委托合同、材料设备供应合同、分包合同以及监理合同等；有关的技术文件、档案；相关的建设工程法律法规、标准及规范。

前三种是与特定的建设工程密切相关的具有特定性质的依据。第四种法规性依据是具有很高法律性、权威性、约束性、通用性和普遍性的依据，因而它在工程安全事故的处理事务中，也具有极其重要的作用。

1）安全事故的实况资料

（1）施工单位的安全事故调查报告。安全事故发生后，施工单位有责任就所发生的安全事故进行周密的调查、研究，掌握情况，并在此基础上写出调查报告，提交总监理工程师、建设单位和政府有关管理部门。在调查报告中首先就与安全事故有关的实际情况做详尽的说明，其内容应包括：

① 安全事故发生的时间、地点；

② 安全事故状况的描述；

③ 安全事故发展变化的情况(其范围是否继续扩大，程度是否已经稳定等)；

④ 有关安全事故的观测记录、事故现场状态的照片或录像。

（2）监理单位现场调查的资料。其内容大致与施工单位调查报告中有关内容相似，可用来与施工单位所提供的情况对照、核实。

2）有关的技术文件和档案

（1）与设计有关的技术文件。施工图纸和技术说明等设计文件是建设工程施工的重要依据。在处理安全事故中，其作用一方面是可以对照设计文件，核查施工安全生产是否完全符合设计的规定和要求；另一方面是可以根据所发生的安全事故情况，核查设计中是否存在问题或缺陷，是否为导致安全事故的一个原因。

（2）与施工有关的技术文件与资料档案。该类技术文件、资料档案有：

① 施工组织设计或专项施工方案、施工计划。

② 施工记录、施工日志等。据此可以查对发生安全事故的工程施工时的情况，如施工时的气温、降雨、风等有关的自然条件；施工人员的情况；施工工艺与操作过程的情况；使用的材料情况；施工场地、工作面、交通等情况；地质及水文地质情况等。借助这些资料可以追溯和探寻事故的可能原因。

③ 有关建筑材料、施工机具及设备等的质量证明资料。例如，材料批次、出厂日期、出厂合格证或检验报告、施工单位抽检或试验报告等。

④ 有关安全物资，如安全防护用具、材料、设备等的质量证明资料。

⑤ 其他有关资料。

上述各类技术资料对于分析安全事故、原因，判断其发展变化趋势，推断事故影响及严重程度，考虑处理措施等都是不可缺少的，起着重要的作用。

3）有关合同及合同文件

所涉及的合同文件可以是工程承包合同，设计委托合同，设备、器材与材料供应合同，设备租赁合同，分包合同，监理合同等。有关合同和合同文件在处理安全事故中的作用是确定在施工过程中有关各方是否按照合同有关条款实施其活动，借以探寻产生事故的可能原因。

4）相关的建设工程法律法规、标准及规范

2. 施工伤亡事故处理程序

施工现场发生伤亡事故后，其处理程序如下。

1）迅速抢救伤员、保护事故现场

事故发生后，现场人员切不可惊慌失措，要有组织、统一指挥。首先抢救伤亡和排除险情，尽量制止事故蔓延扩大。同时注意，为了事故调查分析的需要，应保护好事故现场。如因抢救伤亡和排除险情而必须移动现场构件时，还应准确做出标记，最好拍出不同角度的照片，为事故调查提供可靠的原始事故现场。

2）组织调查组

特别重大事故由国务院或者国务院授权有关部门组织事故调查组进行调查。重大事故、较大事故、一般事故分别由事故发生地省级人民政府、设区的市级人民政府、县级人民政府负责调查。省级人民政府、设区的市级人民政府、县级人民政府可以直接组织事故调查组进行调查，也可以授权或者委托有关部门组织事故调查组进行调查。未造成人员伤亡的一般事故，县级人民政府也可以委托事故发生单位组织事故调查组进行调查。上级人民政府认为必要时，可以调查由下级人民政府负责调查的事故。自事故发生之日起30日内(道路交通事故、火灾事故自发生之日起7日内)，因事故伤亡人数变化导致事故等级发生变化，依照本条例规定应当由上级人民政府负责调查的，上级人民政府可以另行组织事故调查组进行调查。特别重大事故以下等级事故，事故发生地与事故发生单位不在同一个县级以上行政区域的，由事故发生地人民政府负责调查，事故发生单位所在地人民政府应当派人参加。事故调查组的组成应当遵循精简、效能的原则。根据事故的具体情况，事故调查组由有关人民政府、安全生产监督管理部门、负有安全生产监督管理职责的有关部门、监察机关、公安机关以及工会派人组成，并应当邀请人民检察院派人参加。事故调查组可以聘请有关专家参与调查。事故调查组成员应当具有事故调查所需要的知识和专长，并与所调查的事故没有直接利害关系。事故调查组履行下列职责。

(1) 查明事故发生的经过、原因、人员伤亡情况及直接经济损失。

(2) 认定事故的性质和事故责任，提出对事故责任者的处理建议。

(3) 总结事故教训，提出防范和整改措施，提交事故调查报告。

事故调查组应当自事故发生之日起60日内提交事故调查报告；特殊情况下，经负责事故调查的人民政府批准，提交事故调查报告的期限可以适当延长，但延长的期限最长不超过60日。

3）现场勘察

调查组成立后，应立即对事故现场进行勘察。现场勘察是项技术性很强的工作，涉及广泛的科学技术知识和实践经验，因此勘察时必须及时、全面、细致、准确、客观地反映原始面貌，其勘察的主要内容有以下几点。

(1) 作出笔录：发生事故的时间、地点、气象等；现场勘察人员的姓名、单位、职务；现场勘察起止时间、勘察过程；能量逸散所造成的破坏情况、状态、程度；设施设备损坏或异常情况及事故发生前后的位置；事故发生前的劳动组合，现场人员的具体位置和行动；重要物证的特征、位置及检验情况等。

(2) 实物拍照包括：①方位拍照，反映事故现场周围环境中的位置；②全面拍照，反映事故现场各部位之间的联系；③中心拍照，反映事故现场的中心情况；④细目拍照，揭示事故直接原因的痕迹物、致害物等；⑤人体拍照，反映伤亡者主要受伤和造成伤害的部位。

(3) 现场绘图。根据事故的类别和规模以及调查工作的需要应绘制出下列示意图。①建筑物平面图、剖面图；②事故发生时人员位置及疏散(活动)图；③破坏物立体图或展开图；④涉及范围图；⑤设备或工、器具构造图等。

4) 分析事故原因、确定事故性质

事故调查分析的目的是为了通过认真调查研究搞清事故原因，以便从中吸取教训，采取相应措施，防止类似事故重复发生，分析的步骤和要求是：

(1) 通过详细地调查查明事故发生的经过。要弄清事故的各种产生因素，如人、物、生产和技术管理、生产和社会环境、机械设备的状态等方面的问题，经过认真、客观、全面、细致、准确的分析，确定事故的性质和责任。

(2) 事故分析时，首先整理和仔细阅读调查材料，按 GB 6411—1986 标准附录 A，对受伤部位、受伤性质、起因物、致害物、伤害方法、不安全行为和不安全状态等 7 项内容进行分析。

(3) 在分析事故原因时，应根据调查所确认的事实从直接原因入手，逐步深入到间接原因。通过对原因的分析确定出事故的直接责任者和领导责任者，根据在事故发生中的作用，找出主要责任者。

(4) 确定事故的性质。工地发生伤亡事故的性质通常可分为责任事故、非责任事故和破坏性事故。责任事故，由人为造成的事故，即在可以预见、可以采取安全措施和可以抗拒的情况下，由于人为的过失而发生的事故。非责任事故，非人为过失造成的事故，包括人们不能预见或不可抗拒的自然条件变化引起的事故，在技术改造、发明创造和科学试验活动中，由于科学技术发展水平和客观条件的限制而无法预见的事故。破坏性事故，为达到某种目的蓄谋、故意制造的事故。事故的性质确定后，也就可以采取不同的处理方法和手段了。

(5) 根据事故发生的原因，找出防止发生类似事故的具体措施，并应定人、定时间、定标准，完成措施的全部内容。

5) 写出事故调查报告

事故调查报告应当包括下列内容。

(1) 事故发生单位概况。

(2) 事故发生经过和事故救援情况。

(3) 事故造成的人员伤亡和直接经济损失。

(4) 事故发生的原因和事故性质。

(5) 事故责任的认定以及对事故责任者的处理建议。

(6) 事故防范和整改措施。

事故调查报告应当附具有关证据材料。事故调查组成员应当在事故调查报告上签名。事故调查报告报送负责事故调查的人民政府后，事故调查工作即告结束。事故调查的有关资料应当归档保存。

6）事故的审理和结案

监理工程师应注意施工企业处理建设工程安全事故的原则，即“四不放过”的原则：安全事故原因未查清不放过；职工和事故责任人受不到教育不放过；事故隐患不整改不放过和事故责任人不处理不放过。

重大事故、较大事故、一般事故，负责事故调查的人民政府应当自收到事故调查报告之日起15日内做出批复；特别重大事故，30日内做出批复，特殊情况下批复时间可以适当延长，但延长的时间最长不超过30日。

有关机关应当按照人民政府的批复，依照法律、行政法规规定的权限和程序，对事故发生单位和有关人员进行行政处罚，对负有事故责任的国家工作人员进行处分。

事故发生单位应当按照负责事故调查的人民政府的批复，对本单位负有事故责任的人员进行处理。

负有事故责任的人员涉嫌犯罪的，依法追究刑事责任。

事故发生单位应当认真吸取事故教训，落实防范和整改措施，防止事故再次发生。防范和整改措施的落实情况应当接受工会和职工的监督。

安全生产监督管理部门和负有安全生产监督管理职责的有关部门应当对事故发生单位落实防范和整改措施的情况进行监督检查。

事故处理的情况由负责事故调查的人民政府或者其授权的有关部门、机构向社会公布，依法应当保密的除外。

6.5 安全事故应急救援

6.5.1 事故应急救援的基本任务

事故应急救援的总目标是通过有效的应急救援行动尽可能地降低事故的后果，包括人员伤亡、财产损失和环境破坏等。事故应急救援的基本任务包括下述几个方面。

(1) 立即组织营救受害人员，组织撤离或者采取其他措施保护危害区域内的其他人员。

(2) 迅速控制事态，并对事故造成的危害进行检测、监测，测定事故的危害区域、危害性质及危害程度。及时控制住造成事故的危险源是应急救援工作的重要任务。

(3) 消除危害后果，做好现场恢复。

(4) 查清事故原因，评估危害程度。

6.5.2 事故应急救援的特点

应急工作涉及技术事故、自然灾害(引发)、城市生命线、重大工程、公共活动场所、公共交通、公共卫生和人为突发事件等多个公共安全领域，构成一个复杂巨系统，具有不确定性、突发性、复杂性和后果、影响易猝变、激化、放大的特点。

6.5.3 事故应急救援管理过程

尽管重大事故的发生具有突发性和偶然性，但重大事故的应急管理不只限于事故发生后的应急救援行动。应急管理是对重大事故的全过程管理，贯穿于事故发生前、中、后的各个过程，充分体现了“预防为主，常备不懈”的应急思想。应急管理是一个动态的过程，包括预防、准备、响应和恢复4个阶段。尽管在实际情况中这些阶段往往是交叉的，但每一阶段都有自己明确的目标，而且每一阶段又是构筑在前一阶段的基础之上，因而预防、准备、响应和恢复的相互关联构成了重大事故应急管理的循环过程。

1. 预防

在应急管理中预防有两层含义：一是事故的预防工作，即通过安全管理和安全技术等手段，尽可能地防止事故的发生，实现本质安全；二是在假定事故必然发生的前提下，通过预先采取的预防措施，达到减缓或降低事故的影响或后果的严重程度，如加大建筑物的安全距离、工厂选址的安全规划、减少危险物品的存量、设置防护墙以及开展公众教育等。

特别提示

凡事预则立，不预则废。“所有事故都可以预防。”这就是新安全观最重要的内容。从长远看，低成本、高效率的预防措施是减少事故损失的关键。

2. 准备

应急准备是应急管理过程中一个极其关键的过程。该过程是针对可能发生的事故，为迅速有效地开展应急行动而预先所做的各种准备，包括应急体系的建立、有关部门和人员职责的落实、预案的编制、应急队伍的建设、应急设备(设施)与物资的准备和维护、预案的演练、与外部应急力量的衔接等，其目标是保持重大事故应急救援所需的应急能力。

3. 响应

应急响应是在事故发生后立即采取的应急与救援行动，包括事故的报警与通报、人员的紧急疏散、急救与医疗、消防和工程抢险措施、信息收集与应急决策和外部求援等。其目标是尽可能地抢救受害人员，保护可能受威胁的人群，尽可能控制并消除事故。

4. 恢复

恢复工作应在事故发生后立即进行。首先应使事故影响区域恢复到相对安全的基本状态，然后逐步恢复到正常状态。要求立即进行的恢复工作包括事故损失评估、原因调查、清理废墟等。在短期恢复工作中，应注意避免出现新的紧急情况。长期恢复包括厂区重建和受影响区域的重新规划和发展。在长期恢复工作中，应汲取事故和应急救援的经验教训，开展进一步的预防工作和减灾行动。

6.5.4 事故应急救援预案

事故应急预案在应急系统中起着关键作用，明确了在突发事故发生之前、发生过程中以及刚刚结束之后，谁负责做什么、何时做，以及相应的策略和资源准备等。该预案是针对可能发生的重大事故及其影响和后果的严重程度，为应急准备和应急响应的各个方面所预先做出的详细安排，是开展及时、有序和有效事故应急救援工作的行动指南。

1. 事故应急救援预案的重要作用

(1) 应急预案明确了应急救援的范围和体系，使应急准备和应急管理不再是无据可依、无章可循，尤其是培训和演习工作的开展。

(2) 制订应急预案有利于做出及时的应急响应，降低事故的危害程度。

(3) 事故应急预案成为各类突发重大事故的应急基础。通过编制基本应急预案可保证应急预案足够灵活，对那些事先无法预料到的突发事件或事故，也可以起到基本的应急指导作用，成为开展应急救援的“底线”。在此基础上，可以针对特定危害编制专项应急预案，有针对性地制订应急措施、进行专项应急准备和演习。

(4) 当发生超过应急能力的重大事故时，便于与上级应急部门的协调。

(5) 有利于提高风险防范意识。

2. 事故应急救援预案的编制过程

应急预案的编制应包括下面5个过程：

(1) 成立由各有关部门组成的预案编制小组，指定负责人。

(2) 危险分析和应急能力评估。辨识可能发生的重大事故风险，并进行影响范围和后果分析(即危险识别、脆弱性分析和风险分析)；分析应急资源需求，评估现有的应急能力。

(3) 编制应急预案。根据危险分析和应急能力评估的结果，确定最佳的应急策略。

(4) 应急预案的评审与发布。预案编制后应组织开展预案的评审工作，包括内部评审和外部评审，以确保应急预案的科学性、合理性以及与实际情况的符合性。预案经评审完善后，由主要负责人签署发布，并按规定报送上级有关部门备案。

(5) 应急预案的实施。预案经批准发布后，应组织落实预案中的各项工作，如开展应急预案宣传、教育和培训，落实应急资源并定期检查，组织开展应急演习和训练，建立电子化的应急预案，对应急预案实施动态管理与更新并不断完善。

3. 事故应急救援预案的演练与评审

可采用不同规模的应急演练方法对应急预案的完整性和周密性进行评估，如桌面演练、功能演练和全面演练等。

1) 桌面演练

桌面演练是指由应急组织的代表或关键岗位人员参加的，按照应急预案及其标准工作程序，讨论紧急情况时应采取行动的演练活动。桌面演练的特点是对演练情景进行口头演练，一般是在会议室内举行。其主要目的是锻炼参演人员解决问题的能力，以及解决应急组织相互协作和职责划分的问题。桌面演练一般仅限于有限的应急响应和内部协调活动，应急人员主要来自本地应急组织，事后一般采取口头评论形式收集参演人员的建议，并提交一份简短的书面报告，总结演练活动和提出有关改进应急响应工作的建议。桌面演练方法成本较低，主要为功能演练和全面演练做准备。

2) 功能演练

功能演练是指针对某项应急响应功能或其中某些应急响应行动举行的演练活动，主要目的是针对应急响应功能，检验应急人员以及应急体系的策划和响应能力。例如，指挥和控制功能的演练，其目的是检测、评价多个政府部门在紧急状态下实现集权式的运行和响应能力，演练地点主要集中在若干个应急指挥中心或现场指挥部，并开展有限的现场活动，调用有限的外部资源。功能演练比桌面演练规模要大，需动员更多的应急人员和机构，因而协调工作的难度也随着更多组织的参与而加大。演练完成后，除采取口头评论形式外，还应向地方提交有关演练活动的书面汇报，提出改进建议。

3）全面演练

全面演练指针对应急预案中全部或大部分应急响应功能，检验、评价应急组织应急运行能力的演练活动。全面演练一般要求持续几个小时采取交互式方式进行，演练过程要求尽量真实，调用更多的应急人员和资源，并开展人员、设备及其他资源的实战性演练，以检验相互协调的应急响应能力。与功能演练类似，演练完成后，除采取口头评论、书面汇报外，还应提交正式的书面报告。

本章小结

本章主要介绍了风险的定义与相关概念、风险的分类、建设工程风险与风险管理、风险识别的方法和风险评价方法，着重掌握风险损失控制和风险转移的方法；同时又介绍了事故的致因理论，如海因里希事故因果连锁论、现代事故因果连锁、能量意外释放理论、轨迹交叉论，也介绍了危险源的定义和分类，给事故的原因分析提供思路。本章也介绍了伤亡事故的类别、建设工程安全事故的特点，安全事故发生后如何进行报告，以及安全事故处理依据和程序。本章也强调了事故应急救援的基本任务、特点和事故应急救援管理过程(四个层次：预防、准备、响应、恢复)；事故应急救援预案的重要作用和加强应急演练。

思考与拓展题

6—1 单项选择题

1. 风险实质上是指一种(　　)。

A. 主观臆测　　B. 肯定性　　C. 随机性　　D. 不确定性

2. 风险量是一个衡量(　　)的变量。

A. 风险大小　　B. 风险事件发生的概率

C. 风险事件发生对项目目标的影响程度　　D. 风险发生的可能性

3. 风险因素是指能(　　)损失概率和损失程度的条件或因素，是风险事件发生的潜在原因，是造成损失的内在或间接原因。

A. 产生或消除　　B. 减少或参加　　C. 产生或增加　　D. 消除或减少

4. 造成损失的偶发事件，即造成损失的外在原因或直接原因，称为(　　)。

A. 风险因素　　B. 风险事件　　C. 风险原因　　D. 损失几率

5. 风险损失的衡量就是定量确定(　　)的大小。

A. 风险发生概率　　B. 风险客观概率　　C. 风险损失值　　D. 风险量

6. 下列关于风险管理的叙述，错误的是(　　)。

A. 风险管理是为了达到一个组织的既定目标，而对组织所承担的各种风险进行管理的系统过程

B. 风险管理采取的方法应符合公众利益、人身安全、环境保护以及有关的法规的要求

C. 风险管理包括策划、组织、领导、协调和控制等方面的工作

D. 风险管理的工作流程为：风险分析—风险辨识—风险控制—风险转移

7. 建设工程风险识别的结果是(　　)。

A. 建设工程风险分解　　B. 识别建设工程风险后果

C. 建立建设工程初始风险清单　　D. 建立建设工程风险清单

8. 用事故发生的频率和事故后果的严重程度来判断安全风险的等级时，若事故发生的可能性很小，事故后果可能造成重大损失(严重伤害)，则风险所属的等级为(　　)。

A. Ⅰ——可忽略风险　　B. Ⅱ——可容许风险

C. Ⅲ——中度风险　　D. Ⅳ——重大风险

9. 若风险事件甲的发生概率大于风险事件乙的发生概率，但风险事件甲的潜在损失小于风险事件乙的潜在损失，则甲、乙两风险事件的风险量(　　)。

A. 肯定相等　　B. 甲＞乙　　C. 可能相等　　D. 甲＜乙

10. 承包商要求业主提供付款担保，属于承包商的(　　)的风险对策。

A. 保险转移　　B. 非保险转移　　C. 损失控制　　D. 风险回避

11. 在固定总价合同中，承包商的风险主要是价格风险和(　　)。

A. 人员安全事故风险　　B. 工作量风险

C. 不可抗力风险　　D. 技术管理风险

12. 采用工程保险转移工程风险的缺点之一是投保人可能产生心理麻痹而疏于损失控制，以致增加(　　)。

A. 潜在损失和隐蔽损失　　B. 隐蔽损失和实际损失

C. 实际损失和未投保损失　　D. 未投保损失和潜在损失

13. 下列不属于建设工程项目组织风险的是(　　)。

A. 承包商管理人员和一般技工的能力

B. 施工机械操作人员的能力和经验

C. 损失控制和安全管理人员的资历和能力

D. 合同风险

14. 不是监理工程师的失职行为有(　　)。

A. 未请质监站参与验收　　B. 该检查的未检查

C. 未向有关各方提出专业建议　　D. 该巡视的未巡视

15. 监理工程师风险主要来源于(　　)。

A. 决策错误风险　　B. 材料供应商履约不力或违约

C. 设计错误　　D. 职业责任风险

16. 以下各种情况下，属于监理工程师风险的是(　　)。

A. 工程设计不当而造成的损失

B. 在工程所在国发生的战争、敌对行动、外敌入侵等

C. 资金筹措困难

D. 自身的能力和水平不适应

6—2　多项选择题

1. 以一定的方式中断风险源，使风险不发生或不再发生，这一风险对策称为(　　)。

A. 风险回避　　B. 损失控制　　C. 风险自留

D. 风险转移　　E. 保险

2. 下列风险对策中，属于非保险转移的有(　　)。

A. 业主与承包商签订固定总价合同　　B. 在外资项目上采用多种货币结算

C. 设立风险专用基金　　D. 总承包商将专业工程内容分包

E. 业主要求承包商提供履约保证

3. 下列属于建设工程项目风险类型中的技术风险的是(　　)。

A. 工程设计文件　　B. 工程物资

C. 人身安全控制计划　　D. 工程机械

E. 信息安全控制计划

6—3　思考题

1. 试论监理工程师如何规避职业责任风险进行自我保护。

2. 请指出本章介绍了哪几种安全事故的致因分析理论，并说出各自的原理。

3. 请区别第一类危险源和第二类危险源以及二者之间的关系如何?

4. 建设工程施工中最主要的事故类型有哪些?

5. 根据生产安全事故造成的人员伤亡或者直接经济损失，事故等级如何划分?

6. 安全事故一旦发生，应如何进行报告?

7. 简述安全事故的处理程序。

8. 说说你对事故应急救援预案的重要性认识。

9. 如何详细编制事故应急救援预案?

6—4　案例题

1. 某工业建设工程项目建设单位委托了一家监理单位协助组织工程招标并负责施工监理工作。总监理工程师在主持编制监理规划时，安排了一位专业监理工程师负责该建设项目风险分析和相应监理规划内容的编写工作。经过风险识别、评价，按风险量的大小将该项目中的风险归纳为大、中、小三类。根据该建设项目的具体情况，监理工程师对建设单位的风险事件提出了风险决策，相应制订了风险控制措施(见表 6-6)。

表 6-6　风险对策和风险控制措施

序号	风险事件	风险对策	控制措施
1	通货膨胀	风险转移	建设单位与承包单位签订固定总价合同
2	承包单位技术、管理水平低	风险回避	出现问题向承包单位索赔
3	承包单位违约	风险转移	要求承包单位提供第三方担保或提供履约保函

续表

序号	风险事件	风险对策	控制措施
4	建设单位购买的昂贵设备运输过程中的意外事故	风险转移	从现金净收入中支出
5	第三方责任	风险自留	建立非基金储备

【问题】

(1) 针对监理工程师提出的风险转移、风险回避和风险自留三种风险对策，指出各自的适用对象(指风险量大小)。

(2) 分析监理工程师在表6-6中提出的各项风险控制措施是否正确？说明理由。

2. 某大型多层厂房工程，业主把招标和施工阶段的监理任务委托给某监理公司，总监工程师建议业主进行工程保险以便转移所有的风险并认为这是最有效的风险转移方式。

【问题】

(1) 工程保险可以转移所有风险吗？为什么？

(2) 什么是最有效的风险转移方式？

3. 某大型多层厂房工程，业主把招标和施工阶段的监理任务委托给某监理公司，总监工程师在监理预备会上强调了监理工程师要提高风险意识，有正确的利用风险识别的方法识别风险。

【问题】

风险识别的方法有几种？

第 7 章

建设工程安全监理相关案例

课程标准

课程内容	知识要点	教学目标
高处坠落	事故案例原因和责任分析以及预防措施	能进行高处坠落事故案例分析
物体打击	事故案例原因和责任分析以及预防措施	能进行物体打击事故案例分析
坍塌事故	事故案例原因和责任分析以及预防措施	能进行坍塌事故案例分析
起重伤害	事故案例原因和责任分析以及预防措施	能进行起重伤害事故案例分析
机械伤害	事故案例原因和责任分析以及预防措施	能进行机械伤害事故案例分析
触电事故	事故案例原因和责任分析以及预防措施	能进行触电事故案例分析
中毒和窒息	事故案例原因和责任分析以及预防措施	能进行中毒事故案例分析
火灾事故	事故案例原因和责任分析以及预防措施	能进行火灾事故案例分析
拆除事故	事故案例原因和责任分析以及预防措施	能进行拆除事故案例分析

▶▶章节导读

在一个工地上，有个工人戴着安全帽还被空中坠物砸伤了。检查发现，安全帽上的裂纹沾满了油污，证明破损早就存在，是一顶破损的安全帽。事故分析：人的不安全行为是戴了顶破损的安全帽，物的不安全因素是安全帽破损，整改措施是废弃这顶安全帽。按照新安全观分析，为什么安全检查中没能发现安全帽破损？安全意识教育是否到位？为什么明知破损还要戴在头上？安全帽在采购、保管、使用的哪个环节出现了问题？怎样避免类似事件发生？安全监理是否失职？为什么会出现空中坠物……会有一连串的问题，最后归结为一点，是管理问题。所有的安全问题都是管理问题，所有的事故都是可以预防的。一旦发生事故，就证明没能够有效预防，就需要弄明白究竟是谁拔开了瓶塞，让魔鬼冲出了魔瓶。本章通过对高处坠落、物体打击、坍塌事故、起重伤害、机械伤害、触电事故、中毒和窒息、火灾事故以及拆除事故等案例进行原因和责任分析，提出了一些针对性的预防措施。

特别提示

造成事故的因素有五个，哪个事故都逃不过人、机、料、法、环这个“五行轮”。“人”指的是所有的设备都是由人来操作的，“机”是机械设备，“料”是所用的材料、燃料，“法”是生产运行和维修的方法和必须遵守的法则，“环”是环境。这五个因素穿在一根轴上，但又按照自己的规律在各自的圆盘上运行，每个圆盘上都已经存在或者正在出现不同的漏洞。不安全因素就像一个不间断的光源，当这束光源能够穿透所有五个圆盘时，事故就发生了。由于人的不安全行为导致的事故大约占事故总数的80%～90%。人、机、料、法、环五个圆盘，人永远是第一位的。人人尽到了责任，圆盘就不会出现漏洞，就不会透光，就不会出现事故。

7.1 高处坠落

高处坠落是指在高处作业中发生坠落造成的伤害事故，不包括触电坠落事故。高处坠落事故一直是施工现场“五大伤害”事故之首，事故原因主要有人的因素和物的因素两方面。防止发生这类事故主要有以下措施。

(1) 要加强安全生产管理。

(2) 认真做好三级安全教育，杜绝“三违”。

(3) 加强安全生产投入。

(4) 有针对性地制订专项施工方案，严格执行有关安全的标准、规范。

(5) 加强日常检查，落实安全生产责任制。

7.1.1 坠落事故一

1. 事故概况

某市政桥梁基坑开挖工程，基坑深6.5m，用灌注桩和旋喷桩挡土及止水，因有渗漏，项目经理赵某亲自指挥堵漏，晚6时30分左右在坑边观察检查。因当时天已黑，仅基坑内侧有碘钨灯照明，坑边光线暗淡，赵观察时失足坠入坑底死亡。

2. 事故原因分析

1) 直接原因

死者赵某缺乏安全意识，不戴安全帽，在无防护栏的基坑边缘冒险观察、指挥作业。

2) 间接原因

(1) 基坑边未按规定设置防护栏及防护网措施。

(2) 作业环境不佳，天色已晚照明亮度不足，坑边不平整，杂物散落较多形成一定障碍。

3. 事故责任分析

(1) 死者赵某安全意识淡薄，对事故负直接责任。

(2) 施工单位负责人对施工现场指导、监督不力，对事故负有一定的责任。

(3) 施工单位法定代表人对职工安全教育不够，安全监督不力，对事故发生负领导责任。

(4) 该项目部未按规定在基坑边缘设置防护栏和防护网，对事故发生负有一定的责任。

7.1.2 坠落事故二

1. 事故概况

某燃气工程低压湿式储气罐油漆工程，沿储罐壁油漆时为在高处工作方便省时、省料，特搭设一高架活动工作平台，平台架用钢绳牵引可沿罐壁慢慢移动，平台上设护栏，工作时上可同时站 3 人工作，工作时平台架上下临时固定。在一次工作面完成后需移动平台架时，先行解除台架下部临时固定，而上部临时固定忘记解开，下部移动时上部未动，造成台架倾倒，3 名油漆工从台架上坠落，2 人死亡，1 人重伤。

2. 事故原因分析

1) 直接原因

负责移架操作人员刘某工作严重失职，未通知平台上操作人员解除临时固定就开机移动台架，造成台架倾覆。

2) 间接原因

(1) 移动台架时现场无专人指挥、监护，以至操作人员失误时没有得到及时至止和纠正。

(2) 该项操作涉及的人员较多，对台架移动等作业程序交底不细、分工不明，责任划分不清。

3. 事故责任分析

(1) 移架操作人员刘某工作严重失职，负直接责任。

(2) 现场专职安全员金某对该项操作程序交底不细，未亲自指挥、监护，也未指定专人指挥，负主要责任。

(3) 项目经理陆某对该项工作存在一定的隐性危险缺乏预见，未尽到审查、检查、督促作用，负重要责任。

(4) 施工单位总经理朱某，作为企业安全生产第一责任人，安全生产责任制不落实，对事故负重要领导责任。

(5) 施工单位安全生产意识淡薄，对事故负重要管理责任。

(6) 建设单位对事故负一定管理责任。

7.1.3 坠落事故三

1. 事故概况

在对货用施工升降机拆迁过程中发生一起吊笼坠落事故。某日安全员钱某、架子工班长孙某召集李某、王某、张某、徐某、朱某、杨某(其中徐、朱、杨是前一天由孙某临时招募来的，张某也没有升降机拆装资格证)6 人准备拆卸 2 号升降机。当最后一批物料运完后开始拆卸升降机。根据分工，张某、徐某、朱某、杨某 4 人到井架顶端拆卸吊笼上的钢丝绳，由李某将乘载 4 人的吊笼由地面升至井架顶部后，他们分别用钢管把吊笼架住，然后开始拆卸吊笼上四根钢丝绳中的三根，留一根钢绳吊住吊笼，在地面的李某、王某把拆下来的钢丝绳盘绕在卷扬机的小卷筒上。

当钢丝绳拆卸完后，顶部的作业人员要求把吊笼往上升，以便把架住吊笼的钢管拔出。这时孙某指挥王某操作升降机的开关，将吊笼往上升。当钢管拔出后，4 人进入吊笼并要求把吊笼降下去。

当吊笼往下降了 7 米左右时，溢出在小卷筒上的钢丝绳缠到拽引轮和减速器的夹缝中被卡住，由于吊笼中有 4 人，吊笼重力致使钢丝绳被拉断，吊笼从 60 米高处坠落。1 名拆卸作业人员当场死亡，另 3 名送至医院抢救无效死亡。

2. 事故原因分析

1) 直接原因

升降机拆卸作业违反作业程序和升降机违规载人运行，导致钢丝绳断裂，造成升降机吊笼坠落。

2) 间接原因

(1) 架子工班长孙某无视安全生产，组织无升降机拆卸资格的人员拆卸升降机。特别是在 1 号升降机拆卸后作业人员觉得太危险，不愿再拆。孙某再次招募无拆卸资格的人员，继续冒险拆卸 2 号升降机。

(2) 施工单位安全生产意识淡薄。劳务用工不规范，尤其在工程收尾阶段。施工现场管理混乱，安全防护措施不落实。升降机拆卸未履行报审手续，并将升降机拆卸交付给无升降机拆卸资格的架子工孙某等进行，导致事故发生。

(3) 升降机断绳防坠装置缺少日常维护。断绳防坠器护罩未能有效阻止尘土进入，以致吊笼下坠时，防坠器未能动作，未起到有效防坠作用。

(4) 监理公司未认真监理安全生产监管职责，虽未接到劳务公司关于要求拆卸升降机的报审报告，但现场监理人员在工地巡视中发现升降机正在拆卸，对施工单位未报审即拆卸，没有采取有效措施予以制止。

(5) 质量安全监督站对存在的安全隐患检查督办不力。

3. 事故责任分析

(1) 张某 4 人无拆装资格参与升降机拆装，违规冒险乘升降机至顶端作业。更为严重的是升降机四根钢丝绳拆除三根后他们还冒险降升降机而下，酿成事故。张某 4 人对事故负直接责任。

（2）班长孙某招用无升降机拆卸资格的人员参与拆卸作业，在拆卸过程中又未按施工方案、程序进行，对作业人员乘升降机上下的严重违规行为，未及时加以制止，同时还指挥无操作资格的王某操作卷扬机，对事故负主要责任。

（3）现场安全员钱某对无升降机拆卸资格的人员参与拆卸作业及乘升降机上下的严重违规行为，未及时采取有效措施给予制止，对事故负重要责任。

（4）施工单位项目负责人吴某对升降机拆卸未按规定办理报审手续，对上岗人员资格未把关审查，对事故负主要领导责任。

（5）施工单位总经理周某，作为企业安全生产第一责任人，扫尾阶段现场管理混乱，用工不规范，安全生产责任制不落实，对事故负重要领导责任。

（6）施工单位安全生产意识淡薄，对事故负重要管理责任。

（7）监理公司对事故负重要监理责任，经济处罚。

（8）建设单位对事故负一定管理责任。

特别提示

事故统计分析表明，80%以上的建筑伤亡事故是违章指挥、违章作业、违反劳动纪律，即“三违”造成的。违章必须要处罚，“处罚是个宝，安全不能少。”处罚本来是处理加必要的惩罚。处罚只是作为一种手段，目的是通过处罚，教育当事人和广大员工遵章守纪，不出事故。

7.2 物体打击

物体打击是指物体在重力或其他外力的作用下产生运动，打击人体而造成人身伤亡事故，不包括主体机械设备、车辆、起重机械、坍塌等引发的物体打击。物体打击是建筑业常见的五大伤害之一，特别是在施工周期短，劳动力、施工机械、物料投入较多，交叉作业时常有发生。这就要求高处作业人员对机械运行、物料传接、工具存放过程中都必须确保安全，防止物体坠落伤人事故发生。

物体打击事故发生的原因是多方面的，有安全交底不清、安全培训教育不到位、职工安全意识淡薄、违章操作等。

预防物体打击，主要应做到以下几点。

（1）切实做好安全教育和安全交底，增强职工安全生产意识。

（2）施工现场特别是拆除工程，应有专项施工方案，并按要求设防护隔离棚和护栏，设置警示标志和搭设围网。

（3）安全防护用品要保证质量，及时调换、更新。

（4）经常检查地锚埋设的牢固程度和钢丝绳的使用情况。

（5）严格按照吊装技术操作规程作业。

（6）改正不良作业习惯，严禁往下或往上抛掷建材、杂物，不乱堆乱放。

（7）及时清理脚手架上堆放的材料，做到不超重、不超高、不乱堆乱放。

7.2.1 物体打击事故案例一

1. 事故概况

货车司机沈某将钢筋运到现场后，没有通知材料员，直接与塔式起重机司机罗某联系，让本来在吊运构件的工作停下，自己动手将钢丝绳吊索捆扎钢筋并指挥罗某吊运，当吊运至距钢筋料场约3m，高约5m时，钢丝绳突然断裂，钢筋下坠，其中一根砸中在构件料场休息的刘某，致重伤经医院抢救无效死亡。

2. 事故原因分析

1）直接原因

起吊钢丝绳强度不符合要求，以致吊螺纹钢时，突然绷断。

2）间接原因

(1) 货车司机擅自绑扎指挥起吊。

(2) 塔式起重机司机违章操作，下面有在休息人员的情况下还起吊。

(3) 现场管理人员及作业人员安全意识不强。

(4) 项目部现场管理不严，对安全设施未及时进行检查，以至钢丝绳吊索有硬伤仍超负荷使用造成断裂。

3. 事故责任分析

(1) 货车司机违章指挥应负主要责任。

(2) 塔式起重机司机违反“十不吊”规章制度，负次要责任。

(3) 现场施工员对现场出现多次违章行为未及时进行制止，负重要管理责任。

(4) 项目经理对现场管理不力，对机械设施管理不到位，负主要管理责任。

(5) 单位负责人对该工程安全检查、监督不够重视，应负领导责任。

7.2.2 物体打击事故案例二

1. 事故概况

某工程装饰分包单位在拆外墙装饰脚手架时，其中一人将十步架拆除后的钢管放在十步架上(高18m)，其中一根钢管从摆放的架子上滑落，击中从下面走过的张某头部，致其当场击昏，经医院抢救无效死亡。

2. 事故原因分析

(1) 总包项目部现场管理不严，原招标项目经理(一级)长期不到岗，由王某(三级)超资质负责项目管理。项目部未有效落实安全生产责任制，未履行总包安全总负责的职责，对分包单位职工未进行三级安全教育。

(2) 现场管理松懈，脚手架搭设不规范，高处作业安全技术措施不落实，拆除脚手架时未设安全警戒和围护，也未派专人监护。

(3) 分包单位在现场未落实任何安全制度，对作业人员未进行安全教育，各项安全活动均未开展，作业人员安全意识差。

(4) 架子工班组未经项目部同意，在未设安全警戒和围护的情况下，未进行安全技术交底，就擅自作业又违章操作，没及时将拆除的钢管运至地面是事故发生的重要原因。

(5) 死者自我保护意识差，未戴安全帽冒险从脚手架下行走是事故发生的直接原因。

3. 事故责任分析

(1) 总包单位未履行现场安全总负责职责，安全责任制不落实，技术措施不落实，对事故负主要责任。

(2) 分包单位在现场未落实任何安全制度，未开展各项安全活动，对作业人员未进行安全教育，应负重要责任。

(3) 架子工班长擅自作业，在未设安全警戒和围护的情况下违章操作，对事故负直接责任。

7.3 坍塌事故

坍塌是指物体在外力或重力作用下，超过自身的强度极限或因结构稳定性破坏而造成的事故，如挖沟时的土石塌方、脚手架坍塌、堆置物倒塌、建筑物坍塌等，不包括矿山冒顶片帮和车辆、起重机械、爆破引起的坍塌。2011 年 3 月 30 日，国务院安委会办公室关于印发《工程建设领域建筑施工预防坍塌事故专项整治工作方案》的通知要求：为认真贯彻落实《国务院关于进一步加强企业安全生产工作的通知》(国发[2010]23 号)、《国务院办公厅关于继续深化“安全生产年”活动的通知》(国办发[2011]11 号)和全国安全生产电视电话会议、全国安全生产工作会议精神，进一步加强工程建设领域建筑施工安全生产监督管理，遏制重特大事故发生，国务院安委会办公室研究决定开展工程建设领域建筑施工预防坍塌事故专项整治工作。通过专项整治，进一步加强施工现场安全监管力度，促进工程建设各方主体责任的落实，完善安全生产管理体系，推进施工现场安全生产标准化建设，着重解决工程建设领域建筑施工安全监督管理中存在的突出问题和薄弱环节，狠抓隐患排查治理，纠正违规违章行为，提高建筑施工安全生产的总体水平，有效预防高大模板支撑体系、起重机械、桥梁、隧道、深基坑、高边坡等施工坍塌事故，坚决遏制建筑施工坍塌事故特别是较大事故上升势头，努力实现 2011 年度建筑业坍塌事故死亡人数下降幅度不低于 3%，较大事故起数下降幅度不低于 3.5%的目标。房屋与市政工程建设：由住房城乡建设部负责组织实施，以预防建筑施工高大模板支撑体系坍塌和基坑坍塌等为重点开展专项整治工作。行业主管部门要依据本行业(领域)工程建设的特点、紧紧抓住施工坍塌事故易发、多发的主要问题和薄弱环节，重点突破，标本兼治，重在治本，抓出成效。要有针对性地开展工作，既要抓住汛期、事故多发期等重点时段，以及重点工程的重点部位、重要设施、关键装备和关键岗位，也要注重日常安全监管和监督检查，兼顾其他作业场所和岗位，做到深入细致、横向到边、纵向到底、不留死角，努力遏制坍塌事故的发生。国内近年来在建筑施工中经常发生建筑物、脚手架、模板支架、土方等坍塌及塔吊等起重设备倒塌事故，给人民生命财产造成了巨大损失。为此我们必须认真分析事故原因，总结经验教训，采取有效改进措施，才能防止类似事故重复发生。

1. 坍塌事故发生的主要原因

(1) 安全教育不到位，施工人员缺乏安全意识和自我保护能力，冒险蛮干。

(2) 施工现场管理混乱。

(3) 施工方案编审不完善，搭设不规范。

(4) 现场布置不合理。

(5) 缺乏季节性施工准备。

2. 预防坍塌事故的主要措施

(1) 按照建筑施工安全技术标准、规范编制施工方案，制定专项安全技术措施。

(2) 基坑开挖前必须做好降(排)水工作，并采取保护措施。

(3) 基坑(槽)、边坡和基础桩孔边堆置各类建筑材料的，应按规定距离堆放。

(4) 为保证模板的稳定性，除按照规定加设立柱外，还应沿立柱纵向及横向加水平支撑和剪刀撑。

(5) 拆除作业现场周围应设禁区围栏、警示标志，派专人监护，禁止非拆除人员进入施工现场，拆除建筑应该自上而下依次进行，禁止数层同时拆除，禁止掏挖。

(6) 各类施工机械距基坑(槽)、边坡和基础桩孔的距离，应根据设备重量、基坑(槽)、边坡和基础桩的支护、土质情况确定，并不得小于1.5m。

(7) 雨季和冬季解冻期施工时，施工现场要进行全面检查和维护，保证排水畅通和无异常情况后方可施工。

(8) 机械开挖施工时，作业人员不得进入机械作业范围内进行清理和找坡作业。

7.3.1 坍塌事故案例一

1. 事故概况

一排水管道工程，施工已近尾声，尚未作闭水试验，管沟深度超过2.5m，采用井点降水。某日早晨，老工人肖某提早上班，对即将进行闭水试验的管道接口等部位进行检查，检查过程中因停电，井点降水中止，未被及时发现，水位上升造成土方坍塌，肖某被压在土方下死亡。

2. 事故原因分析

(1) 停电是造成事故的直接原因。

(2) 老工人肖某虽对工作认真负责，但安全意识不强，在无人知晓的情况下一人下到深基槽工作，是造成事故的间接原因。

3. 事故责任分析

(1) 施工单位专职电工对停电情况未事先感知，停电后二路电源未自动切换上去，说明切换装置失灵，而专职电工疏于检查，未及时发现并修复，应负直接责任。

(2) 电气工程师专项方案不细，对此类事故如何防范不明确，对电工交底不细，未尽到管理责任负重要责任。

(3) 项目部安全责任制不落实，安全活动及安全教育不到位(连一位工作比较认真负责的老工人安全意识都不强），项目经理应负主要管理责任。

（4）专职安全员疏于检查，安全教育不到位，负重要责任。

（5）老工人肖某，在无人知晓的情况下一人单独下深槽作业，应负一定的责任。

7.3.2 坍塌事故案例二

1. 事故概况

某排水管道工程，开挖沟槽施工，挖至一定深度时恰逢大雨，雨停后，在排尽槽进水后立即恢复挖土。开挖一定时间后发生沟槽边坡坍塌，3 名挖土工人被埋在土中，1 人当场死亡，2 人受伤，其中一人伤势较重。发生事故时施工方无管理人员在场，监理方无管理人员在场，建设方无管理人员在场。

2. 事故原因分析

（1）经雨水泡槽后土的抗剪强度降低是造成事故的直接原因。

（2）重新开挖时未对沟槽边坡加固，无任何防范措施是事故的间接原因。

3. 事故责任分析

（1）施工方项目经理是现场安全的第一责任人，现场安全管理混乱，安全责任制不落实，技术措施不落实，对挖土民工未进行进场三级安全教育，对事故负直接责任。

（2）开挖沟槽方案不祥，雨后继续开挖无任何安全技术措施，也未对现场安全进行检查督促，施工项目技术负责人对事故负主要责任。

（3）现场专职安全员未对进场民工进行相关安全教育，未对现场安全情况进行必要的检查，对雨后开挖沟槽的危险性及防范要点未对民工作交代，负重要责任。

（4）施工单位法定代表人对该工程安全检查、监督不够重视，安全生产意识淡薄，不深入基层，对规章制度执行情况监督管理不力，对民工未进行三级安全教育，负重要领导责任。

（5）监理单位总监对施工方施工组织设计安全技术措施审核把关不严，对监理员未履行监理职责，进行例行巡视检查未尽到督促之责，负监理主要责任。

（6）建设单位项目负责人对施工方项目安全技术措施不到位，监理工作不细等，未尽到督察之责，对事故负重要管理责任。

7.3.3 坍塌事故案例三

1. 事故概况

某公司经理张某将长 97m、宽 0.5m、深 1.3～1.4m 排水管沟槽的挖掘工程发包给本公司职工傅某，同时制订了“沟槽开挖方案”向傅某传达了“技术、质量、安全交底记录”文本。后傅某又把工程转包给某劳务队(无书面合同，只有口头协议)。在没有索取沟槽开挖方案和“技术、质量、安全交底记录”的情况下，劳务队刘某带领余某、江某、朱某等 15 人进场作业。施工中实际沟深达 1.7～2.0m。某日余某、江某、朱某等人在挖沟时发生边坡坍塌，3 人被压没在下面。造成余某、江某 2 人死亡，朱某轻伤事故。

2. 事故原因分析

1）直接原因

(1) 劳务队刘某安全意识不强，在没有图纸也没有方案的情况下就带领人员进场作业。

(2) 其次是突击赶任务，又临时增加了沟槽深度，没有采取任何安全防护措施，致使沟帮坍塌是事故的直接原因。

2）间接原因

(1) 劳务队安全生产知识不足，不具备识别安全隐患的能力是造成事故的间接原因，也是主要原因。

(2) 劳务队安全管理制度不完善且对施工现场监督检查工作不到位管理松懈是造成事故发生的间接原因，也是管理原因。

(3) 建设方发包合同管理有漏洞，发包仅有口头协议，没有对劳务队能力进行审查，对现场的安全监督检查指导也不到位，是造成事故的间接原因，也是重要原因。

3. 事故责任分析

1）劳务队刘某在没有图纸、方案的情况下带人进场施工应负直接责任。

2）公司经理张某和公司职工傅某随意将工程发包、转包，对事故负重要责任。

特别提示

“高处坠落、物体打击、坍塌事故”目前已成为建筑施工现场新的三大伤害，必须引起监理方的高度重视，特别是坍塌事故往往会引发群死群伤的较大及以上事故，导致被追究刑事责任的监理人员也不在少数。据有关资料显示“十一五”时期，全国房屋市政工程安全生产形势持续稳定好转。与2005年相比，2010年事故起数减少388起，死亡人数减少421人，分别下降38.23%和35.29%。但2010年，全国共发生房屋市政工程生产安全较大及以上事故29起、死亡125人，比去年同期事故起数增加8起、死亡人数增加34人，同比分别上升38.10%和37.36%。如何防止坍塌事故的发生，已显得尤为重要。

7.4 起重伤害

起重伤害是指各种超重作业(包括起重机安装、检修、试验)中发生的挤压、坠落、物体(吊具、吊重物)打击等造成的伤害。建筑行业中起重伤害涉及面广，施工环境复杂，群体、多层、立体作业率高，施工危险性大，稍有不慎就会造成事故。

1. 起重伤害的主要原因

(1) 起重机械产品质量不合格。

(2) 起重机械安装、拆卸单位中存在的问题：无吊装方案或方案不完善，违章指挥，操作人员无证上岗，操作人员不按规程要求操作，未设警示区域等。

2. 起重伤害的预防措施

(1) 起重机械要有产品合格证、制造许可证、制造监督检验证明。若达到国家规定的检验检测期限，必须经具有专业资质的检验检测机构检测，经检测不合格的不得继续使用。

（2）施工现场安装、拆卸施工起重机械，必须由具有相应资质和安全生产许可证的单位承担，并在其资质许可的范围内承揽业务；安装、拆卸单位应当编制拆装方案、制订安全施工措施，并由专业技术人员现场监督；安装、拆卸过程必须严格按规程和施工方案要求操作；安装完毕后安装单位应当自检，出具自检合格证明，并向施工单位进行安全使用说明，使用单位应当组织有关单位进行验收或委托具有相应资质的检验检测机构进行验收；验收前应当经有相应资质的检验检测机构监督检验合格等。

（3）施工起重机械安装拆卸工、起重信号工、起重司机、司索工等特种作业人员应当经建设主管部门考核合格，并取得特种作业操作资格证书。作业人员初次上岗应经过实习。

（4）起重机械使用过程中，应有吊装作业方案；按操作规程的要求实施操作；严格遵守“十不吊”原则；提升等动作要规范；绑扎要牢固；现场作业人员站位要正确；危险区域要有必要的防范措施；要考虑气候对吊装作业的影响。

7.4.1 起重伤害案例一

1. 事故概况

2011 年 6 月 25 日，某建筑公司因施工需要向某机械工具有限公司合同定购一台 SSE-100 型高 27m 的货用施工升降机。合同约定由生产厂家免费现场安装调试并经检测合格交会施工单位。同年 7 月 5 日，生产厂家派拆装组组长陈某随货去现场，经对施工单位已浇好的混凝土基础验收后，确认具备安装条件。7 月 9 日，生产厂家驻当地销售负责人华某持施工方案等相关资料，向该市质量监督局办理施工备案手续。7 月 10 日市质监局审核后批准开工。7 月 24 日，生产厂家另一销售点负责人许某指派 3 名安装人员，由架子工聂某带班安装这台升降机。经施工单位项目经理叶某的安全交底后，3 名安装人员于 7 月 24 日下午 2 时开始搭高井架。7 月 25 日 9 时许，当井架搭至 15m 左右时项目经理叶某提醒安装人员拉好缆风绳后再搭。因施工单位未将钢丝绳送到现场，为赶时间，安装人员在未拉缆风绳的情况下继续搭设井架。午饭时钢丝绳送至现场，井架已搭至 12 层高(21.6m)。聂某看只差 3 层了，决定搭至顶再拉缆风绳，傍晚 6 点 50 分左右搭到顶后，聂某等 2 人在井架顶下一层位置装设拽引机钢丝绳，叶某再一次提醒安装人员拉缆风绳，此时，突然刮起一阵 6～7m/s 的西北风，在风力推动下，井架失去平衡向东南方向倾翻。当时在场工作的张某、许某及项目经理叶某、施工员江某见状迅速躲避，未受到伤害，而井架上的聂某坠地当场死亡，刘某坠地并摔出 2m 多远，伤势严重，经医院抢救无效死亡。

2. 事故原因分析

1）直接原因

厂家安装人员严重违反本公司制订的产品说明书和施工方案规定的安装程序，井架底架梁与混凝土基础之间未连接，在规定高度未拉缆风绳使井架处于不稳定状态下，在风力推动下失去平衡而倾翻。

2）间接原因

（1）厂家在落实安全生产责任、建立安全生产规章制度和安全技术操作规程、安全生产组织与管理方面忽视升降机安装环节。

（2）厂家驻该地销售维修点负责人缺乏安全管理意识和能力，在施工组织、技术交底、现场管理等方面存在重大失误，使该升降机安装过程出现失控状态。

（3）厂家对职工安全教育不落实，安装人员安全意识淡薄，技术素质差，缺乏严格执行施工方案的自觉性。

（4）该项目部有关人员看到安装人员违反安装程序及违规冒险作业后，对危及安全的严重状态认识不足，制止不力。

3. 事故责任分析及处理

（1）死者聂某、刘某违反安装程序，违规冒险作业，直接导致事故的发生，对事故负有直接责任，但已死亡。

（2）厂家另一销售维修点负责人许某在施工组织、技术交底和现场管理方面存在重大失误，对事故的发生起主导作用是事故的主要责任者。

（3）厂家法人代表、总经理朱某未切实履行安全生产第一责任人的职责，在落实本公司安全生产责任制、建立安全生产规章制度和安全技术操作规程、安全生产组织与管理方面忽视了特种设备安装维修环节，对事故负有领导责任。

（4）厂家分管经营、安装维修工作的副总经理王某未全面履行分管业务范围内的安全生产职责，导致本公司在特种设备安装过程中存在安全生产组织与管理不落实、施工组织不规范、施工方案执行不严、现场管理脱节等严重问题，对事故负有领导责任。

（5）施工单位项目经理叶某对厂家安装人员危及安全的违规冒险作业行为制止不力，对事故负有一定的责任。(2)～(5)均应作相应处罚。

（6）建议省级质量技术监督部门依照《特种设备质量监督与安全监察规定》暂停或取消事故责任单位某机械工具有限公司的《特种设备安装维修保养资格认可证》。

（7）建议有关部门对本起事故及责任单位、责任人员进行通报批评。

7.4.2 起重伤害案例二

1. 事故概况

某县商住楼工程位于道路交汇处，建设方为某置业有限公司，施工总承包方为县某建筑工程公司，监理方为某工程监理有限公司，总监方某(国家注册监理工程师)。工程规模：19 000m^2，框剪结构，地下一层，地上8层，事故发生时该工程主体已通过验收，进入装饰阶段。该工程使用的二台塔机由省建筑机械有限公司制造，最大起重量6t。某机械安装公司(无起重设备安装资质)的业务员顾某受公司委托，借用某建筑施工有限公司的名义(具有起重设备安装工程专业承包三级)与商住楼总包方项目部技术负责人何某签订二台塔机的租赁合同。次年顾某又与陆某签订了塔机安装拆卸协议，将拆卸作业转包给陆某(无作业资格)，并由其组织招用作业人员(除王某持有省质量技术监督局特种设备安全监察处颁发的作业证外其作人员均无作业资格)具体安排拆卸作业，后王某带领另外4名作业人员开始对塔机进行拆卸作业。某日15时左右，已完成起重臂、平衡臂、司机室和塔顶的拆卸作业，在准备拆卸塔机回转机构时，由于作业人员已拆除回转机构与爬升架的4根销轴连接，致使爬升架失去支撑而沿着塔身滑落，从31m高的塔身顶端急速下滑约15m。由于爬升架顶升油缸此时穿入塔身的标准节内卡住，致使爬升架骤然停止下滑，造成在爬升架操作平台中作业的4名拆卸人员在滑落过程中被甩出。王某、张某和刘某坠落地面，经抢救无效死亡，杨某奋力抓住操作平台护栏，身受轻伤。

2. 事故原因分析

1）直接原因

作业人员盲目违章冒险作业是导致本起事故的直接原因。

(1) 作业人员在没有塔机拆卸专项施工方案的情况下，采用错误的步骤拆卸塔机的回转机构。

(2) 在未检查并确认顶升横梁挂板有否挂住塔身踏步，耙爪是否处于正确位置及爬升架有无可靠安全支撑前，拆除回转机构与爬升架的连接销轴，致使爬升架失去支撑而沿着塔身滑落。

2）间接原因

(1) 某机械安装公司无资质承揽塔机安装、拆卸业务，并违法转包给无施工资格的个人组织和实施作业。未编制专项施工方案，对施工现场也未采取措施进行有效的安全生产管理和安全交底工作是发生事故的主要原因。

(2) 总包方违法将塔机安装、拆卸业务分包给无资质、无安全许可证的企业，同时未能在实施过程中切实履行总包方的安全生产职责。没有督促工程项目部落实安全管理责任并进行有效的监督，造成塔机拆卸作业安全管理失控。项目部对塔机拆卸作业的安全管理不力，未能制止违章、违规行为是事故的重要原因。

(3) 某建筑施工有限公司违法出借作业资质，并为其安装、拆卸作业提供技术服务。还在塔机塔机的安装、使用和拆卸中出具报审备案证明，又未对其作业安全进行管理是事故的一个重要原因。

(4) 监理公司对施工安全监管失职。未对某机械安装公司的施工资质、无专项施工方案和安装、拆卸、使用施工机械的违章、违规行为以及作业人员无从业资格采取有效的监管措施，并予以制止是造成事故的又一重要原因。

(5) 作业人员缺乏塔机拆除技术和安全常识，未使用安全带违章作业，自我保护意识不强也是事故原因之一。

3. 事故责任分析

(1) 塔机拆卸作业带班人王某在没有专项施工方案，并未采取切实有效的安全防范措施的情况下，带领作业人员冒险进行拆卸作业，对事故发生负直接责任。

(2) 塔机拆卸作业承包人陆某违法承接业务后，没有采取措施对现场进行安全生产管理。未对作业人员进行安全教育与培训，未对其配齐必需的劳动防护用具。在没有拆卸作业专项施工方案也没有采取任何安全防范措施的情况下，违章组织塔机拆卸作业，对事故负直接责任。

(3) 某机械安装公司业务员顾某(具有从业资格)违法将其业务转包给无从业资格的作业人员后，没有采取措施对作业现场进行安全生产管理，未对作业人员进行安全教育与培训，在没有拆卸作业专项施工方案也没有采取任何安全防范措施的情况下，默许其违章、违规作业，对事故负直接责任。

(4) 某机械安装公司无资质、无安全生产许可证承揽塔机拆卸业务，并违法转包给无施工资格的个人组织作业。未对作业人员进行有关施工安全的培训，也未采取措施对施工现场进行有效的安全生产管理，对事故负主要责任。

(5) 总承包县某建筑工程公司将塔机安装、拆卸作业违法分包给某机械安装公司，未能切实履行总包单位的安全生产职责，对工程项目部和施工现场未能落实安全生产管理责任，未进行切实有效的管理，造成施工过程安全管理工作失控，对事故负重要责任。其项目部主要管理人员未履行安全生产管理职责，对塔机拆卸作业安全管理失职。未能制止违章、违规行为，对事故发生负管理责任。

(6) 某建筑施工有限公司违法出借作业资质，并为施工企业在塔机安装、拆卸作业中提供技术服务，在塔机安装、使用和拆卸中出具报审备案证明，但没有对其作业进行安全管理，对事故负有重要责任。

(7) 某监理公司对施工现场监管不到位，对事故负监理责任。

(8) 施工作业人员安全意识淡薄。作业时没有采取有效防护措施，违章作业，对事故负有一定的责任。

7.5 机械伤害

机械伤害指机械设备运动或静止，部件、工具、加工件直接与人体接触引起的挤压、碰撞、冲击、剪切、卷入、绞绕、甩出、切割、切断、扎刺等伤害，不包括车辆、起重机械引起的伤害。

1. 机械伤害事故发生的主要原因

(1) 现场管理混乱，安全教育不到位，安全交底不全面。

(2) 安全装置不齐全。

(3) 操作人员无证上岗或机械操作不规范。

2. 预防机械伤害的措施

(1) 加强操作人员的安全教育培训，增强安全生产意识。

(2) 机械设备要安装固定牢靠。

(3) 增设机械安全防护装置和断电保护装置。

(4) 对机械设备要定期保养、维修，保持良好的运行状态。

(5) 经常进行安全检查和调试，消除机械设备的不安因素。

(6) 操作人员要按规定操作，严禁违章作业。

7.5.1 机械伤害事故案例一

1. 事故概况

某市建筑有限公司承建的某工地，泥工刘某等 2 人到 11 层粉刷墙面。因灰浆未吊上来，刘某站在井架式货用升降机(SSB100/100)左侧井架前卸料平台的右侧，喊“砂浆吊上来”，右手握在吊笼中间井架前 20cm 左右的脚手架钢管立杆上，头朝下侧面伸进左边井架右侧三角档内，未察觉吊笼正从 12 层向下运行，头部被吊笼底板冲压。安全帽被吊笼卡掉，急送医院抢救无效死亡。

2. 事故原因分析

(1) 死者本人安全意识淡薄，缺乏自我保护意识，为及早工作，高喊时不慎把头伸进井架三角档而被吊笼夹死，是事故发生的主要原因和直接原因。

(2) 施工单位对职工安全教育、技术培训不及时，安全管理不严，是事故管理上的原因。

① 由于该工程主体结构已封顶，施工单位就产生了麻痹思想，对升降机操作工的过期证书未及时检查，未敦促其及时上岗复训。

② 对高层建筑的升降机吊笼上下，虽有电视监控及警示信号，但缺乏通信位置。

③ 对工人安全交底不全面，当时料推出后 11 层的卸料平台防护门未及时关上。

(3) 升降机操作工虽有操作证，但操作证已过期两个月，缺乏安全知识再培训。其次，该升降机吊笼在操作时虽有两台电视监控，但存在着下降时看不到下面的情况。另外，当吊笼从 12 层下降时，基本听不到声音，此时操作工应按响警铃或用其他方式以示警告，而操作工安全意识淡薄，粗心大意，是导致事故发生的原因之一。

3. 事故责任分析

(1) 死者刘某安全意识淡薄，缺乏自我保护意识，冒险把头伸进井架三角档，而导致事故发生，应负直接责任和主要责任。

(2) 施工单位负责人及职能部门对职工安全教育、技术培训不及时，安全管理不严而导致事故发生，应负领导责任。

7.5.2 机械伤害事故案例二

1. 事故概况

在某建设公司总包、某劳务公司分包的某工地上某分部工程正在进行抹灰，现场使用一台 JGZ350 型混凝土搅拌机拌制抹灰砂浆。拌制砂浆处离抹灰作业处距离较远，砂浆供应不上，抹灰工长施某非常着急，亲自到搅拌机旁督促拌料，因施某安全意识不强，趁搅拌机操作工去备料不在场时，私自违章开启搅拌机，且在运行过程中将头伸入进料斗查看，被正在爬升的料斗夹到头部，人跌落在料斗下，料斗下落后又压在其胸部，造成头部大量出血，经抢救无效死亡。

2. 事故原因分析

1）直接原因

抹灰工长施某，安全意识不强，违章作业，擅自开启搅拌机，且在搅拌机运行时将头伸进料斗内，导致料斗夹到其头部，是事故的直接原因。

2）间接原因

(1) 总包单位对施工现场安全管理不严，施工过程中安全检查督促不力。在搅拌机旁没有操作规程张挂。

(2) 分包单位对职工安全教育不到位，没有安全技术交底。安全教育长期没实施，导致抹灰工长擅自开启搅拌机。

(3) 施工现场劳动、机械设备组合不合理，导致一台搅拌机供料不足，搅拌机操作工还要亲自离机备料，给无证人员违章操作创造了条件。

(4) 总、分包单位都不重视安全教育，施工作业人员安全意识淡薄，缺乏现场安全意识和自我保护意识。

3）主要原因

抹灰工施某违章作业，擅自操作搅拌机是事故的主要原因。

3. 事故责任分析

(1) 分包方法人代表及分管安全副经理缺乏对职工的安全教育，违反有关安全教育的规定对事故负领导责任。

(2) 分包现场负责人对施工现场安全管理不力，对本事故负一定责任。

(3) 总包方项目经理对现场安全检查监督不力，对本事故负一定责任。

(4) 总包法人代表对现场管理不够，对事故负领导责任。

(5) 抹灰工施某私自违章操作，对事故负主要责任。

7.5.3 机械伤害事故案例三

1. 事故概况

货用施工升降机操作工赵某(女)在操作卷扬机时长头发被钢丝绳卷住，此时手已够不到停机开关，等旁边人赶到头已被钢丝绳绞碎死亡。

2. 事故原因分析

1）直接原因

赵某安全意识不强，违反操作规程，工作时未戴工作帽，并未将长头发扎紧盘入工作帽内。

2）间接原因

卷扬机未设防护罩以防止异物掷进卷扬机内。

3. 事故责任分析

(1) 操作工赵某工作时留长发又未戴工作帽将头发盘入帽内是事故的直接原因，负主要责任。

（2）现场安全设施不完善，现场项目经理及专职安全员对现场安全检查监督不力，对本事故负重要责任。

7.6 触电事故

触电包括各种设备、设施的触电，电工作业的触电，雷击等。建筑施工的触电事故主要有三类：一是施工人员触碰电线或电缆线；二是建筑机械设备漏电；三是高压防护不当而造成触电。据建筑行业历年来发生触电事故统计，由于施工触碰电力线路造成的伤亡事故约占30%，由于工地随意拖拉电线造成的触电事故约占20%，现场照明不使用安全电压造成的事故约占20%，以上三类事故占触电事故的70%。施工用电的临时性和施工现场复杂多变的环境相结合促使电气设备的工作条件变坏，从而容易发生电气事故，特别是因漏电引起的人身触电事故增多。为了有效地防止各种意外的触电伤害事故，保障施工人员的安全，施工现场临时用电的要求主要是：一是在施工现场实行 TN-S 系统，即增加保护零线，做到重复接地，把施工现场原来使用的三相四线变成五线；二是实行两级保护，即在电气设备的首末端分别安装漏电保护器；三是实行三级配电，严格执行“一机一闸一漏一箱”制。这些措施将加强临时用电的安全性。

1. 触电事故发生的主要原因

（1）电工无上岗证，作业时不按规定穿戴劳动保护用品。

（2）建筑物或脚手架与户外高压线距离太近，未设置防护网。

（3）电气设备、电气材料不符合规范要求，绝缘受到磨损破坏。

（4）机电设备的电气开关无防雨、防潮设施。

（5）施工现场电线架设不当，拖地、与金属物接触、高度不够。

（6）电箱不装门、锁，电箱门出线混乱，随意加保险丝，一闸控制多机。

（7）电动机械设备不按规定接地接零。

（8）手持电动工具无漏电保护装置。

（9）不按规定高度搭建设备和安装防雷装置。

2. 预防触电事故的主要措施

（1）加强劳动保护用品的使用管理和用电知识的宣传教育。

（2）建筑物或脚手架与户外高压线距离太近的，应按规范增设保护网。

（3）在潮湿、粉尘或有爆炸危险气体的施工现场要分别使用密闭式和防爆型电气设备。

（4）经常开展电气安全检查工作，对电线老化或绝缘降低的机电设备进行更换或维修。

（5）电箱门要装锁，保持内部线路整齐，按规定配置保险丝，严格执行“一机一闸”，按规定配置漏电保护器。

（6）根据不同的施工环境正确选择和使用安全电压。

（7）电动机械设备按规定接地接零。

（8）手持电动工具应增设漏电保护装置。

（9）施工现场应按规范要求高度搭建机械设备，并安装相应的防雷装置。

7.6.1 触电事故案例一

1. 事故概况

某埋地管道安装工程，因任务紧，傍晚时项目经理吴某亲自指挥吊装。由于光线暗淡，在起吊第5根管道时，不小心起重钢丝绳与10kV高压线接触，造成配合吊装的安装工郑某触电身亡。

2. 事故原因分析

项目经理吴某和吊车司机安全意识淡薄，对作业环境周边观察不细，对触碰10kV高压线造成的危害认识不足是造成这起事故的直接原因。

间接原因是工程紧急、光线暗淡，没采取必要的照明设施。

3. 事故责任分析

（1）项目经理亲自指挥，光线暗淡造成指挥过错，应负主要责任。

（2）吊车司机配合指挥吊装，观察不细负一定责任。

7.6.2 触电事故案例二

1. 事故概况

一排水管道施工工地，沟槽采用明沟排水，排水用潜水泵。当一处沟槽水排光后，正在指挥开挖沟槽的班长胡某令刚进工地不久的民工潘某去把那台水泵拿过来到此处沟槽抽水。民工潘某去后，见水泵在泥水中，下去鞋子要湿掉，回去换长筒胶鞋又嫌麻烦。当时正值夏天，于是在未切断电源的情况下，脱掉鞋子赤脚进入水中提取水泵，进入水中即触电身亡，后经检查水泵漏电。

2. 事故原因分析

（1）潘某违规操作，在未断电的情况下又未穿戴好防护用品就赤脚下水是造成事故的直接原因。

（2）机电设备未及时检查、修复是事故的间接原因。

3. 事故责任分析

（1）潘某赤脚下水导致触电是事故的直接原因，潘某负直接责任。

（2）现场安全管理混乱，项目部安全责任制不落实，安全检查工作及安全教育不到位，设备损坏漏电无人检查无人发现，新工人进场未进行三级安全教育，项目经理对事故负主要责任。

（3）现场专职安全员未对机电设备进行日常检查，未及时发现隐患，未做好进场工人安全教育工作，应负重要责任。

（4）民工进入班组未对其进行班组安全教育，班长胡某令民工去拿取水泵未对其进行安全操作交底(即先断电后取水泵)应对事故负一定的责任。

(5) 施工单位法定代表人对该工程安全检查、监督不够重视，安全生产意识淡薄，不深入基层，对规章制度执行情况监督管理不力，对民工未进行三级安全教育，负重要领导责任。

特别提示

漏电保护器和漏电断路器的区别：漏电保护器(又称触电保安器、漏电开关)是一种具有漏电电流动作保护或还具有过电压、过电流保护的电器。该电器没有短路保护功能，因此在使用中要考虑与短路保护电器相配合。漏电断路器是一种具有漏电电流动作、过电流和短路保护等功能的电器，有的还具有过电压、断相和反相保护等功能。目前很多地方都实行了三级漏电保护，即所有电箱均装有漏电保护器。

7.7 中毒和窒息

中毒和窒息指人接触有毒物质或呼吸有毒气体引起的人体急性中毒事故，或在通风不良的作业场所由于缺氧有时会发生突然晕倒甚至窒息死亡的事故。中毒和窒息包括中毒、缺氧窒息、中毒性窒息。施工现场常见的中毒事故有井下毒气中毒、排水管道内毒气中毒、相对密封的容器内苯中毒、一氧化碳中毒、食物中毒等。

7.7.1 污水旧管施工中毒伤害案例

1. 事故概况

2010 年 7 月 4 日 18 时 20 分左右，某市政有限公司(市政总承包三级)在二环线与英雄路交叉路口进行排水管新老管道连接施工时，发生一起中毒事故，造成 4 人死亡。该工程直接接受市政管养单位委托施工，未委托监理。

当时施工作业时没有设围护或护栏，也没有示警标志。路边开店的陈某看到几个人来到路口窨井边下井作业，一个人先下井，另一个大概看到井下人情况有异，下去想拉他一把，随即也倒在井下了。第三个人喊了声“拿绳子来”，因情况紧急，没等绳子拿来他就下井了，下去马上也不能动弹了。第四人急着救人，抓着绳子就下，结果被气体一熏，手一松也倒在井底。陈某一看情况不妙就大喊起来，路口摆摊的施某心里一颤，赶快跑到井边一看，一股刺鼻的气味扑来，差点熏倒，于是赶快惊呼：出事了，人都倒在井下了！当时正值下班高峰，路人见状纷纷拨打求救电话，抢救人员戴防毒面具，身系长绳下井抢救，不久 4 人全部救起，其中 2 人因中毒过深死亡，死者分别为 21 岁和 31 岁。另 2 人立即送至人民医院进行全力抢救，其中 1 人于 5 日晚因抢救无效死亡，又过了几天，第四人也因抢救无效死亡。经有关部门检测，井下硫化氢含量超过正常值 20 倍，确定为硫化氢中毒事故。

2. 事故原因分析

1) 直接原因

未按安全作业要求先行打开作业井及前后两井，应进行通风排除有害气体，并经测定有害气体全部排尽才下井作业。

2）间接原因

没有该项操作的具体安全施工方案，也没有进行书面安全交底，现场无检测有害气体的设备亦无其他检测措施。现场无监护人员，无防毒面具、氧气面罩等救援器具。

3. 事故责任分析及处理

(1) 项目经理张某安全观念淡薄，无视安全法规，在无任何安全措施的情况下令工人进行危及生命安全的作业，是这起事故的第一责任人，也是事故的直接责任者。

(2) 安全员李某自己不懂安全操作，也未进行安全技术交底，不到现场检查安排，也未事先告知操作者该操作的危害性及危险程度，应对事故负主要责任。

(3) 公司安全管理混乱，无安全制度，或把安全制度作为摆设，在实际工作中根本不执行，基本上未对职工进行三级安全教育，特别是对具体负责项目的管理人员，缺乏应有的安全知识，工人完全处于不懂安全、无安全意识的情况下操作，公司经理王某应对事故负主要管理责任。

(4) 某市政有限公司安全管理混乱，无安全制度或把安全制度作为摆设，职工安全意识淡薄，安全知识缺乏。污水管道作业施工时无专职安全生产管理人员现场监督。建设行政主管部门对其进行停业整顿处理。依照《中华人民共和国安全生产法》的有关规定处以罚款。

(5) 管道养护单位对旧管道作业会发生硫化氢中毒应该比施工企业有较多的了解和较深刻的认识，在委托施工企业进行该项作业签订有关协议或合同时，有义务提醒对方予以注意，而事实上并没有给予提醒和提供帮助，某市管道养护单位对该起事故应负一定责任。

城市污水管道中的污水主要成分为有机物，有机物在微生物作用下产生硫化氢和甲烷。特别是管道中有沉积污泥时，管中有害气体浓度会比较高，如在作业时搅动了污泥，使污泥中积聚的有害气体逸出，有毒气体浓度更高，更应注意。还有就是在食品厂、肉类加工厂、皮革厂等附近的污水管道作业，因这些厂所排放的污水有机物含量高，产生的有害气体量也多，更易产生中毒及爆炸事件。

类似旧污水管道作业，发生硫化氢中毒事故和甲烷爆炸事故的事例很多。以上事例都说明污水管道存在硫化氢和甲烷，如没有严密的安全技术措施下井作业是相当危险的。如上述案例，既没有人值班监护，又没有封闭围堵。正值下班高峰，万一发生路人好奇，拥至事故井旁将头伸至井口察看究竟，后果将不堪设想，因为有时一口气就可使人中毒死亡。

那么究竟应如何处理旧污水管的安全作业呢？一般情况下应尽量避免到检查井下操作，井口作业也要做好必要的防护。

作业前对作业区范围应设护栏围护，晚上要挂红灯示警并派专人值班，防止与作业无关人员进入作业区内。作业时应先行打开作业井段井盖及上下游两相邻检查井井盖进行通风，排除有害气体。如有沉淀淤泥，还要用竹竿搅动，务必使污泥中的有害气体全部逸出方可开始作业，一切操作均应先穿戴好防护用品，才能开始操作。

如果养护人员要下井，除要穿戴好防护用品外，下井前必须先将测试仪器放入井内，确认井内有害气体排尽以后方可下井。为了确保万无一失，有时还将小动物(如小鸟、白鼠等)放入井内进行测试，如小动物下井后未出现异常，人下井可确保安全。下井作业时，井上要留两人进行监护，以便上下呼应及时处理随时可能发生的问题。井下发生事故时，井上一人戴好防毒面具或氧气面罩负责下井就地抢救，另一人负责向公司及外援求助，组织抢救。决不能两人同时在井边或下井抢救，防止两人同时中毒掉下井去或在井下中毒，造成无人知道也无人抢救的严重后果。

7.7.2 人工挖孔桩施工中毒伤害案例

1. 事故概况

西山小区某工程由西山房地产开发公司开发，某建筑工程有限公司中标承接，吴某担任该工程项目经理。吴某将桩基础工程(人工挖孔灌注桩)分包给无资质的私人包工头叶某施工。叶某在未取得施工许可证、三通一平工作尚未完成的情况下，便进场施工。

事故发生当天已挖孔 10 个，事故桩孔为孔径 85cm，孔深 8m。施工现场原为低洼积水地并堆有居民生活垃圾，存在大量有机物质。桩孔旁有一条市政排污渠，此渠为味精厂及周围居民生活污水的排水渠，存在大量有机物质和蛋白质。

事故发生时，民工谢某等人在进行人工挖孔作业时，离地面 3～4m 处发现黑色污水渗漏严重，并在孔深 3m 处发现 3～4 个污水漏孔，谢某当即爬到地面向施工负责人叶某汇报，经观察后决定用水泵抽干污水。1 小时后，谢某见污水不能抽干再次下井想用水泥封堵漏孔并试图捡回施工工具。当谢某下至孔深 3m 处时闻到恶臭味，随即感到全身乏力即喊人用绳子拉他上去，拉至孔口不到 1m 支持不住跌落孔底，后陆续有 3 人下孔救人，均发生昏迷。经抢救，1 人脱险，3 人死亡。后经鉴定均为硫化氢中毒。

2. 事故原因分析

(1) 民工谢某在没有对孔内有毒有害物质进行检测，也没有佩带必要的防护用品的情况下盲目下孔作业是造成事故的直接原因。

(2) 另外 3 人在没有任何安全防护的条件下盲目进孔救人，救援方法不当造成此起事故的扩大。

(3) 挖孔桩承包人无资质承揽施工业务，未编制挖孔桩专项施工方案，未配备有效的安全防护设施，又未对聘用人员进行安全教育培训。安全管理制度不落实，安全管理混乱是造成事故的间接原因。

(4) 施工单位安全管理制度不健全、责任不落实，无施工组织设计和专项施工方案，擅自将桩基工程违法分包给无资质的个体包工头施工；项目经理未履行其管理职责；施工单位未对桩基工程进行安全监督管理是造成事故的间接原因。

(5) 建设单位未办理质量安全监督手续和建筑施工许可证，擅自组织施工，逃避政府监管，并允许桩基工程分包给私人施工，在未取得施工图样设计文件、明确桩基类型的情况下，擅自同意采用人工挖孔桩施工是造成事故的间接原因。

3. 事故责任分析及处理

(1) 包工头叶某无资质承揽业务，违规进行桩基施工，对事故负有主要责任，建议司法机关依法追究其法律责任。

(2) 项目经理违法分包桩基工程，未对职工进行安全教育和安全技术交底。在尚未明确桩基类型的情况下违章实施人工挖孔作业，对事故发生负有主要责任，建议司法机关依法追究其法律责任。

(3) 施工单位委派无资质人员为项目经理，安全管理混乱，对事故发生负重要责任。建议对该公司及其法人代表分别给予经济处罚，依法吊销该公司施工资质。

(4) 建设单位在未办理有关施工手续的情况下，擅自组织施工，逃避政府监管，并允许桩基工程分包给私人施工，多次违规，对事故负重要责任。建议对该公司及其法人代表分别给予经济处罚，对该公司进行严肃处理。

7.7.3 中毒伤害案例

1. 事故概况

某市广场工程，建设单位：某房地产开发公司；施工单位：某建筑公司，项目部将其中的防水处理工程分包给个体涂料经营户(无施工资质)承包。所用非焦油聚氨酯防水涂料系某防水工程有限公司的产品，事后取样分析，涂料含苯359g/kg、甲苯82g/kg、二甲苯25g/kg，属危险化学品。涂料7月2日进场后就开始做样板，并陆续施工。

7月14日民工戴某等5人进行地下室外墙防水涂料作业，其中1人在地面上拌、送料，另外4人下到基坑作业。下午3时许，在基坑下约8m深处作业的民工突然晕倒跌落坑底(底部有约0.8m深的积水)，在地面上民工发现后立即喊叫救人。周围人听到都迅速赶来救人，在抢救过程中，营救人员也出现胸闷、头晕、意识模糊等症状。先后14人送往医院救治，其中2人当场死亡，2人经医院抢救无效死亡，10人引起身体过敏反应住院观察治疗。事后对作业场所空气中有毒物测定，含苯57mg/m^3。经鉴定4人均因苯、甲苯中毒，引起中枢神经系统、心肌抑制，导致呼吸循环功能衰竭死亡。

2. 事故原因分析

(1) 涂刷作业用的非焦油聚氨酯防水涂料含有严重超标的苯系物质。

(2) 施工作业的槽形基坑空间狭小，在气温高(当时气温37.9℃)、通风不良、连续作业的情况下，作业现场空气中有毒物浓度大量超标。

(3) 作业人员没有相应的上岗资格，缺乏安全防范和自我保护意识，不懂安全操作规程，不具备职业防毒知识和事故应急能力，在具有危险、危害的作业环境中盲目作业。

(4) 防水工程承包人严重违反建设工程有关法律、法规和技术规范、标准，自称具有资质单位代理人承揽业务。在组织施工过程中采用严重超标的涂料，没有施工技术资料、安全生产管理制度、安全技术操作规程和安全生产责任制。操作场所没有安全防护设施和必要的个人安全防护装备，所有操作人员均未经过规范和安全培训。现场管理混乱、施工作业无序是事故的主要原因。

(5) 施工单位项目部违反有关法律、法规规定，将防水工程分包给无资质的个人，且在未取得防水涂料检验结果、未经监理单位签字的情况下，允许防水工程施工队伍进场施工。对施工过程没有进行严格的安全生产监督与管理是事故的重要原因。

(6) 防水涂料生产单位对产品质量管理不严，产品中苯含量严重超标，产品标志也不符合规定，没有安全技术说明书是事故的重要原因。

(7) 监理单位对防水涂料工程监理工作缺位，该作业违规作业已达十多天，未及时检查、制止也是事故的原因之一。

(8) 施工企业对该项目部存在不符合规范要求的分包合同协议、现场管理无序、事故隐患严重等问题，监督查处不力，也是事故的原因之一。

3. 事故责任分析及处理

(1) 防水工程承包人不具备资质，私制作业人员上岗证书，违法承接施工业务；在组织施工过程中，没有施工技术资料，没有安全生产管理制度和安全技术操作规程，没有安全生产责任制；没有对操作人员进行技术交底和安全培训，现场管理混乱，施工作业无序，对事故负主要责任。建议司法机关依法追究其法律责任。

(2) 建设单位项目部技术负责人推荐、介绍无资质的个体承包防水施工，且在未取得检验结果、未报项目部经理同意、未经监理单位审签的情况下指示防水施工队伍进场作业，对施工过程没有进行严格的监督和管理，对事故负重要责任。建议有关部门给予经济处罚。

(3) 施工单位项目经理未经严格核实，将防水工程分包给无资质的个人，且对施工情况不闻不问，没有进行安全生产的监督管理，对事故负重要责任。作降低项目经理资格等级处罚(从一级降为三级)。

(4) 涂料生产单位法定代表人对产品质量管理不严，涂料中的苯含量严重超标，且产品标志也不符合规定，没有安全技术说明书，对事故负重要责任。建议有关部门给予处罚。

(5) 监理单位对防水涂料工程监理不力，对防水涂料违规作业未予及时检查、制止，对事故负有一定责任。建议有关部门给予处罚和通报批评。

(6) 施工企业对该项目部监管不力，对现场管理无序、事故隐患严重等问题没有有力的监督和及时查处，对事故负一定责任。对施工企业作降低资质处罚(由二级降为三级)。

7.8 火灾事故

火灾是指在时间和空间上失去控制的燃烧所造成的灾害。在各种灾害中，火灾是最经常、最普遍的威胁公众安全和社会发展的主要灾害之一，包括在火灾时造成的人体烧伤、窒息、中毒等。

7.8.1 火灾事故案例

1. 事故概况

2010 年 9 月 24 日，某市公寓大楼开始节能综合改造施工，施工内容主要包括外立面搭设脚手架、外墙喷涂聚氨酯硬泡体保温材料、更换外窗等。施工总承包单位承接该工程后，将工程转包给其子公司某建筑装饰工程公司，该装饰工程公司又将工程拆分成建筑保温、窗户改建、脚手架搭建、拆除窗户、外墙整修和门厅粉刷、线管整理等，分包给7家施工单位。2010年11月15日14时14分，电焊工和一名工人在加固公寓大楼10层脚手架的悬挑支架过程中，违规进行电焊作业引发火灾，造成58人死亡、71人受伤，建筑物过火面积12 000m^2。

2. 事故原因分析

1）直接原因

在该公寓大楼节能综合改造项目施工过程中，施工人员违规在10层电梯前室北窗外进行电焊作业，电焊溅落的金属熔融物引燃下方9层位置脚手架防护平台上堆积的聚氨酯保温材料碎块、碎屑引发火灾。

2）间接原因

（1）建设单位、投标企业、招标代理机构相互串通、虚假招标和转包、违法分包。

（2）工程项目施工组织管理混乱。

（3）设计企业、监理机构工作失职。

（4）建设主管部门对工程项目监督管理缺失。

（5）公安消防机构对工程项目监督检查不到位。

（6）政府对工程项目组织实施工作领导不力。

3. 事故责任分析及处理

对54名事故责任人作出严肃处理，其中26名责任人被移送司法机关依法追究刑事责任，28名责任人受到党纪、政纪处分。

该重大火灾事故反映出“隐患险于明火，防范胜于救灾，责任重于泰山”的道理，这对施工现场安全防火的管理工作指明了重点方向，就是要从平时的防范抓起，真正落实对于施工现场防火工作“以防为主，防消结合”的方针。

7.8.2 施工现场火灾隐患分析

施工现场“防火”安全管理始终是人们关注的重点，施工现场一旦发生火灾会给人民群众生命财产安全造成巨大损失。从燃烧的三要素来分析：火＝可燃物＋点火源＋助燃物。要杜绝火灾发生，必须做到不能让火的三要素(可燃物、点火源和助燃物)同时出现。作为助燃物的氧气在空气中是长存的，在一般的施工现场是无法杜绝的，所以我们只有从控制可燃物和点火源两个因素着手。施工现场有很多火灾隐患。

（1）工地存放有大量易燃、可燃材料。施工工地存放有大量的木材、胶合板、泡沫板、油漆、黏合胶、防护网、保温材料、乙炔气体以及各种包装物、木花木屑组成的可燃垃圾等易燃可燃物品，为火灾发生提供了必要条件。只要接触明火等火源，就有可能发生火灾事故。

（2）现场使用明火多。在现场钢筋、金属架构、金属管道的分割与连接，通风、取暖、给排水等设备安装，工程内、外部装修等环节不可避免地要使用大量的电焊、气割、气焊等明火作业。这些明火作业是引发工地火灾的“罪魁祸首”。作业中产生的火花、灼热熔珠四处飞溅散落，易引起可燃物燃烧，酿成火灾事故。

（3）施工现场临时用电较多，且配电设备、电气线路较杂乱，如果管理不善，就会引起电气火灾事故。

（4）建筑工地通透性强，烟囱效应明显。垂直方向的楼梯间、电梯井、变形缝、各类管道井、楼板预留孔洞和水平方向的门窗洞、隔墙预留孔洞因施工进度和设备安装等原因一般不会封闭，造成空气水平、垂直流通迅速。一旦发生火灾，烟囱效应明显，火势发展快、上下左右蔓延快，在短时间内就可能发展成立体大面积火灾。

（5）室内外消防供水不足。施工工地外部消防水池、室外消火栓往往滞后于工程建设，建筑内部消防设施未建成开通造成消防用水匮乏，外攻、内攻时水压、水量无法满足灭火需要，导致施工工地火灾扑救难度大，尤其在施工后期装修阶段发生火灾，因可燃物多、内部结构复杂，灭火难度更大。

（6）灭火救援施展空间受限。施工工地现场四周由于深基坑的开挖、施工设备作业场地布置及建筑材料堆放等影响了消防车道的畅通，使消防车难以靠近火场，阻碍了灭火行动，延滞了灭火救援时间。

（7）工地临时建筑多、耐火等级低。工地现场往往建有办公室、宿舍、仓库、食堂等大量的临时建筑。这些建筑耐火等级有的仅为三、四级。建筑之间防火间距往往不符合要求。如果室内电气线路私拉乱接、使用大功率电热器具、违规使用明火等，极易引发火灾。施工人员临时宿舍为人员密集场所，一旦发生火灾，容易产生群死群伤事故。

（8）施工现场工人防火意识不高，容易引发火灾。一是违章动火造成，其中80％以上是违章施焊引起建筑材料着火；二是由吸烟引起可燃物着火；三是由于配电用电不规范，电器电缆等着火而引发火灾；四是用电机具设备高温或飞溅火星引燃周围可燃易燃物造成大火。

7.8.3 施工现场火灾防范措施

（1）加强安全教育宣传，对任何进入现场的人员，包括业主、总包商、分包商、供应商、访客等进行防火知识教育；在施工现场合理设置吸烟点，吸烟点应有烟灰缸（或砂桶，砂箱等）、灭火器和水桶等。

（2）加强动火管理。施工现场所有的动火作业要实行审批许可制度。动火人员必须经过培训并持证上岗；在动火作业前，动火人员应该先对作业现场的易燃可燃物品进行清理，不能清理的要使用防火毯、防火布等进行覆盖；动火现场放置有效的灭火器、水桶、防火毯等；配备经过培训的监火人员对动火作业实时监控；高空动火作业时，先要将地面洞口等进行覆盖，其次要有火星收集措施，对火星加以控制，避免火星通过洞口、楼梯等飞溅到其他楼层引起火灾；动火人员对现场检查确认无危险后填写动火证，由安全管理人员现场检查确认签字后方可开始动火作业。监火人员在动火过程中要全程监督，一旦发现火情立即通知动火人员停止动火作业，并使用现场灭火设施将火扑灭。动火作业结束后，动火人员或监火人员应对动火现场进行检查，确认没有残余火星之后方可离开现场。安全监理人员应该对动火程序执行情况进行检查监督。

（3）加强用电管理。在配电时严格按照《施工现场临时用电安全规范》要求，做到三级配电、两级保护、一机一闸。

(4) 加强可燃易燃材料的储存与管理。施工现场的易燃可燃材料要划定区域、集中堆放、统一管理，分类堆放整齐，作好警示维护，设置明显的提示警示标语，配置足够的灭火器材，定期巡查管理。

(5) 做好施工现场临时消防设施的维护管理。施工现场的正式消防设施正在安装过程中，还没有投入使用。施工期间临时的消防水系统应保证充足的水量和足够的水压。同时在施工现场根据工程规模在其各楼层、区域根据实际情况放置有效的灭火器。

(6) 提高临时用房的耐火等级。工地员工宿舍、可燃材料仓库、食堂、办公用房等施工临时建筑耐火等级宜采用一、二级，但不得低于三级，工地员工宿舍的各类建筑材料必须为不燃材料。用于堆放不燃材料且无任何电气设施的库房耐火等级可不限。各种建、构筑物及临时设施之间应有适当的防火间距。

特别提示

近年来施工现场火灾不仅造成严重的人员伤亡和财产损失，而且造成极为严重的社会影响。在此形势之下，为深刻吸取火灾教训，亡羊补牢，住房和城乡建设部、公安部联合制定了《建设工程施工现场消防安全技术规范》自2011年8月1日起实施，从源头上预防和减少施工现场火灾事故，为施工现场提高抗御火灾的能力提供必要的技术依据。据不完全统计，2006年至2011年10月份，全国共发生建筑工地火灾7 300余起，仅上海“11.15”教师公寓火灾就造成58人死亡，1.58亿财产损失；北京“2.9”央视新址配楼文化中心火灾，不仅造成1.69亿财产损失，还造成一名消防员牺牲。

7.9 拆除事故

近年来，随着经济发展和城市建设的加快，各类建筑物拆除工程量急剧增加，但目前拆除市场较为混乱，安全施工重视程度不够，安全操作、监管措施不到位，由此所引发的大大小小的事故也在大量增加。拆除工程与建设工程相比，前者是破，后者是立。与人们通常的印象相反的是，很多时候，前者的施工难度、危险程度、作业条件要求都高于后者。房屋拆除是一项劳动力密集型、技术要求高、风险大的工作，也是安全事故的高发区。

《条例》第11条规定：“建设单位应当将拆除工程发包给具有相应资质等级的施工单位。”《安全生产法》第41条也做了相应规定，即生产经营单位不得将生产经营项目发包或出租给不具备安全生产条件或者相应资质的单位或者个人……按照要求，拆除工程施工人员必须经专业安全培训，考试合格，才允许上岗作业。拆除作业必须先编制安全施工组织设计。建筑拆除工程必须由具有拆除工程专业施工资质的施工单位实施……

7.9.1 拆除事故案例

1. 事故概况

2001年9月10日，某市因道路拓宽工程需要，市城建开发处与该市某拆迁单位签订委托拆迁协议，将某建筑公司大院部分房屋及附属物拆除任务委托给某拆迁单位。同年9

月 18 日拆迁单位与建筑公司签订拆迁协议，同意由该建筑公司负责拆除。签订协议后，拆迁单位黄某、潘某、李某等人为了单位创收与建筑公司副经理易某、经营科长张某口头协议，要将文化中心和实验室拆除另行安排。据此书面和口头协议，某建筑公司安排所属工贸公司将协议范围内的拆除物于 2001 年底前拆除完毕，而对拆迁单位口头协议留下的文化中心和实验室未安排队伍拆除。2001 年 10 月，拆迁单位黄某将文化中心和实验室拆除业务安排给了个体户程某。程某在拆除完实验室和文化中心屋顶后，将剩余的工程又转包薛某拆除。2001 年 12 月 13 日上午，文化中心只剩下东墙未拆(高约 4m，长约 7m)，其余的墙已全部拆倒。薛某等 3 人在东墙西侧约 3m 的地方清理红砖。约 9 时 40 分，东墙突然向西倒塌，将正在清理红砖的 3 人砸倒，当场死亡。

2. 事故原因分析

1）技术方面

拆除人薛某在未对拆除工程制订拆除方案的情况下对房屋进行拆除时，采取了错误的分段拆除方法，并没有采取任何安全防护措施，导致墙体失稳、突然倒塌。因此，缺少施工方案和安全技术措施是此次事故的技术原因。

2）管理方面

一是拆迁单位对内部人员失之管理，且工程发包后对工程未采取监督措施；二是某建筑公司作为合同中的承包人，执行合同不严，现场管理交接不清；三是拆迁单位职工黄某利用身份和工作便利，弄虚作假、徇私舞弊，违法将拆迁业务安排给无资质的个体；四是承包人程某无拆除资质，利用非法手段承揽拆迁业务，又非法转包。是此次事故的管理原因。

3. 事故责任分析及处理

拆除人薛某系无房屋拆除资质的个体，不懂建筑施工技术，承揽任务后私招滥雇。既未制订拆除方案，也没有采取任何安全防护措施，严重违反了拆除作业程序，属典型的违章拆除，其行为已触犯《刑法》第一百三十四条，应追究刑事责任。

该市拆迁单位职工黄某利用身份和工作便利，弄虚作假，徇私舞弊，私自将拆迁业务安排给无资质的个体业主，对本次事故负有主要责任。

该市拆迁单位部分分管此次拆迁工作的领导，为单位创收随意争来拆除业务后又不闻不问，管理、监督不到位，对此次事故负有不可推卸的责任。

7.9.2 拆除事故原因分析

1. 无资质企业和个人承揽拆除工程

(1) 违法发包、承包、转包。业主无视房屋拆除的危险性的技术要求，无视《建筑法》的规定，将拆除工程发包给无资企业或个人，承包者再将拆除工程转包，拆除时的违章指挥、违章作业，导致事故发生。

(2) 业主自行组织拆除，管理混乱。业主自行组织拆除，由于无相应资质，常常在无拆除方案、无技术及安全交底和没有任何安全防护措施的情况下违规拆除，冒险蛮干。

（3）“以料抵工”、“以料抵款”，冒险拆除。在房屋拆除中，普遍存在业主“以料抵工”、“以料抵款”的现象，这给房屋拆除造成极大的安全隐患。作业人员担心被拆的构、配件损坏，不能变卖，冒险拆除、违章作业。

2. 违反拆除程序，导致事故

遵循拆除程序是房屋拆除安全及顺利实施的保证。在拆除前，建设单位应提供被拆除建筑的详细图纸和相关资料，这包括原施工过程中的设计变更及使用过程中的改建、扩建等全部资料。施工单位应对作业区进行实地勘察，评估拆除过程中对相邻环境可能造成的影响，并选择最安全的拆除方法。房屋拆除的原则应是按建筑物建设时相反的顺序进行，应先拆高处，再拆低处；先拆除非承重构件，后拆除承重构件。多层砖混结构房屋拆除，应自上而下逐层拆除，不得数层同时交叉拆除；应逐件拆除结构构件，先板、梁，后墙、柱；除平房外，一般不得采用推(拉)倒拆除的方法。

3. 不遵守爆破规定，擅自更改方案

爆破拆除房屋必须严格遵守爆破施工规定。

4. 缺少有效的防范措施，导致事故

（1）拆除时必须考虑气候影响，应准确判断气候对拆除中房屋的不利影响，切实加强安全防范措施。

（2）对待拆的构件未采取加固措施停止作业时，对已凿开的楼板等采取加固措施。

5. 没有实行拆除工程监理

发生安全事故的拆除工程，大多未实行“旁站式”监理，致使拆除方在没有拆除方案和安全防护措施的情况下自行组织拆除。现场管理混乱，违章指挥、违章作业，致使事故发生。

6. 作业人员大多未经过安全教育和技术培训

7.9.3 房屋拆除工程事故预防措施

（1）实行拆除许可证制度。申请拆除许可证应具备的材料有：①同意拆除的手续；②拟拆除建(构)筑物的结构、体积及现状说明书或竣工图；③拆除工程周围环境的调查情况及说明；④施工队伍资质、施工人员素质、施工机械情况等；⑤拆除方案(包括对拆除垃圾的处理及对环境污染的处理措施等)；⑥有关重要部位拆除的补充说明。

没有取得拆除许可证的单位，不得擅自组织拆除工作。

（2）加强拆除工序的管理。其主要内容包括编制拆除方案、执行拆除、扫尾工作三大部分。编制拆除方案是整个拆除工程的首要工作。要求拆除前对要拆除的建(构)筑物进行仔细、深入、全面的调查，根据实际情况编制严密、科学、合理的拆除方案，并经工程技术负责人审定。较简单的拆除工程的关键环节，必须坚持“自上而下，对称拆除”的原则，不得数层同时拆除。每当拆除一部分结构时，应采取加固或围护措施，以防止另一部分倒塌。当采用爆破法时必须经过爆破设计，对起爆点、引爆物、用药量和爆破程序均应进行严格计算，以最佳参数进行爆破，并要确保周围建筑和人员的绝对安全。收尾工作也是拆除工程的重要环节，要求将杂物及时清理、运送到安全的地点，集中堆放，做到拆除一片、清理一片，减少建筑垃圾污染。

(3) 加强安全教育培训。建立建筑从业人员技能及安全教育培训机制，彻底改变部分企业低水平、走形式或不培训的现状。同时也加强对业主安全的培训，业主必须对房屋拆除安全负责，与施工方共同承担安全风险，提高业主方与拆除方的安全成本。

(4) 实行房屋拆除的招、投标制度，杜绝无资质企业和个人承揽拆除工程，加强对拆除施工企业及现场的监管。

(5) 工程监理是安全生产的重要保障，实行对房屋拆除的“旁站式”监理，切实加强对拆除现场的安全监管，及时发现、消除安全隐患。

(6) 拆除过程中的房屋受气候和环境的影响较大，必须予以高度的重视，防范、排除由此诱发的安全事故。房屋拆除必须顾及周边环境及安全。拆除前，施工单位应对被拆建筑物及周围的安全环境进行评估，拆除建筑物周围应设有安全防护网和防护棚，被拆除房屋应全部腾空，拆除现场应划定危险区域，设置明显的警示标志，并派专人守护。在居民密集点、交通要道附近，脚手架须采用全封闭围护，并搭设防护隔离棚。

本章小结

本章主要介绍了建设工程安全生产常见几类事故的案例，包括高处坠落、物体打击、坍塌事故、起重伤害、机械伤害、触电事故、中毒和窒息、火灾事故和拆除事故。从事故概况、事故原因分析、事故责任分析及处理三方面指出了预防此类事故的针对性措施，举一反三。相信读者会有所触动和反思。

思考与拓展题

7—1 你认为建筑施工现场“五大伤害”事故指什么？

7—2 三级安全教育，指哪三级？每一级的教育内容是什么？

7—3 什么是“三违”？

7—4 结合施工现场实践，你认为应如何防止高处坠落事故发生？

7—5 请参照高处坠落事故案例进行分析。

7—6 结合施工现场实践，你认为应如何防止物体打击事故发生？

7—7 请参照物体打击事故案例进行分析。

7—8 请指出施工现场哪些部位容易发生坍塌事故以及如何预防。

7—9 请参照坍塌事故案例进行分析。

7—10 什么是起重伤害？

7—11 起重伤害的原因和预防措施各是什么？

7—12 起重机械使用过程中，严格遵守“十不吊”原则，请说出“十不吊”的具体内容。

7—13 建筑施工特种作业人员包括哪些人员？

7—14 请参照起重伤害事故案例进行分析。

7—15 什么是机械伤害？

7—16 机械伤害的原因和预防措施各是什么？

7—17 请参照机械伤害事故案例进行分析。

7—18 施工现场临时用电有哪些原则？

7—19 建筑施工的触电事故主要有哪几类？

7—20 触电事故的原因和预防措施各是什么？

7—21 请参照触电事故案例进行分析。

7—22 施工现场常见的中毒事故有哪些？

7—23 请参照有关中毒事故案例进行分析。

7—24 你是如何理解“隐患险于明火，防范胜于救灾，责任重于泰山”这句话的？

7—25 请谈谈目前你所实践的施工现场有哪些火灾隐患存在？你准备如何整改？

7—26 请参照有关火灾事故案例进行分析。

7—27 申请拆除许可证应具备哪些材料？

7—28 请指出各种类型结构房屋拆除程序如何。

7—29 请参照拆除事故案例进行分析。

第8章 建设工程安全监理相关法规

课程标准

课程内容	知识要点	教学目标
建设工程安全生产法律法规体系	安全生产方面的法律、法规、规章和标准	熟悉有关安全生产方面的法律、法规、地方性法规、规章、安全生产标准等内容
国家有关安全生产法规部分条款	《宪法》、《刑法》、《建筑法》、《安全生产法》《建设工程安全生产管理条例》、《安全生产许可证条例》、《生产安全事故报告和调查处理条例》、《国务院关于进一步加强企业安全生产工作的通知》等部分内容	熟悉《宪法》、《刑法》、《建筑法》、《安全生产法》《建设工程安全生产管理条例》、《安全生产许可证条例》、《生产安全事故报告和调查处理条例》、《国务院关于进一步加强企业安全生产工作的通知》等部分有关安全内容
住房和城乡建设部等部门有关安全监理的规章条文	《房屋建筑工程施工旁站监理管理办法》、《关于落实建设工程安全生产监理责任的若干意见》等有关安全监理的条文	熟悉安全监理现行规章有关条文内容
建设工程安全监理的相关法律法规目录	建设工程安全监理的相关法律法规	熟悉最近建设工程安全监理的相关法律法规

▶▶章节导读

监理是公正的第三方，在工程项目监理过程中必须维护业主与承包商双方的合法权益，协调好各方关系，妥善解决处理矛盾问题，同时能回避一些责任。因此，监理人员必须知法、守法、用法，自觉遵守职业道德。安全监理人员要善于学习国家和地方的有关法律法规，如《建筑法》、《合同法》、《安全生产法》、《条例》、《建设工程监理规范》、《工程建设强制性标准》等。通过学习教育，监理人员增强了法律和职业道德意识，提高了依法管理的能力，能较全面地掌握运用有关法律法规知识依法处理问题。目前，监理存在的主要问题是对国家及地方安全生产的法律、法规、规范性文件缺乏认真学习，贯彻不力。我们不少监理单位的监理人员，忙于事务、热衷于验收，对有关国家及地方最新的安全生产的法律、法规、规范性文件学习的自觉性不够，甚至被建设行政主管部门实施行政处罚后还不知道自己行为已经构成违法。由于学法、知法、懂法、守法上的欠缺，在不少安全事故处理中监理企业也被牵涉其中，有些监理人员甚至被追究刑事责任。由于对安全技术标准、规范不熟悉，未全面掌握，不能及时发现安全隐患与严重安全问题，安全监理形同虚设。所以监理单位、安全监理人员更应该学法、知法、守法。

特别提示

安全监理任务艰巨，任重道远，是一门系统科学，需要我们不断地探索、总结、深化，并在工作中完善，在工作中成熟。

8.1 建设工程安全生产法律法规体系

安全生产法律体系是一个包含多种法律形式和法律层次的综合性系统，从法律规范的形式和特点来讲，既包括作为整个安全生产法律法规基础的宪法，也包括行政法规、技术性法规、程序性法规等。按地位及效力同等原则，安全生产法律体系分为以下七个类别。

8.1.1 宪法

《中华人民共和国宪法》(以下简称《宪法》)是由我国最高权力机关——全国人民代表大会制定的法律，是安全生产法律体系中的最高层次，“加强劳动保护，改善劳动条件”是《宪法》对安全生产方面最高法律效力的规定。

8.1.2 安全生产方面的法律

1. 基础法

我国有关安全生产的基础法律包括《安全生产法》和与其平行的专门法律和相关法律。《安全生产法》是安全生产领域的综合性基本法，它是我国第一部全面规范安全生产的专门法律，是我国安全生产法律体系的主体法，是各类生产经营单位及其从业人员实现安全生产所必须遵循的行为准则，是各级人民政府及其有关部门进行监督管理和行政执法的法律依据，是制裁各种安全生产违法犯罪的有力武器。

2. 专门法律

安全生产专门法律是指规范某一专业领域安全生产法律制度的法律。我国在专业领域的安全生产法律有《中华人民共和国矿山安全法》、《中华人民共和国海上交通安全法》、《中华人民共和国消防法》、《中华人民共和国道路交通安全法》等。

3. 相关法律

与安全生产相关的法律是指安全生产基础法律和专门法律以外的其他法律中涵概安全生产内容的法律，如《中华人民共和国劳动法》、《中华人民共和国建筑法》、《中华人民共和国煤炭法》、《中华人民共和国铁路法》、《中华人民共和国民用航空法》、《中华人民共和国工会法》、《中华人民共和国全民所有制企业法》、《中华人民共和国乡镇企业法》、《中华人民共和国矿产资源法》等。还有一些与安全生产监督执法工作有关的法律，如《中华人民共和国刑法》、《中华人民共和国刑事诉讼法》、《中华人民共和国行政处罚法》、《中华人民共和国行政复议法》《中华人民共和国国家赔偿法》和《中华人民共和国标准化法》等。《中华人民共和国建筑法》是我国第一部规范建筑活动的部门法律，它的颁布施行强化了建筑工程质量和安全的法律保障，该法总计八十五条，通篇贯穿了质量安全问题，具有很强的针对性，对影响建筑工程质量和安全的各方面因素作出了较为全面的规范。

8.1.3 安全生产行政法规

安全生产行政法规是指由国务院组织制定并批准公布的，为实施安全生产法律或规范安全生产监督管理制度，而制定并颁布的一系列具体规定，是实施安全生产监督、管理和监察工作的重要依据。我国已经颁布了多部安全生产的行政法规，如《安全生产许可证条例》、《条例》等。

《安全生产许可证条例》和《条例》是目前调整建设工程安全生产行为的两个主要行政法规。涉及建设工程安全生产的其他主要行政法规有《生产安全事故报告和调查处理条例》(国务院令第 493 号)、《特种设备安全监察条例》(国务院令第 373 号)、《国务院关于特大安全事故行政责任追究的规定》(国务院令 302 号)、《国务院关于进一步加强企业安全生产工作的通知》国发〔2010〕23 号等。

2004 年 1 月 13 日国务院第 397 号令公布了《安全生产许可证条例》，并自公布之日起施行，这对建筑企业来说是一件大事。《安全生产许可证条例》对于严格规范安全生产条件，进一步加强安全生产监督管理，防止和减少生产安全事故，发挥了保障作用。

2004 年 2 月 1 日开始正式实施的《条例》是我国真正意义上第一部针对建设工程安全生产的法规，使建设工程安全生产做到了有法可依，建设工程各方责任主体也有了明确的指导和规范。

8.1.4 地方性安全生产法规

地方性安全生产法规是指由省、自治区、直辖市以及省、自治区人民政府所在地的市和经国务院批准的较大的市的人民代表大会及其常委会，在其法定权限内制定的安全方面的法律规范性文件。如目前我国有 27 个省、自治区和直辖市人民代表大会制定了《劳动保护条例》和《劳动安全卫生条例》等。

如《浙江省安全生产条例》是浙江省第一部全面规范安全生产的综合性地方性法规，该法突出以人为本，贯彻“安全第一，预防为主、综合治理”方针，进一步明确了各级人民政府、各有关部门、特别是基层的安全生产监督职责，较完整地构建了浙江省安全生产工作体系。

8.1.5 安全生产行政规章

安全生产行政规章是指由国家行政机关制定的在安全生产方面的法律规范性文件，包括部门规章和地方政府规章。

部门规章是由国务院相关部委制定的安全生产的法律规范性文件。从行业角度可划分为建筑业、交通运输业、化学工业、石油工业、机械工业、建材工业、电子工业、冶金工业、航空航天业、船舶工业、轻纺工业、煤炭工业、地质勘探业等。

部门安全生产规章和地方性政府安全生产规章作为安全生产法律法规的重要补充，在我国安全生产监督管理工作中起着十分重要的作用。如建设部 2004 年 2 月 3 日发布的《房屋建筑和市政基础设施工程分包管理办法》、2004 年 7 月 5 日发布的《建筑施工企业安全生产许可证管理规定》等。部门规章的效力低于法律和行政法规。

地方政府规章是由省、自治区、直辖市以及省、自治区人民政府所在地的市和国务院批准的较大的市的人民政府所制定的安全生产的法律规范性文件。地方政府规章的效力低于法律、行政法规，也低于同级或上级地方性法规，如《浙江省落实生产经营单位安全生产主体责任暂行规定》(浙安委〔2009〕12 号)等。

8.1.6 安全生产标准

安全生产标准是安全生产法律体系中的一个重要组成部分，也是安全生产管理的基础和监督执法工作的技术依据。安全生产标准大致分为设计规范类；安全生产设备、工具类；安全健康类；防护用品类等四类标准。《与建设工程安全生产有关的主要标准规范有：《建筑施工安全检查标准》(JGJ 59—2011)、《施工企业安全生产评价标准》(JGJ/T77)、《施工现场临时用电安全技术规范》(JGJ46)、《建筑施工高处作业安全技术规范》(JGJ80)、《龙门架及井架物料提升机安全技术规范》(JGJ88)、《建筑施工门式钢管脚手架安全技术规范》(JGJ128)、《建筑施工扣件式钢管脚手架安全技术规范》(JGJ130)、《建筑机械使用安全技术规程》(JGJ33)、《建筑施工扣件式钢管模板支架技术规程》(DB33/1035)等等。

特别提示

按标准发生作用的范围和审批标准级别来分，则分为国家标准、行业标准、地方标准、企业标准 4 级。按标准的约束性来分，分为强制性标准和推荐性标准两类。强制性标准是保障人体健康、人身、财产安全的国家标准或行业标准和法律及行政法规规定强制执行的标准，其他标准则是推荐性标准。国家标准、行业标准和地方标准的性质分为两类：一类是强制性标准，其代号为“GB”(“国标”汉语拼音的第一个字母)，另一类是推荐性国家标准，其代号为“GB/T”(“T”为“推”的汉语拼音的第一个字母)。对于强制性标准，国家要求“必须执行”；对于推荐性标准，“国家鼓励企业自愿采用。”企业标准是要求最严和最高的标准。

8.1.7 已批准的国际劳动安全公约

国际公约是指我国作为国际法主体同外国缔结的双边、多边协议和其他具有条约、协定性质的文件。国际劳工组织自 1919 年创立以来，一共通过了 185 个国际公约和为数较多的建议书，这些公约和建议书统称为国际劳工标准，其中 70%的国际劳工标准涉及职业健康安全问题。我国政府为国际性安全生产工作已签订了国际性公约，当我国安全生产法规与国际公约有不同时，应优先采用国际公约的规定(除保留条件的条款外)。目前我国政府已批准的国际公约有 23 个，其中 4 个是与职业健康安全相关的。

8.2 国家有关安全生产法规部分条款

8.2.1 中华人民共和国宪法

《中华人民共和国宪法》是我国的根本大法，涉及安全生产和劳动保护的条款有：

第四十二条规定：中华人民共和国公民有劳动的权利和义务。国家通过各种途径，创造劳动就业条件，加强劳动保护，改善劳动条件，并在发展生产的基础上，提高劳动报酬和福利待遇。

第四十三条规定：中华人民共和国劳动者有休息的权利。国家发展劳动者休息和休养的设施，规定职工的工作时间和休假制度。

8.2.2 中华人民共和国刑法

2006 年 6 月 29 日修正后的《中华人民共和国刑法》涉及安全生产和劳动保护的条款有：

第一百三十四条：在生产、作业中违反有关安全管理的规定，因而发生重大伤亡事故或者造成其他严重后果的，处三年以下有期徒刑或者拘役；情节特别恶劣的，处三年以上七年以下有期徒刑。强令他人违章冒险作业，因而发生重大伤亡事故或者造成其他严重后果的，处五年以下有期徒刑或者拘役；情节特别恶劣的，处五年以上有期徒刑。

第一百三十五条：安全生产设施或者安全生产条件不符合国家规定，因而发生重大伤亡事故或者造成其他严重后果的，对直接负责的主管人员和其他直接责任人员，处三年以下有期徒刑或者拘役；情节特别恶劣的，处三年以上七年以下有期徒刑。

第一百三十七条：建设单位、设计单位、施工单位、工程监理单位违反国家规定，降低工程质量标准，造成重大安全事故的，对直接责任人员，处五年以下有期徒刑或者拘役，并处罚金；后果特别严重的，处五年以上十年以下有期徒刑，并处罚金。

第一百三十九条之一：在安全事故发生后，负有报告职责的人员不报或者谎报事故情况，贻误事故抢救，情节严重的，处三年以下有期徒刑或者拘役；情节特别严重的，处三年以上七年以下有期徒刑。

8.2.3 《中华人民共和国建筑法》(以下简称《建筑法》)

《建筑法》中直接涉及监理和建筑安全生产的主要条款有：

第三十条：国家推行建筑工程监理制度。

国务院可以规定实行强制监理的建筑工程的范围。

第三十一条：实行监理的建筑工程，由建设单位委托具有相应资质条件的工程监理单位监理。建设单位与其委托的工程监理单位应当订立书面委托监理合同。

第三十二条：建筑工程监理应当依照法律、行政法规及有关的技术标准、设计文件和建筑工程承包合同，对承包单位在施工质量、建设工期和建设资金使用等方面，代表建设单位实施监督。工程监理人员认为工程施工不符合工程设计要求、施工技术标准和合同约定的，有权要求建筑施工企业改正。工程监理人员发现工程设计不符合建筑工程质量标准或者合同约定的质量要求的，应当报告建设单位要求设计单位改正。

第三十三条：实施建筑工程监理前，建设单位应当将委托的工程监理单位、监理的内容及监理权限，书面通知被监理的建筑施工企业。

第三十四条：工程监理单位应当在其资质等级许可的监理范围内，承担工程监理业务。

工程监理单位应当根据建设单位的委托，客观、公正地执行监理任务。

工程监理单位与被监理工程的承包单位以及建筑材料、建筑构配件和设备供应单位不得有隶属关系或者其他利害关系。

工程监理单位不得转让工程监理业务。

第三十五条：工程监理单位不按照委托监理合同的约定履行监理义务，对应当监督检查的项目不检查或者不按照规定检查，给建设单位造成损失的，应当承担相应的赔偿责任。工程监理单位与承包单位串通，为承包单位谋取非法利益，给建设单位造成损失的，应当与承包单位承担连带赔偿责任。

第三十六条：建筑工程安全生产管理必须坚持安全第一、预防为主的方针，建立健全安全生产的责任制度和群防群治制度。

第三十七条：建筑工程设计应当符合按照国家规定制定的建筑安全规程和技术规范，保证工程的安全性能。

第三十八条：建筑施工企业在编制施工组织设计时，应当根据建筑工程的特点制定相应的安全技术措施；对专业性较强的工程项目，应当编制专项安全施工组织设计，并采取安全技术措施。

第三十九条：建筑施工企业应当在施工现场采取维护安全、防范危险、预防火灾等措施；有条件的，应当对施工现场实行封闭管理。施工现场对毗邻的建筑物、构筑物和特殊作业环境可能造成损害的，建筑施工企业应当采取安全防护措施。

第四十一条：建筑施工企业应当遵守有关环境保护和安全生产的法律、法规的规定，采取控制和处理施工现场的各种粉尘、废气、废水、固体废物以及噪声、振动对环境的污染和危害的措施。

第四十五条：施工现场安全由建筑施工企业负责。实行施工总承包的，由总承包单位负责。分包单位向总承包单位负责，服从总承包单位对施工现场的安全生产管理。

第四十六条：建筑施工企业应当建立健全劳动安全生产教育培训制度，加强对职工安全生产的教育培训；未经安全生产教育培训的人员，不得上岗作业。

第四十七条：建筑施工企业和作业人员在施工过程中，应当遵守有关安全生产的法律、法规和建筑行业安全规章、规程，不得违章指挥或者违章作业。作业人员有权对影响人身健康的作业程序和作业条件提出改进意见，有权获得安全生产所需的防护用品。作业人员对危及生命安全和人身健康的行为有权提出批评、检举和控告。

第四十八条：建筑施工企业必须为从事危险作业的职工办理意外伤害保险，支付保险费。

第五十条：房屋拆除应当由具备保证安全条件的建筑施工单位承担，由建筑施工单位负责人对安全负责。

8.2.4 安全生产法

《安全生产法》是我国第一部安全生产综合性法律，该法规范了我国生产经营单位的安全生产，强化了安全生产监督执法，立足于事故预防，突出了安全生产基本法律制度的建设。

《安全生产法》确定了我国安全生产的六项基本法律制度：安全生产监督管理制度；生产经营单位安全生产保障制度；生产经营单位负责人安全责任制度；安全中介服务制度；安全生产责任追究制度；事故应急救援和处理制度。

《安全生产法》明确了从业人员在安全生产中的权利和义务。其中权利包括①知情权，即有权了解其作业场所和工作岗位存在的危险因素、防范措施和事故应急措施；②建议权，即有权对本单位的安全生产工作提出建议；③批评权和检举、控告权，即有权对本单位安全生产管理工作中存在的问题提出批评、检举、控告；④拒绝权，即有权拒绝违章作业指挥和强令冒险作业；⑤紧急避险权，即发现直接危及人身安全的紧急情况时，有权停止作业或者在采取可能的应急措施后撤离作业场所；⑥依法向本单位提出要求赔偿的权利；⑦获得符合国家标准或者行业标准劳动防护用品的权利；⑧获得安全生产教育和培训的权利。

从业人员的义务：①自律遵规的义务，即从业人员在作业过程中，应当遵守本单位的安全生产规章制度和操作规程，服从管理，正确佩戴和使用劳动防护用品；②自觉学习安全生产知识的义务，要求掌握本职工作所需的安全生产知识，提高安全生产技能，增强事故预防和应急处理能力；③危险报告义务，即发现事故隐患或者其他不安全因素时，应当立即向现场安全生产管理人员或者本单位负责人报告。

8.2.5 《建设工程安全生产管理条例》(国务院 279 号令)(以下简称《条例》)

《条例》是在《建筑法》、《安全生产法》颁布实施后制定的第一部在建设工程安全生产方面的配套性行政法规，是针对工程建设中存在建设工程各方主体安全责任不够明确、建设工程安全生产投入不足、监督管理制度和安全生产事故应急救援制度不健全的情况下而制定的。该条例于 2003 年 12 月 24 日发布，自 2004 年 2 月 1 日起施行。该条例对工程建设各方主体的安全责任，工程监理单位在建设工程安全生产监理过程中的工作依据、主要工作内容及违反该条例的处罚作出了明确的规定。

《条例》确定了政府部门的安全生产监管制度，包括依法批准开工报告的建设工程和拆除工程备案制度；三类人员考核任职制度；特种作业人员持证上岗制度；施工起重机械使用登记制度；政府安全监督检查制度；危及施工安全的工艺、设备、材料淘汰制度；生产安全事故报告制度。同时，补充和完善了市场准入制度中施工企业资质和施工许可制度，明确规定安全生产条件作为施工企业资质的必要条件。发放施工许可证时，对建设工程是否有安全施工措施进行审查把关，没有安全施工措施的，不得颁发施工许可证。

《条例》进一步明确了《建筑法》对施工企业的七项安全生产管理制度的规定，即安全生产责任制度、群防群治制度、安全生产教育培训制度、安全生产检查制度、意外伤害保险制度、伤亡事故处理报告制度和安全责任追究制度。同时，《条例》还增加了专项施工方案专家论证审查制度、施工现场消防安全责任制度、生产安全事故应急救援制度等。

《条例》明确规定了建设活动各方主体应当承担的安全生产责任，即建设单位、施工单位、工程监理单位、勘察设计单位、设备材料供应单位、机械设备租赁单位、起重机械和整体提升脚手架、模板的安装、拆卸单位等其他相关单位在建设活动中应当承担的安全责任，以及在建设活动中的违法行为应当承担的法律责任。

《条例》确定了建设工程安全生产监督管理体制，即国务院负责安全生产监督管理的部门依照《安全生产法》的规定，对全国建设工程安全生产工作实施综合监督管理，对安全生产工作进行指导、协调和监督；国务院建设行政主管部门对全国的建设工程安全生产实施监督管理；国务院有关部门按照国务院规定的职责分工，负责有关专业建设工程安全生产的监督管理，其监督管理主要体现在结合行业特点制定相关的规章制度和标准并实施行政监管上。形成统一管理与分级管理、综合管理与专门管理相结合的管理体制，分工负责、各司其职、相互配合，共同做好安全生产监督管理工作。

《条例》明确了建立生产安全事故的应急救援预案制度。建设行政主管部门应当根据本级人民政府的要求，制定本行政区域内建设工程特大生产安全事故应急救援预案。施工单位应当制定本单位生产安全事故应急救援预案，建立应急救援组织或者配备应急救援人员，配备必要的应急救援器材、设备，并定期组织演练。同时，施工单位应当制定施工现场生产安全事故应急救援预案。实行施工总承包的，由总承包单位统一组织编制建设工程生产安全事故应急救援预案，工程总承包单位和分包单位按照应急救援预案，各自建立应急救援组织或者配备应急救援人员，配备救援器材、设备，并定期组织演练。

8.2.6 安全生产许可证条例

2004年1月13日发布的《安全生产许可证条例》(国务院第397号令)是针对安全生产高危行业市场准入的一项制度，即国家对矿山企业、建筑施工企业和危险化学品、烟花爆竹、民用爆破器材生产企业实行安全生产许可制度。企业未取得安全生产许可证的不得从事生产经营活动。以上企业取得安全生产许可证，应当同时具备以下安全生产条件。

(1) 建立、健全安全生产责任制，制定完备的安全生产规章制度和操作规程。

(2) 安全投入符合安全生产要求。

(3) 设置安全生产管理机构，配备专职安全生产管理人员。

(4) 主要负责人和安全生产管理人员经考核合格。

(5) 特种作业人员经有关业务主管部门考核合格，取得特种作业操作资格证书。

(6) 从业人员经安全生产教育和培训合格。

(7) 依法参加工伤保险，为从业人员缴纳保险费。

(8) 厂房、作业场所和安全设施、设备、工艺符合有关安全生产法律、法规、标准和规程的要求。

(9) 有职业危害防治措施，并为从业人员配备符合国家标准或者行业标准的劳动防护用品。

(10) 依法进行安全评价。

(11) 有重大危险源检测、评估、监控措施和应急预案。

(12) 有生产安全事故应急救援预案、应急救援组织或者应急救援人员，配备必要的应急救援器材、设备。

(13) 法律、法规规定的其他条件。

安全生产许可证有效期 3 年。

8.2.7 建筑施工企业安全生产许可证动态监管暂行办法

为强化建筑施工企业安全生产许可证动态监管，促进施工企业保持和改善安全生产条件，控制和减少生产安全事故，住建部制定了《建筑施工企业安全生产许可证动态监管暂行办法》(建质[2008]121 号)，于 2008 年 6 月 30 日起执行。其中规定：

(1) 建设单位或其委托的工程招标代理机构在编制资格预审文件和招标文件时，应当明确要求建筑施工企业提供安全生产许可证，以及企业主要负责人、拟担任该项目负责人和专职安全生产管理人员(以下简称“三类人员”)相应的安全生产考核合格证书。

(2) 建设主管部门在审核发放施工许可证时，应当对已经确定的建筑施工企业是否具有安全生产许可证以及安全生产许可证是否处于暂扣期内进行审查，对未取得安全生产许可证及安全生产许可证处于暂扣期内的，不得颁发施工许可证。

(3) 工程监理单位应当查验承建工程的施工企业安全生产许可证和有关“三类人员”安全生产考核合格证书持证情况，发现其持证情况不符合规定的或施工现场降低安全生产条件的，应当要求其立即整改。施工企业拒不整改的，工程监理单位应当向建设单位报告。建设单位接到工程监理单位报告后，应当责令施工企业立即整改。

特别提示

“三类人员”安全生产考核合格证书有效期三年，三年期满前三个月要申请延期，可通过继续教育培训合格，再延期三年。

8.2.8 生产安全事故报告和调查处理条例

国务院 2007 年 4 月 9 日公布，并于 2007 年 6 月 1 日起实施的该条例，是为了规范生产安全事故的报告和调查处理，落实生产安全事故责任追究制度，防止和减少生产安全事故的发生而制定的。该条例中具体规范了生产安全事故的等级划分，明确了生产安全事故报告的对象、内容和要求，规定了事故调查的权限、事故调查组的成立及职责，确定了不同等级生产安全事故的处理部门和要求，并进一步明确了生产安全事故发生后，对事故发生单位及有关人员和相关部门及人员的法律责任。

8.2.9 国务院关于进一步加强安全生产工作的决定

2004年1月9日，国务院作出《国务院关于进一步加强安全生产工作的决定》(国发[2004]2号)，进一步明确了安全生产工作的指导思想、目标任务、工作重点和政策措施，对做好新时期的安全生产工作具有十分重要的指导意义，全国建设系统一定要认真贯彻落实。为全面贯彻落实《国务院关于进一步加强安全生产工作的决定》，加强建设系统安全生产工作，尽快实现建设系统安全生产形势的根本好转，提出奋斗目标。到2007年，全国建设系统安全生产状况稳定好转，死亡人数和建筑施工百亿元产值死亡率有一定幅度的下降。到2010年，全国建设系统安全生产状况明显好转，重特大事故得到有效遏制，建筑施工和城市市政公用行业事故起数和死亡人数均有较大幅度的下降。力争到2020年，全国建设系统安全生产状况实现根本性好转，有关指标达到或者接近世界中等发达国家水平。

8.2.10 关于进一步加强安全生产工作的意见

国务院在2009年11月2日发布的意见中明确了安全生产的工作目标。从2009年起，全面实施“365安全生产行动计划”，以“三个确保”为目标，突出“六大重点领域”，强化“五项安全措施”，全面加强安全生产工作。今后四年，每年确保安全生产事故起数、死亡人数和直接经济损失三项指标“零增长”，并力争有所下降；确保道路交通万车死亡率、亿元GDP死亡率、工矿商贸企业十万从业人员死亡率等指标稳步下降；确保不突破国务院安全生产委员会下达的安全生产控制指标，坚决遏制重特大安全生产事故发生。

针对六大重点领域之一的建设工程领域提出了如下要求：

(1) 严格实施建设工程安全生产许可制度，以房屋建筑和市政基础设施、地铁、公路、铁路、水利、通信、电力等工程建设为重点，进一步落实勘察、设计、审批、建设、施工等环节的安全责任，并加强监督检查，确保安全设施与主体工程同时设计、同时施工、同时投入生产和使用。

(2) 重视防雷安全，完善重点单位防雷责任制。规范建设市场秩序，依法加强招标投标管理，严厉打击违法建设行为。

(3) 加强施工现场安全监管，落实重大项目、重要部位、重点环节的监控措施，提升施工现场安全防护水平。完善政府监管、中介机构社会监理和企业内部自控的安全生产机制。

(4) 加强安全生产培训体系建设，企业负责人、安全管理人员、企业员工培训率达100%，特种作业人员持证上岗率达100%。

特别提示

365安全生产行动计划是指确保道路交通万车死亡率、亿元GDP死亡率、工矿商贸企业十万人员死亡率等指标稳步下降；突出道路交通、消防安全、海洋与渔业、建设工程、危险化学品与矿山、机械制造等“六大重点领域”，具体实施“强化政府及有关部门安全生产监管责任、加强安全生产管理、落实生产经营单位安全生产主体责任、加强安全生产保障能力建设、完善安全生产长效管理措施”等“五项工作措施”。

8.2.11 国务院关于进一步加强企业安全生产工作的通知

2010年7月19日发出通知，共九大部分32条。

1. 总体要求

（1）工作要求。深入贯彻落实科学发展观，坚持以人为本，牢固树立安全发展的理念，坚持“安全第一、预防为主、综合治理”的方针，全面加强企业安全管理，健全规章制度，完善安全标准，提高企业技术水平，夯实安全生产基础。

（2）主要任务。以建筑施工等行业为重点，全面加强企业安全生产工作。集中整治非法违法生产行为，彻底淘汰安全性能低下、危及安全生产的落后产能。

2. 严格企业安全管理

（3）进一步规范企业生产经营行为。企业要健全完善严格的安全生产规章制度，坚持不安全不生产。加强对生产现场监督检查，严格查处违章指挥、违规作业、违反劳动纪律的“三违”行为。

（4）及时排查治理安全隐患。企业要经常性开展安全隐患排查，并切实做到整改措施、责任、资金、时限和预案“五到位”。

（5）强化生产过程管理的领导责任。企业主要负责人和领导班子成员要轮流现场带班。发生事故而没有领导现场带班的，对企业给予规定上限的经济处罚，并依法从重追究企业主要负责人的责任。

（6）强化职工安全培训。企业主要负责人和安全生产管理人员、特殊工种人员一律严格考核，按国家有关规定持职业资格证书上岗；职工必须全部经过培训合格后上岗。企业用工要严格依照劳动合同法与职工签订劳动合同。

（7）全面开展安全达标。

3. 建设坚实的技术保障体系

（8）加强企业生产技术管理。

（9）强制推行先进适用的技术装备。

（10）加快安全生产技术研发。企业在年度财务预算中必须确定必要的安全投入。

4. 实施更加有力的监督管理

（11）进一步加大安全监管力度。

（12）强化企业安全生产属地管理。

（13）加强建设项目安全管理。强化项目安全设施核准审批，加强建设项目的日常安全监管，严格落实审批、监管的责任。企业新建、改建、扩建工程项目的安全设施，要包括安全监控设施和防瓦斯等有害气体、防尘、排水、防火、防爆等设施，并与主体工程同时设计、同时施工、同时投入生产和使用。

（14）加强社会监督和舆论监督。

5. 建设更加高效的应急救援体系

（15）加快国家安全生产应急救援基地建设。

(16) 建立完善企业安全生产预警机制。企业要建立完善安全生产动态监控及预警预报体系，每月进行一次安全生产风险分析。

(17) 完善企业应急预案。企业应急预案要与当地政府应急预案保持衔接，并定期进行演练。

6. 严格行业安全准入

(18) 加快完善安全生产技术标准。

(19) 严格安全生产准入前置条件。

(20) 发挥安全生产专业服务机构的作用。

7. 加强政策引导

(21) 制定促进安全技术装备发展的产业政策。

(22) 加大安全专项投入。加强对高危行业企业安全生产费用提取和使用管理的监督检查，进一步完善高危行业企业安全生产费用财务管理制度，研究提高安全生产费用提取下限标准，适当扩大适用范围。

(23) 提高工伤事故死亡职工一次性赔偿标准。从2011年1月1日起，依照《工伤保险条例》的规定，对因生产安全事故造成的职工死亡，其一次性工亡补助金标准调整为按全国上一年度城镇居民人均可支配收入的20倍计算，发放给工亡职工近亲属。同时，依法确保工亡职工一次性丧葬补助金、供养亲属抚恤金的发放。

(24) 鼓励扩大专业技术和技能人才培养。进一步落实完善校企合作办学、对口单招、订单式培养等政策，鼓励高等院校、职业学校逐年扩大采矿、机电、地质、通风、安全等相关专业人才的招生培养规模，加快培养高危行业专业人才和生产一线急需技能型人才。

8. 更加注重经济发展方式转变

(25) 制定落实安全生产规划。

(26) 强制淘汰落后技术产品。

(27) 加快产业重组步伐。

9. 实行更加严格的考核和责任追究

(28) 严格落实安全目标考核。

(29) 加大对事故企业负责人的责任追究力度。企业发生重大生产安全责任事故，追究事故企业主要负责人责任；触犯法律的，依法追究事故企业主要负责人或企业实际控制人的法律责任。

(30) 加大对事故企业的处罚力度。

(31) 对打击非法生产不力的地方实行严格的责任追究。

(32) 建立事故查处督办制度。

8.3 住房和城乡建设部等部门有关安全监理的规章条文

8.3.1 房屋建筑工程施工旁站监理管理办法(试行)节选

本办法自2003年1月1日起施行。

本办法所称房屋建筑工程施工旁站监理(以下简称旁站监理)，是指监理人员在房屋建筑工程施工阶段监理中，对关键部位、关键工序的施工质量实施全过程现场跟班的监督活动。本办法所规定的房屋建筑工程的关键部位、关键工序，在基础工程方面包括土方回填、混凝土灌注桩浇筑、地下连续墙、土钉墙、后浇带及其他结构混凝土、防水混凝土浇筑、卷材防水层细部构造处理、钢结构安装；在主体结构工程方面包括梁柱节点钢筋隐蔽过程、混凝土浇筑、预应力张拉、装配式结构安装、钢结构安装、网架结构安装、索膜安装。

该办法对编制监理规划的规定如下：

(1) 监理企业在编制监理规划时，应当制订旁站监理方案，明确旁站监理的范围、内容、程序和旁站监理人员职责等。旁站监理方案应当送建设单位和施工企业各一份，并抄送工程所在地的建设行政主管部门或其委托的工程质量监督机构。

(2) 施工企业根据监理企业制订的旁站监理方案，在需要实施旁站监理的关键部位、关键工序进行施工前 24 小时，应当书面通知监理企业派驻工地的项目监理机构。项目监理机构应当安排旁站监理人员按照旁站监理方案实施旁站监理。

该办法的具体实施如下：

(1) 旁站监理在总监理工程师的指导下，由现场监理人员负责具体实施。

(2) 旁站监理人员的主要职责是：

① 检查施工企业现场质检人员到岗、特殊工种人员持证上岗以及施工机械、建筑材料准备情况；

② 在现场跟班监督关键部位、关键工序的施工执行施工方案以及工程建设强制性标准情况；

③ 核查进场建筑材料、建筑构配件、设备和商品混凝土的质量检验报告等，并可在现场监督施工企业进行检验或者委托具有资格的第三方进行复验；

④ 做好旁站监理记录和监理日记，保存旁站监理原始资料。

该办法规定的施工工序如下：

旁站监理人员应当认真履行职责，对需要实施旁站监理的关键部位、关键工序在施工现场跟班监督，及时发现和处理旁站监理过程中出现的质量问题，如实准确地做好旁站监理记录。凡旁站监理人员和施工企业现场质检人员未在旁站监理记录(见附件)上签字的，不得进行下一道工序施工。

(1) 旁站监理人员实施旁站监理时，发现施工企业有违反工程建设强制性标准行为的，有权责令施工企业立即整改；发现其施工活动已经或者可能危及工程质量的，应当及时向监理工程师或者总监理工程师报告，由总监理工程师下达局部暂停施工指令或者采取其他应急措施。

(2) 旁站监理记录是监理工程师或者总监理工程师依法行使有关签字权的重要依据。对于需要旁站监理的关键部位、关键工序施工，凡没有实施旁站监理或者没有旁站监理记录的，监理工程师或者总监理工程师不得在相应文件上签字。在工程竣工验收后，监理企业应当将旁站监理记录存档备查。

8.3.2 房屋建筑和市政基础设施工程施工分包管理办法

该办法经2003年11月8日建设部第21次常务会议讨论通过，自2004年4月1日起施行。该办法所称施工分包，是指建筑业企业将其所承包的房屋建筑和市政基础设施工程中的专业工程或者劳务作业发包给其他建筑业企业完成的活动。房屋建筑和市政基础设施工程施工分包分为专业工程分包和劳务作业分包。该办法所称专业工程分包，是指施工总承包企业(以下简称专业分包工程发包人)将其所承包工程中的专业工程发包给具有相应资质的其他建筑业企业(以下简称专业分包工程承包人)完成的活动。该办法所称劳务作业分包，是指施工总承包企业或者专业承包企业(以下简称劳务作业发包人)将其承包工程中的劳务作业发包给劳务分包企业(以下简称劳务作业承包人)完成的活动。

(1) 建设单位不得直接指定分包工程承包人。任何单位和个人不得对依法实施的分包活动进行干预。

(2) 分包工程承包人必须具有相应的资质，并在其资质等级许可的范围内承揽业务。严禁个人承揽分包工程业务。

(3) 专业工程分包除在施工总承包合同中有约定外，必须经建设单位认可。专业分包工程承包人必须自行完成所承包的工程。劳务作业分包由劳务作业发包人与劳务作业承包人通过劳务合同约定。劳务作业承包人必须自行完成所承包的任务。

(4) 分包工程发包人和分包工程承包人应当依法签订分包合同，并按照合同履行约定的义务。分包合同必须明确约定支付工程款和劳务工资的时间、结算方式以及保证按期支付的相应措施，确保工程款和劳务工资的支付。

(5) 禁止将承包的工程进行转包。不履行合同约定，将其承包的全部工程发包给他人，或者将其承包的全部工程肢解后以分包的名义分别发包给他人的，属于转包行为。

(6) 禁止将承包的工程进行违法分包。下列行为属于违法分包：

① 分包工程发包人将专业工程或者劳务作业分包给不具备相应资质条件的分包工程承包人；

② 施工总承包合同中未有约定，又未经建设单位认可，分包工程发包人将承包工程中的部分专业工程分包给他人的。

(7) 禁止转让、出借企业资质证书或者以其他方式允许他人以本企业名义承揽工程。分包工程发包人没有将其承包的工程进行分包，在施工现场所设项目管理机构的项目负责人、技术负责人、项目核算负责人、质量管理人员、安全管理人员不是工程承包人本单位人员的，视同允许他人以本企业名义承揽工程。

(8) 分包工程发包人对施工现场安全负责，并对分包工程承包人的安全生产进行管理。专业分包工程承包人应当将其分包工程的施工组织设计和施工安全方案报分包工程发包人备案，专业分包工程发包人发现事故隐患应当及时作出处理。分包工程承包人就施工现场安全向分包工程发包人负责，并应当服从分包工程发包人对施工现场的安全生产管理。

8.3.3 关于加强建筑意外伤害保险工作的指导意见

该指导意见对建筑意外伤害保险的投保范围、保险期限等作了详细规定，并明确指出：保险费应当列入建筑安装工程成本。保险费由施工企业支付，施工企业不得向职工摊派。《建筑法》规定：建筑施工企业必须为从事危险作业的职工办理意外伤害保险，支付保险费。由施工单位作为投保人与保险公司订立保险合同，支付保险费，以本单位从事危险作业的人员作为被保险人，当被保险人在施工作业发生意外伤害事故时，由保险公司按照合同约定向被保险人或者受益人支付保险金。该项保险是法定的强制性保险，以维护施工现场从事危险作业人员的利益。

8.3.4 建筑施工企业主要负责人、项目负责人和专职安全生产管理人员安全生产考核管理暂行规定

该规定进一步明确，三类人员必须经建设行政主管部门对其安全知识和管理能力考核合格后方可任职，并接受定期进行的继续教育。根据《安全生产法》的规定，建筑施工单位的企业主要负责人、项目负责人和安全生产管理人员，应当由有关主管部门对其安全生产知识和管理能力考核合格后方可任职。

8.3.5 建筑工程安全防护、文明施工措施费用及使用管理规定

2005年9月1日起施行，该规定所称安全防护、文明施工措施费用，是指按照国家现行的建筑施工安全、施工现场环境与卫生标准和有关规定，购置和更新施工安全防护用具及设施、改善安全生产条件和作业环境所需要的费用。

建筑工程安全防护、文明施工措施费用由《建筑安装工程费用项目组成》(建标[2003]206号)中措施费所含的文明施工费、环境保护费、临时设施费、安全施工费组成。

其中安全施工费由临边、洞口、交叉、高处作业安全防护费，危险性较大工程安全措施费及其他费用组成。危险性较大工程安全措施费及其他费用项目组成由各地建设行政主管部门结合本地区实际自行确定。

建设单位申请领取建筑工程施工许可证时，应当将施工合同中约定的安全防护、文明施工措施费用支付计划作为保证工程安全的具体措施提交建设行政主管部门。未提交的，建设行政主管部门不予核发施工许可证。

建设单位应当按照该规定及合同约定及时向施工单位支付安全防护、文明施工措施费，并督促施工企业落实安全防护、文明施工措施。

工程监理单位应当对施工单位落实安全防护、文明施工措施情况进行现场监理。对施工单位已经落实的安全防护、文明施工措施，总监理工程师或者造价工程师应当及时审查并签认所发生的费用。监理单位发现施工单位未落实施工组织设计及专项施工方案中安全防护和文明施工措施的，有权责令其立即整改；对施工单位拒不整改或未按期限要求完成整改的，工程监理单位应当及时向建设单位和建设行政主管部门报告，必要时责令其暂停施工。

施工单位应当确保安全防护、文明施工措施费专款专用，在财务管理中单独列出安全防护、文明施工措施项目费用清单备查。施工单位安全生产管理机构和专职安全生产管理人员负责对建筑工程安全防护、文明施工措施的组织实施进行现场监督检查，并有权向建

设主管部门反映情况。工程总承包单位对建筑工程安全防护、文明施工措施费用的使用负总责。总承包单位应当按照本规定及合同约定及时向分包单位支付安全防护、文明施工措施费用。总承包单位不按本规定和合同约定支付费用，造成分包单位不能及时落实安全防护措施导致发生事故的，由总承包单位负主要责任。

建设工程安全防护、文明施工措施项目清单见表8-1。

表8-1 建设工程安全防护、文明施工措施项目清单

<table>
<tr><th>类别</th><th colspan="2">项目名称</th><th>具体要求</th></tr>
<tr><td rowspan="8">文明施工与环境保护</td><td colspan="2">安全警示标志牌</td><td>在易发伤亡事故(或危险)处设置明显的、符合国家标准要求的安全警示标志牌</td></tr>
<tr><td colspan="2">现场围挡</td><td>(1) 现场采用封闭围挡，高度不小于1.8m
(2) 围挡材料可采用彩色、定型钢板，砖、砼砌块等墙体</td></tr>
<tr><td colspan="2">五板一图</td><td>在进门处悬挂工程概况、管理人员名单及监督电话、安全生产、文明施工、消防保卫五板；施工现场总平面图</td></tr>
<tr><td colspan="2">企业标志</td><td>现场出入的大门应设有本企业标识或企业标识</td></tr>
<tr><td colspan="2">场容场貌</td><td>(1) 道路畅通
(2) 排水沟、排水设施通畅
(3) 工地地面硬化处理
(4) 绿化</td></tr>
<tr><td colspan="2">材料堆放</td><td>(1) 材料、构件、料具等堆放时，悬挂名称、品种、规格等标牌
(2) 水泥和其他易飞扬细颗粒建筑材料应密闭存放或采取覆盖等措施
(3) 易燃、易爆和有毒有害物品分类存放</td></tr>
<tr><td colspan="2">现场防火</td><td>消防器材配置合理，符合消防要求</td></tr>
<tr><td colspan="2">垃圾清运</td><td>施工现场应设置密闭式垃圾站，施工垃圾、生活垃圾应分类存放。施工垃圾必须采用相应容器或管道运输</td></tr>
<tr><td rowspan="4">临时设施</td><td colspan="2">现场办公生活设施</td><td>(1) 施工现场办公、生活区与作业区分开设置，保持安全距离
(2) 工地办公室、现场宿舍、食堂、厕所、饮水、休息场所符合卫生和安全要求</td></tr>
<tr><td rowspan="3">施工现场临时用电</td><td>配电线路</td><td>(1) 按照TN-S系统要求配备五芯电缆、四芯电缆和三芯电缆
(2) 按要求架设临时用电线路的电杆、横担、瓷夹、瓷瓶等，或电缆埋地的地沟
(3) 对靠近施工现场的外电线路，设置木质、塑料等绝缘体的防护设施</td></tr>
<tr><td>配电箱开关箱</td><td>(1) 按三级配电要求，配备总配电箱、分配电箱、开关箱三类标准电箱。开关箱应符合一机、一箱、一闸、一漏。三类电箱中的各类电器应是合格品
(2) 按两级保护的要求，选取符合容量要求和质量合格的总配电箱和开关箱中的漏电保护器</td></tr>
<tr><td>接地保护装置</td><td>施工现场保护零钱的重复接地应不少于三处</td></tr>
</table>

续表

类别	项目名称		具体要求
安全施工	临边洞口交叉高处作业防护	楼板、屋面、阳台等临边防护	用密目式安全立网全封闭，作业层另加两边防护栏杆和18cm高的踢脚板
		通道口防护	设防护棚，防护棚应为不小于5cm厚的木板或两道相距50cm的竹笆。两侧应沿栏杆架用密目式安全网封闭
		预留洞口防护	用木板全封闭；短边超过1.5m长的洞口，除封闭外四周还应设有防护栏杆
		电梯井口防护	设置定型化、工具化、标准化的防护门；在电梯井内每隔两层(不大于10m)设置一道安全平网
		楼梯边防护	设1.2m高的定型化、工具化、标准化的防护栏杆，18cm高的踢脚板
		垂直方向交叉作业防护	设置防护隔离棚或其他设施
		高空作业防护	有悬挂安全带的悬索或其他设施；有操作平台；有上下的梯子或其他形式的通道

注：本表所列建筑工程安全防护、文明施工措施项目，是依据现行法律法规及标准规范确定。

8.3.6 建筑工程安全生产监督管理工作导则

该导则自2005年10月13日执行，建设行政主管部门对工程项目开工前的安全生产条件审查，在颁发项目施工许可证前，建设单位或建设单位委托的监理单位，应当审查施工企业和现场各项安全生产条件是否符合开工要求，并将审查结果报送工程所在地建设行政主管部门。审查的主要内容：施工企业和工程项目安全生产责任体系、制度、机构建立情况，安全监管人员配备情况，各项安全施工措施与项目施工特点结合情况，现场文明施工、安全防护和临时设施等情况。建设行政主管部门对审查结果进行复查。必要时，到工程项目施工现场进行抽查。

8.3.7 关于落实建设工程安全生产监理责任的若干意见(以下简称《若干意见》)

该意见于2006年10月16日起执行。

(1) 建设工程安全生产关系到人民群众生命和财产安全，是人民群众的根本利益所在，直接关系到社会稳定大局。造成建设工程安全事故的原因是多方面的，建设单位、施工单位、设计单位和监理单位等都是工程建设的责任主体，但对于监理单位要不要对安全生产承担责任以及在什么样的情况下承担责任，一直存在着争议。《条例》已经把安全纳入了监理的范围，将工程监理单位在建设工程安全生产活动中所要承担的安全责任法制化，那么监理单位就必须贯彻执行，切实履行《条例》规定的职责。由于《条例》只是对监理企业在安全生产中的职责和法律责任作了原则上的规定，《条例》实施后，一方面，工程监理单位和监理人员感到缺少可操作性的具体规定；另一方面，政府有关部门在处理安全生产事故时，对《条例》理解和掌握的尺度不尽相同，致使有些地方把监理单位和人员的安全责任无限扩大，所有的安全生产事故，主管部门都要处罚监理单位和监理人员。为此，建设部组织制定了《若干意见》。

(2) 制定《若干意见》的总体思路主要把握了以下三点：一是以《条例》为依据，将安全监理的工作内容具体化，明确相应的工作程序；二是要将监理单位和监理人员承担的安全生产监理责任界定清楚；三是指导监理单位建立相应的管理制度，落实好安全生产监理责任。

(3) 工程监理单位实施建设工程安全监理工作概括为四个方面：一是要制订监理规划和实施细则，二是审查全面，三是检查督促到位，四是正确行使停工指令并及时报告。

(4)《条例》第五十七条对监理单位在安全生产中的违法行为的法律责任做了相应的规定。《若干意见》严格依据《条例》的规定，对安全生产监理责任做了详细阐释。为指导监理单位履行好规定的职责，《若干意见》要求监理单位该审查的一定要审查，该检查的一定要检查，该停工的一定要停工，该报告的一定要报告。监理单位履行了规定的职责，施工单位未执行监理指令继续施工或发生安全事故的，明确规定应依法追究监理单位以外的其他相关单位和人员的法律责任。也就是说，监理单位履行了《条例》规定的职责，若再发生安全生产事故，要依法追究其他单位的责任，而不再追究监理企业的法律责任。政府主管部门在处理建设工程安全生产事故时，对监理单位主要是看其是否履行了《条例》规定的职责。

(5) 当施工单位拒绝按照监理单位的要求进行整改或者停止施工的，监理单位应及时将情况向当地建设主管部门或工程项目的行业主管部门报告。报告有信函、传真和电话等形式，其中以电话形式报告的应当有通话记录，并及时补充书面报告。

(6) 为落实好安全生产监理责任，《若干意见》要求监理单位一要健全监理单位安全监理责任制，二要完善监理单位安全生产管理制度，三要建立监理人员安全生产教育培训制度。通过落实责任制，建立完善制度，促使监理单位做好安全监理工作。

8.3.8 高危行业企业安全生产费用财务管理暂行办法

安全生产费用是指企业按照规定标准提取，在成本中列支，专门用于完善和改进企业安全生产条件的资金，按照“企业提取、政府监管、确保需要、规范使用”的原则进行财务管理。2006 年 12 月 8 日，财政部、国家安全生产监督管理总局联合发布了该办法，进一步确立在矿山开采、建筑施工、危险品生产以及道路交通运输行业全面实行安全费用制度。明确指出建筑施工是指土木工程、建筑工程、井巷工程、线路管道和设备安装及装修工程的新建、扩建、改建以及矿山建设。

该办法自 2007 年 1 月 1 日开始实施后，建筑施工企业以建筑安装工程造价为计算和提取依据，提取的安全费用列入工程造价，在竞标时不得删减。各工程类别安全费用提取标准为房屋建筑工程、矿山工程为 2%；电力工程、水利水电工程、铁路工程为 1.5%；市政公用工程、冶炼工程、机电安装工程、化工石油工程、港口与航道工程、公路工程、通信工程为 1%。

该办法明确规定安全费用应当用于：完善、改造和维护安全防护设备、设施支出；配备必要的应急救援器材、设备和现场作业人员安全防护物品支出；安全生产检查与评价支出；重大危险源、重大事故隐患的评估、整改、监控支出；安全技能培训及进行应急救援演练支出；其他与安全生产直接相关的支出。

为了确保安全费用的正常使用，该办法要求企业提取安全费用应当专户核算，按规定范围安排使用。还指出企业应当为从事高危作业人员办理团体人身意外伤害保险或个人意外伤害保险，所需保险费用直接列入工程成本，不在安全费用中列支。企业为职工提供的职业病防治、工伤保险、医疗保险所需费用，不得在安全费用中列支。

8.3.9 建筑起重机械安全监督管理规定

该规定于 2008 年 1 月 8 号经建设部第 145 次常务会议讨论通过，自 2008 年 6 月 1 日起施行。

出租单位出租的建筑起重机械和使用单位购置、租赁、使用的建筑起重机械应当具有特种设备制造许可证、产品合格证、制造监督检验证明。

出租单位在建筑起重机械首次出租前，自购建筑起重机械的使用单位在建筑起重机械首次安装前，应当持建筑起重机械特种设备制造许可证、产品合格证和制造监督检验证明到本单位工商注册所在地县级以上地方人民政府建设主管部门办理备案。

出租单位应当在签订的建筑起重机械租赁合同中明确租赁双方的安全责任，并出具建筑起重机械特种设备制造许可证、产品合格证、制造监督检验证明、备案证明和自检合格证明，提交安装使用说明书。

(1) 有下列情形之一的建筑起重机械，不得出租、使用：

① 属国家明令淘汰或者禁止使用的；

② 超过安全技术标准或者制造厂家规定的使用年限的；

③ 经检验达不到安全技术标准规定的；

④ 没有完整安全技术档案的；

⑤ 没有齐全有效的安全保护装置的。

(2) 监理单位应当履行下列安全职责：

① 审核建筑起重机械特种设备制造许可证、产品合格证、制造监督检验证明、备案证明等文件；

② 审核建筑起重机械安装单位、使用单位的资质证书、安全生产许可证和特种作业人员的特种作业操作资格证书；

③ 审核建筑起重机械安装、拆卸工程专项施工方案；

④ 监督安装单位执行建筑起重机械安装、拆卸工程专项施工方案情况；

⑤ 监督检查建筑起重机械的使用情况；

⑥ 发现存在生产安全事故隐患的，应当要求安装单位、使用单位限期整改，对安装单位、使用单位拒不整改的，及时向建设单位报告。

建筑起重机械安装拆卸工、起重信号工、起重司机、司索工等特种作业人员应当经建设主管部门考核合格，并取得特种作业操作资格证书后，方可上岗作业。

8.3.10 建筑起重机械备案登记办法

该办法自2008年6月1日起施行。

(1) 从事建筑起重机械安装、拆卸活动的单位(以下简称“安装单位”)办理建筑起重机械安装(拆卸)告知手续前，应当将以下资料报送施工总承包单位、监理单位审核：

① 建筑起重机械备案证明；

② 安装单位资质证书、安全生产许可证副本；

③ 安装单位特种作业人员证书；

④ 建筑起重机械安装(拆卸)工程专项施工方案；

⑤ 安装单位与使用单位签订的安装(拆卸)合同及安装单位与施工总承包单位签订的安全协议书；

⑥ 安装单位负责建筑起重机械安装(拆卸)工程专职安全生产管理人员、专业技术人员名单；

⑦ 建筑起重机械安装(拆卸)工程生产安全事故应急救援预案；

⑧ 辅助起重机械资料及其特种作业人员证书；

⑨ 施工总承包单位、监理单位要求的其他资料。

(2) 施工总承包单位、监理单位应当在收到安装单位提交的齐全有效的资料之日起2个工作日内审核完毕并签署意见。

(3) 安装单位应当在建筑起重机械安装(拆卸)前2个工作日内通过书面形式、传真或者计算机信息系统告知工程所在地县级以上地方人民政府建设主管部门，同时按规定提交经施工总承包单位、监理单位审核合格的有关资料。

(4) 建筑起重机械使用单位在建筑起重机械安装验收合格之日起30日内，向工程所在地县级以上地方人民政府建设主管部门办理使用登记。

8.3.11 危险性较大的分部分项工程安全管理办法

为进一步规范和加强对危险性较大的分部分项工程安全管理，积极防范和遏制建筑施工生产安全事故的发生，住房和城乡建设部组织修订了《危险性较大的分部分项工程安全管理办法》，于2009年5月13日执行。

(1) 建设单位在申请领取施工许可证或办理安全监督手续时，应当提供危险性较大的分部分项工程清单和安全管理措施。施工单位、监理单位应当建立危险性较大的分部分项工程安全管理制度。

(2) 施工单位应当在危险性较大的分部分项工程施工前编制专项方案；对于超过一定规模的危险性较大的分部分项工程，施工单位应当组织专家对专项方案进行论证。

(3) 专项方案应当由施工单位技术部门组织本单位施工技术、安全、质量等部门的专业技术人员进行审核。经审核合格的，由施工单位技术负责人签字。实行施工总承包的，专项方案应当由总承包单位技术负责人及相关专业承包单位技术负责人签字。不需专家论证的专项方案，经施工单位审核合格后报监理单位，由项目总监理工程师审核签字。

(4) 超过一定规模的危险性较大的分部分项工程专项方案应当由施工单位组织召开专家论证会。实行施工总承包的，由施工总承包单位组织召开专家论证会。

(5) 下列人员应当参加专家论证会：

① 专家组成员(5名及以上)；

② 建设单位项目负责人或技术负责人；

③ 监理单位项目总监理工程师及相关人员；

④ 施工单位分管安全的负责人、技术负责人、项目负责人、项目技术负责人、专项方案编制人员、项目专职安全生产管理人员；

⑤ 勘察、设计单位项目技术负责人及相关人员。

(6) 施工单位应当根据论证报告修改完善专项方案，并经施工单位技术负责人、项目总监理工程师、建设单位项目负责人签字后，方可组织实施。实行施工总承包的，应当由施工总承包单位、相关专业承包单位技术负责人签字。

(7) 对于按规定需要验收的危险性较大的分部分项工程，施工单位、监理单位应当组织有关人员进行验收。验收合格的，经施工单位项目技术负责人及项目总监理工程师签字后，方可进入下一道工序。

(8) 监理单位应当将危险性较大的分部分项工程列入监理规划和监理实施细则，应当针对工程特点、周边环境和施工工艺等，制订安全监理工作流程、方法和措施。

(9) 监理单位应当对专项方案实施情况进行现场监理；对不按专项方案实施的，应当责令整改，施工单位拒不整改的，应当及时向建设单位报告；建设单位接到监理单位报告后，应当立即责令施工单位停工整改；施工单位仍不停工整改的，建设单位应当及时向住房城乡建设主管部门报告。

(10) 建设单位未按规定提供危险性较大的分部分项工程清单和安全管理措施的，未责令施工单位停工整改的，未向住房城乡建设主管部门报告的；施工单位未按规定编制、实施专项方案的；监理单位未按规定审核专项方案或未对危险性较大的分部分项工程实施监理的，住房城乡建设主管部门应当依据有关法律法规予以处罚。

附件一：危险性较大的分部分项工程范围

1. 基坑支护、降水工程

开挖深度超过3m(含3m)或虽未超过3m但地质条件和周边环境复杂的基坑(槽)支护、降水工程。

2. 土方开挖工程

开挖深度超过3m(含3m)的基坑(槽)的土方开挖工程。

3. 模板工程及支撑体系

(1) 各类工具式模板工程：包括大模板、滑模、爬模、飞模等工程。

(2) 混凝土模板支撑工程：搭设高度5m及以上；搭设跨度10m及以上；施工总荷载10kN/m^{2}及以上；集中线荷载15kN/m及以上；高度大于支撑水平投影宽度且相对独立无联系构件的混凝土模板支撑工程。

(3) 承重支撑体系：用于钢结构安装等满堂支撑体系。

4. 起重吊装及安装拆卸工程

(1) 采用非常规起重设备、方法，且单件起吊重量在10kN及以上的起重吊装工程。
(2) 采用起重机械进行安装的工程。
(3) 起重机械设备自身的安装、拆卸。

5. 脚手架工程

(1) 搭设高度24m及以上的落地式钢管脚手架工程。
(2) 附着式整体和分片提升脚手架工程。
(3) 悬挑式脚手架工程。
(4) 吊篮脚手架工程。
(5) 自制卸料平台、移动操作平台工程。
(6) 新型及异型脚手架工程。

6. 拆除、爆破工程

(1) 建筑物、构筑物拆除工程。
(2) 采用爆破拆除的工程。

7. 其他

(1) 建筑幕墙安装工程。
(2) 钢结构、网架和索膜结构安装工程。
(3) 人工挖扩孔桩工程。
(4) 地下暗挖、顶管及水下作业工程。
(5) 预应力工程。
(6) 采用新技术、新工艺、新材料、新设备及尚无相关技术标准的危险性较大的分部分项工程。

附件二　超过一定规模的危险性较大的分部分项工程范围

1. 深基坑工程

(1) 开挖深度超过5m(含5m)的基坑(槽)的土方开挖、支护、降水工程。

(2) 开挖深度虽未超过5m，但地质条件、周围环境和地下管线复杂，或影响毗邻建筑(构筑)物安全的基坑(槽)的土方开挖、支护、降水工程。

2. 模板工程及支撑体系

(1) 工具式模板工程：包括滑模、爬模、飞模工程。

(2) 混凝土模板支撑工程：搭设高度8m及以上；搭设跨度18m及以上；施工总荷载15kN/m^{2}及以上；集中线荷载20kN/m及以上。

(3) 承重支撑体系：用于钢结构安装等满堂支撑体系，承受单点集中荷载700kg以上。

3. 起重吊装及安装拆卸工程

(1) 采用非常规起重设备、方法，且单件起吊重量在100kN及以上的起重吊装工程。

(2) 起重量300kN及以上的起重设备安装工程；高度200m及以上内爬起重设备的拆除工程。

4. 脚手架工程

(1) 搭设高度 50m 及以上落地式钢管脚手架工程。

(2) 提升高度 150m 及以上附着式整体和分片提升脚手架工程。

(3) 架体高度 20m 及以上悬挑式脚手架工程。

5. 拆除、爆破工程

(1) 采用爆破拆除的工程。

(2) 码头、桥梁、高架、烟囱、水塔或拆除中容易引起有毒有害气(液)体或粉尘扩散、易燃易爆事故发生的特殊建、构筑物的拆除工程。

(3) 可能影响行人、交通、电力设施、通信设施或其他建、构筑物安全的拆除工程。

(4) 文物保护建筑、优秀历史建筑或历史文化风貌区控制范围的拆除工程。

6. 其他

(1) 施工高度 50m 及以上的建筑幕墙安装工程。

(2) 跨度大于 36m 及以上的钢结构安装工程；跨度大于 60m 及以上的网架和索膜结构安装工程。

(3) 开挖深度超过 16m 的人工挖孔桩工程。

(4) 地下暗挖工程、顶管工程、水下作业工程。

8.3.12 作业场所职业健康监督管理暂行规定

2009 年 6 月 15 日经国家安全生产监督管理总局局长办公会议审议通过，自 2009 年 9 月 1 日起施行。

(1) 生产经营单位应当加强作业场所的职业危害防治工作，为从业人员提供符合法律、法规、规章和国家标准、行业标准的工作环境和条件，采取有效措施，保障从业人员的职业健康。

(2) 任何单位和个人均有权向安全生产监督管理部门举报生产经营单位违反本规定的行为和职业危害事故。

(3) 生产经营单位的主要负责人和职业健康管理人员应当具备与本单位所从事的生产经营活动相适应的职业健康知识和管理能力，并接受安全生产监督管理部门组织的职业健康培训。

(4) 生产经营单位应当对从业人员进行上岗前的职业健康培训和在岗期间的定期职业健康培训，普及职业健康知识，督促从业人员遵守职业危害防治的法律、法规、规章、国家标准、行业标准和操作规程。

(5) 建设项目的职业危害防护设施应当与主体工程同时设计、同时施工、同时投入生产和使用。职业危害防护设施所需费用应当纳入建设项目工程预算。

(6) 建设项目在竣工验收前，建设单位应当按照有关规定委托具有相应资质的职业健康技术服务机构进行职业危害控制效果评价。建设项目竣工验收时，其职业危害防护设施依法经验收合格，取得职业危害防护设施验收批复文件后，方可投入生产和使用。职业危害控制效果评价报告、职业危害防护设施验收批复文件应当报送建设项目所在地安全生产监督管理部门备案。

(7) 生产经营单位必须为从业人员提供符合国家标准、行业标准的职业危害防护用品，并督促、教育、指导从业人员按照使用规则正确佩戴、使用，不得发放钱物替代发放职业危害防护用品。生产经营单位应当对职业危害防护用品进行经常性的维护、保养，确保防护用品有效。不得使用不符合国家标准、行业标准或者已经失效的职业危害防护用品。生产经营单位对职业危害防护设施应当进行经常性的维护、检修和保养，定期检测其性能和效果，确保其处于正常状态。不得擅自拆除或者停止使用职业危害防护设施。

8.3.13 建设工程高大模板支撑系统施工安全监督管理导则

该导则自 2009 年 10 月 26 日实施。

该导则所称高大模板支撑系统是指建设工程施工现场混凝土构件模板支撑高度超过 8m，或搭设跨度超过 18m，或施工总荷载大于 15kN/㎡，或集中线荷载大于 20kN/m 的模板支撑系统。

施工单位应依据国家现行相关标准规范，由项目技术负责人组织相关专业技术人员，结合工程实际，编制高大模板支撑系统的专项施工方案。高大模板支撑系统专项施工方案，应先由施工单位技术部门组织本单位施工技术、安全、质量等部门的专业技术人员进行审核，经施工单位技术负责人签字后，再按照相关规定组织专家论证。施工单位根据专家组的论证报告，对专项施工方案进行修改完善，并经施工单位技术负责人、项目总监理工程师、建设单位项目负责人批准签字后，方可组织实施。

监理单位应编制安全监理实施细则，明确对高大模板支撑系统的重点审核内容、检查方法和频率要求。

高大模板支撑系统应在搭设完成后，由项目负责人组织验收，验收人员应包括施工单位和项目两级技术人员、项目安全、质量、施工人员，监理单位的总监和专业监理工程师。验收合格，经施工单位项目技术负责人及项目总监理工程师签字后，方可进入后续工序的施工。

混凝土浇筑前，施工单位项目技术负责人、项目总监确认具备混凝土浇筑的安全生产条件后，签署混凝土浇筑令，方可浇筑混凝土。

高大模板支撑系统拆除前，项目技术负责人、项目总监应核查混凝土同条件试块强度报告，浇筑混凝土达到拆模强度后方可拆除，并履行拆模审批签字手续。

监理单位对高大模板支撑系统的搭设、拆除及混凝土浇筑实施巡视检查，发现安全隐患应责令整改，对施工单位拒不整改或拒不停止施工的，应当及时向建设单位报告。

8.3.14 关于加强重大工程安全质量保障措施的通知

2009 年 12 月 14 日国家发展改革委、工业和信息化部、住房城乡建设部、交通运输部、铁道部、水利部、安全监管总局联合发出通知要求：

(1) 科学确定并严格执行合理的工程建设周期。合理的工程建设周期是保证工程安全质量的重要前提。有关方面对此要高度重视，科学确定并严格执行合理工期。

(2) 充分做好工程开工前的准备工作。工程开工前的准备工作是保证工程安全质量的基础环节。要充分做好规划、可行性研究、初步设计、招标投标、征地拆迁等各阶段的准备工作，为有效预防安全质量事故打下坚实基础。

(3) 切实加强工程建设全过程安全质量管理。工程的实施是项目建设的中心环节。建设、勘察、设计、施工、监理单位等有关方面应认真贯彻执行《建设工程质量管理条例》和《建设工程安全生产管理条例》，切实提高安全质量意识，强化安全质量管理，确保工程质量安全，加强工程监理，减少安全质量隐患。监理单位应认真审查施工组织设计中的安全技术措施，确保专项施工方案符合工程建设强制性标准。要发挥现场监理作用，确保施工的关键部位、关键环节、关键工序监理到位。落实安全监理巡查责任，履行对重大安全隐患和事故的督促整改和报告责任。

(4) 严格落实安全质量责任。

① 严格落实工程安全质量责任制。建设单位对项目建设的安全质量负总责，勘察设计单位对勘察、设计安全质量负责，施工单位对建设工程施工安全质量负责，监理单位对施工安全质量承担监理责任。相关单位违反国家规定，降低工程安全质量标准的，依法追究责任。由此发生的费用由责任单位承担。

② 严格注册执业人员责任。注册建筑师、勘察设计注册工程师等注册执业人员对其签字的设计文件负责。施工单位确定的工程项目经理、技术负责人和施工管理责任人按照各自职责对施工负责。总监理工程师、监理工程师按各自职责对监理工作负责。造成安全质量事故的，要依法追究有关方面责任。

(5) 建立健全快速有效的应急救援体系。进一步建立健全快速有效的应急救援体系，确保在发生重大工程安全事故时能够及时有效地开展应急救援工作，最大限度减少人员伤亡和财产损失，防止安全质量事故扩大蔓延，保障项目建设秩序尽快恢复。

(6) 全面提高基础保障能力。

8.3.15 关于进一步做好建筑生产安全事故处理工作的通知

该通知于2009年12月25日下发。通知要求各地住房城乡建设主管部门要按照《生产安全事故报告和调查处理条例》规定的内容和时限，及时上报事故有关情况。逐级上报事故情况时，每级上报的时间不得超过2小时。对于特别重大和重大事故，省级住房城乡建设主管部门要在事故发生后3小时内，通过传真方式将情况上报住房城乡建设部。对于情况不太清楚、内容不全的，了解情况后要及时补充上报。情况紧急、性质严重的事故，可先电话报告，了解核实情况后再以书面形式上报。事故应急处置过程中，要及时续报有关情况。省级住房城乡建设主管部门要加大事故处罚力度，对于不履行职责、不落实责任，导致发生生产安全事故的责任单位和责任人员，要真正按照“四不放过”的原则和依法依规、实事求是、注重实效的要求，严肃追究事故责任。

8.3.16 特种作业人员安全技术培训考核管理规定

2010年4月26日经国家安全生产监督管理总局局长办公会议审议通过，自2010年7月1日起施行。

特种作业人员必须经专门的安全技术培训并考核合格，取得《中华人民共和国特种作业操作证》(以下简称“特种作业操作证”)后，方可上岗作业。特种作业操作证每3年复审1次。特种作业人员在特种作业操作证有效期内，连续从事本工种10年以上，严格遵守有关安全生产法律法规的，经原考核发证机关或者从业所在地考核发证机关同意，特种作业操作证的复审时间可以延长至每6年1次。

8.3.17 关于贯彻落实《国务院关于进一步加强企业安全生产工作的通知》的实施意见

该实施意见于2010年10月13日下发，为贯彻落实《国务院关于进一步加强企业安全生产工作的通知》(国发〔2010〕23号，以下简称《通知》)精神，严格落实企业安全生产责任，全面提高建筑施工安全管理水平，住房和城乡建设部提出以下实施意见：

(1)《通知》是继2004年《国务院关于进一步加强安全生产工作的决定》之后的又一重要文件，充分体现了党中央、国务院对安全生产工作的高度重视。《通知》进一步明确了现阶段安全生产工作的总体要求和目标任务，提出了新形势下加强安全生产工作的一系列政策措施，是指导全国安全生产工作的纲领性文件。

(2) 规范企业生产经营行为。企业是安全生产的主体，要健全和完善严格的安全生产制度，坚持不安全不生产。施工企业要设立独立的安全生产管理机构，配备足够的专职安全生产管理人员，取得安全生产许可证后方可从事建筑施工活动。建设单位要依法履行安全责任，不得压缩工程项目的合理工期、合理造价，及时支付安全生产费用。监理企业要熟练掌握建筑安全生产方面的法律法规和标准规范，严格实施施工现场的安全监理。

(3) 强化施工过程管理的领导责任。企业要加强工程项目施工过程的日常安全管理。工程项目要有施工企业负责人或项目负责人、监理企业负责人或项目监理负责人在现场带班，并与工人同时上班、同时下班。对无负责人带班或该带班而未带班的，对有关负责人按擅离职守处理，同时给予规定上限的经济处罚。发生事故而没有负责人现场带班的，对企业给予规定上限的经济处罚，并依法从重追究企业主要负责人的责任。

(4) 认真排查治理施工安全隐患。企业要经常性开展安全隐患排查，切实做到整改措施、责任、资金、时限和预案“五到位”。要对在建工程项目涉及的深基坑、高大模板、脚手架、建筑起重机械设备等施工部位和环节进行重点检查和治理，并及时消除隐患。对重大隐患，企业负责人要现场监督整改，确保隐患消除后再继续施工。

(5) 加强安全生产教育培训。企业主要负责人、项目负责人、专职安全生产管理人员必须参加安全生产教育培训，按有关规定取得安全生产考核合格证书。工程项目的特种作业人员，必须经安全教育培训，取得特种作业人员考核合格证书后方可上岗。要加强对施工现场一线操作人员尤其是农民工的安全教育培训，使其掌握安全操作基本技能和安全防护救护知识。对新入场和进入新岗位的作业人员，必须进行安全培训教育，没有经过培训的不得上岗。企业每年要对所有人员至少进行一次安全教育培训。对存在无证上岗、不经培训上岗等问题的企业，要依法进行处罚。

(6) 推进建筑施工安全标准化。企业要深入开展以施工现场安全防护标准化为主要内容的建筑施工安全标准化活动，提高施工安全管理的精细化、规范化程度。要健全建筑施工安全标准化的各项内容和制度，从工程项目涉及的脚手架、模板工程、施工用电和建筑起重机械设备等主要环节入手，作出详细的规定和要求，并细化和量化相应的检查标准。对建筑施工安全标准化不达标，不具备安全生产条件的企业，要依法暂扣其安全生产许可证。

(7) 完善安全技术保障体系。企业要加强安全生产技术管理，强化技术管理机构的安全职能，按规定配备安全技术人员。要确保必要的安全研发经费投入，推动安全生产科技水平不断提高。要积极推进信息化建设，充分应用高科技手段，工程项目的起重机械设备等重点部位要安装安全监控管理系统。

(8) 完善安全预警应急机制。企业要建立完善安全生产动态监控及预警预报体系，对所属工程项目定期进行安全隐患和风险的排查分析。要加强对深基坑等危险性较大的分部分项工程的监测，并增加安全隐患和风险排查分析的频次。企业要制订完善的应急救援预案，有专门机构和人员负责，配备必要的应急救援器材和设备，并定期组织演练，提高应急救援能力。

(9) 加大安全生产专项投入。企业要加强对安全生产费用的管理，确保安全生产费用足额投入。

(10) 严厉打击违法违规行为。

(11) 加强建筑市场监督管理。

(12) 严肃查处生产安全事故。要依法严格事故查处，按照“四不放过”的原则，严肃追究事故责任者的责任。

(13) 加强社会和舆论监督。

(14) 完善安全生产法规体系。

(15) 加强建筑安全科技研究。

(16) 加强安全监管队伍建设。

8.3.18 关于进一步加强建筑施工消防安全工作的通知

国务院办公厅下发了《关于进一步做好消防工作坚决遏制重特大火灾事故的通知》(国办发明电〔2010〕35号)，为认真贯彻落实该通知精神，积极预防和有效遏制建筑施工消防事故的发生，住房和城乡建设部于2010年11月18日发出通知，摘要如下：

(1) 高度重视建筑施工消防安全工作，各地要牢固树立“安全第一、以人为本”的理念，从落实科学发展观、保障和改善民生的高度，进一步提高对做好建筑施工消防工作重要性的认识，增强责任感、紧迫感。建筑施工企业的主要负责人要对本企业消防安全工作负总责，确保企业的相关各项制度措施真正落实到在建工程项目上，确保建筑施工消防安全。

(2) 认真组织开展建筑施工火灾隐患排查整改工作，要重点检查以下几方面：一是企业和在建项目消防安全责任制、节假日期间治安防火值班制度等各项安全生产制度及落实情况；二是施工现场消防器材、消防设施的配备和消防通道的设置情况；三是建筑电工、焊工等特种作业人员的消防安全教育培训及持证上岗情况；四是施工现场动火作业是否符合相应的操作规程和标准规范要求，并采取相应的防火措施；五是施工现场生活区宿舍用电是否严格按照临时用电规范，是否存在违规使用大功率照明、取暖、电加热器具等方面的情况；六是对于建筑外保温系统及外墙装饰工程，是否按照公安部、住房和城乡建设部部联合下发的《民用建筑外保温系统及外墙装饰防火暂行规定》（公通字〔2009〕46号）的要求进行防火设计、施工。

（3）严厉打击建筑施工违法违规行为，各地要按照《关于集中开展严厉打击建筑施工非法违法行为专项行动的通知》要求，继续深入开展严厉打击建筑施工非法违法行为的专项行动。

（4）加强消防安全宣传教育和培训，要切实加强对施工现场一线操作人员，特别是电工、焊工等特种作业人员的消防安全知识培训，进一步提高安全意识和自防自救的能力。

8.3.19 建筑施工企业负责人及项目负责人施工现场带班暂行办法

该办法所称的建筑施工企业负责人，是指企业的法定代表人、总经理、主管质量安全和生产工作的副总经理、总工程师和副总工程师。该办法所称的项目负责人，是指工程项目的项目经理。该办法所称的施工现场，是指进行房屋建筑和市政工程施工作业活动的场所。

建筑施工企业应当建立企业负责人及项目负责人施工现场带班制度，并严格考核。施工现场带班包括企业负责人带班检查和项目负责人带班生产。工程项目进行超过一定规模的危险性较大的分部分项工程施工时，建筑施工企业负责人应到施工现场进行带班检查。项目负责人带班生产时，要全面掌握工程项目质量安全生产状况，加强对重点部位、关键环节的控制，及时消除隐患。要认真做好带班生产记录并签字存档备查。

8.4 建设工程安全监理的相关法律法规及常用标准规范

8.4.1 建设工程安全监理的相关法律法规

类别	名称	文号	颁布机关	施行日期
法律	中华人民共和国劳动法	国家主席令8届第28号	全国人大	1995.5.1
	中华人民共和国刑法	国家主席令8届第83号	全国人大	1997.10.1
	中华人民共和国建筑法	国家主席令8届第91号	全国人大	1998.3.1
	中华人民共和国消防法	国家主席11届第6号	全国人大	2009.5.1
	中华人民共和国安全生产法	国家主席令9届第70号	全国人大	2002.11.1
行政法规及规章	建设工程质量管理条例	国务院令第279号	国务院	2000.1.30
	国务院关于特大安全事故行政责任追究的规定	国务院令302号	国务院	2001.4.21
	危险化学品安全管理条例	国务院令第591号	国务院	2011.12.1
	使用有毒物品作业场所劳动保护条例	国务院令第352号	国务院	2002.5.12
	特种设备安全生产监察条例	国务院令第549号	国务院	2009.5.1

续表

类别	名称	文号	颁布机关	施行日期
行政法规	建设工程安全生产管理条例	国务院令第 393 号	国务院	2004.2.1
	安全生产许可证条例	国务院令第 397 号	国务院	2004.1.13
	生产安全事故报告和调查处理条例	国务院令第 493 号	国务院	2007.6.1
	国务院关于进一步加强企业安全生产工作的通知	国发[2010]23 号	国务院	2010.7.19
	建设行政处罚程序暂行规定	建设部令第 66 号	建设部	1999.2.3
	实施工程建设强制性标准监督规定	建设部令第 81 号	建设部	2000.8.25
	建筑工程施工许可管理办法(修正版)	建设部令第 91 号	建设部	2001.7.4
	房屋建筑工程施工旁站监理管理办法(试行)	建市[2002]189 号	建设部	2003.1.1
	建设部关于加强建筑意外伤害保险工作的指导意见	建质[2003]107 号	建设部	2003.5.23
	安全生产违法行为行政处罚办法	国家安监总局令第 15 号	国家安全生产监督管理总局	2008.1.1
	房屋建筑和市政基础设施工程施工分包管理办法	建设部令第 124 号	建设部	2004.4.1
	建筑施工企业主要负责人、项目负责人和专职安全生产管理人员安全生产考核管理暂行规定	建质[2004]59 号	建设部	2004.4.8
	建设工程重大质量安全事故应急预案	建质[2004]75 号	建设部	2004.4.30
	关于加强大型公共建筑质量安全管理的通知	建办质[2004]35 号	建设部办公厅	2004.6.12
	建筑施工企业安全生产许可证管理规定	建设部令第 128 号	建设部	2004.7.5
	建筑工程安全防护、文明施工措施费用及使用管理规定	建办[2005]89 号	建设部	2005.9.1
	建筑工程安全生产监督管理工作导则	建质[2005]184 号	建设部	2005.10.13
	注册监理工程师管理规定	建设部令第 147 号	建设部	2006.4.1
	关于落实建设工程安全生产监理责任的若干意见	建市[2006]248 号	建设部	2006.10.16
	高危行业企业安全生产费用财务管理暂行办法	财企[2006]478 号	财政部、国家安全生产监督管理总局	2007.1.1

续表

类别	名称	文号	颁布机关	施行日期
行政法规	工程监理企业资质管理规定	建设部令第158号	建设部	2007.8.1
	建筑业企业资质管理规定	建设部令第159号	建设部	2007.9.1
	建筑施工企业安全生产管理机构设置及专职安全生产管理人员配备办法	建质[2008]91号	住建部	2008.5.13
	建筑施工特种作业人员管理规定	建质[2008]75号	住建部	2008.6.1
	建筑起重机械备案登记办法	建质[2008]76号	住建部	2008.6.1
	建筑起重机械安全监督管理规定	建设部令第166号	住建部	2008.6.1
	建筑施工企业安全生产许可证动态监管暂行办法	建质[2008]121号	住建部	2008.6.30
	关于大型工程监理单位创建工程项目管理企业的指导意见	建市[2008]226号	住建部	2008.11.12
	危险性较大的分部分项工程安全管理办法	建质[2009]87	住建部	2009.5.13
	作业场所职业健康监督管理暂行规定	国家安全生产监督管理总局第23号令	国家安全生产监督管理总局	2009.9.1
	房屋建筑和市政基础设施工程竣工验收备案管理办法	住建部令第2号	住建部	2009.10.19
	建设工程高大模板支撑系统施工安全监督管理导则	建质[2009]254	住建部	2009.10.26
	关于加强重大工程安全质量保障措施的通知	发改投资[2009]3183号	国家发展改革委、工业和信息化部、住房城乡建设部、交通运输部、铁道部、水利部、安全监管总局	2009.12.14
	关于进一步做好建筑生产安全事故处理工作的通知	建质[2009]296号	住建部	2009.12.25
	特种作业人员安全技术培训考核管理规定	国家安全生产监督管理总局令第30号	国家安全生产监督管理总局	2010.5.24
	关于贯彻落实《国务院关于进一步加强企业安全生产工作的通知》的实施意见	建质[2010]164号	住建部	2010.10.13
	关于进一步加强建筑施工消防安全工作的通知	建质电[2010]53号	住建部	2010.11.18

续表

类别	名称	文号	颁布机关	施行日期
行政法规	房屋市政工程生产安全和质量事故查处督办暂行办法	建质[2011]66 号	住建部	2011.5.11
	建筑施工企业负责人及项目负责人施工现场带班暂行办法	建质[2011]111 号	住建部	2011.7.22
	关于切实加强建筑安全生产工作的紧急通知	建质电[2011]16 号	住建部	2011.7.27
	浙江省建设工程监理管理条例(修订)	省九届人大 29 次会议	省人大	2001.11.2
	浙江省建筑业管理条例(修改)	省九届人大 30 次会议	省人大	2001.12.28
	浙江省建设工程质量管理条例（01 年修正）	省九届人大 30 次 61 号	省人大	2002.1.14
	浙江省企业职工安全生产教育管理规定	浙经贸安全[2002]575 号	省经贸委	2002.5.31
	关于加强工程建设安全质量技术责任制的暂行规定	浙建建[2003]35 号	建设厅	2003.3.27
	关于加强承重支撑架施工管理的暂行规定	浙建建[2003]37 号	建设厅	2003.3.25
	关于加强施工现场钢管、扣件使用管理的暂行规定	浙建建[2003]38 号	建设厅	2003.3.25
	关于加强施工现场起重机械安全管理的暂行规定	浙建建[2003]73 号	建设厅	2003.7.29
	浙江省建筑施工企业安全生产许可证管理实施细则	浙建建[2005]35 号	建设厅	2005.6.15
	浙江省建筑安全文明施工标准化工地管理办法	浙建建[2005]41 号	建设厅	2005.7.27
	浙江省监理工程师职业能力管理办法	浙建管[2006]36 号	省建筑业管理局	2006.9.13
	浙江省安全生产条例	省十届人大 26 次会议	省人大	2006.11.1
	关于进一步规范我省建设工程安全防护、文明施工措施费用计价管理的通知	建建发[2009]91 号	省住建厅	2009.4.2
	浙江省建筑施工特种作业人员管理办法(试行)	浙建建[2009]25 号	省住建厅	2009.4.10
	关于进一步加强安全生产工作的意见	浙委[2009]88 号	省安委会	2009.11.2
	浙江省落实生产经营单位安全生产主体责任暂行规定	浙安委[2009]12 号	省安委会	2009.12.25
	浙江省安全生产培训管理实施细则	浙安监管培[2010]151 号	省安监局	2010.7.23

8.4.2 建筑工程安全监理的常用标准规范

建筑工程安全监理常用标准规范及有关文件。

类别	规范标准名称	规范标准编号
综合类	建筑施工安全检查标准	JGJ 59—2011
	建设工程监理规范	GB 50319—2000
	施工企业安全生产评价标准	JGJ/T77—2010
	建筑施工现场环境与卫生标准	JGJ 146—2004
	建设工程施工现场安全资料管理规程	DB 11/383—2009
	施工企业工程建设技术标准化管理规范	JGJ/T 198—2010
	施工现场临时建筑物技术规范	JGJ/T 188—2009
	建筑施工组织设计规范	GB/T 50502—2009
土方工程	建筑施工土石方工程安全技术规范	JGJ 180—2009
基坑工程	湿陷性黄土地区建筑基坑工程安全技术规程	JGJ 167—2009
	建筑基坑工程监测技术规范	GB 50497—2009
	建筑基坑支护技术规程	JGJ 120—1999
模板工程	建筑施工模板安全技术规范	JGJ 162—2008
施工用电	施工现场临时用电安全技术规范	JGJ 46—2005
高处作业	建筑施工高处作业安全技术规范	JGJ 80—1991
	高处作业吊篮安全规则	JGJ 5027—1992
脚手架	建筑施工扣件式钢管脚手架安全技术规范	JGJ 130—2011
	建筑施工碗扣式钢管脚手架安全技术规范	JGJ 166—2008
	建筑施工门式钢管脚手架安全技术规范	JGJ 128—2010
	建筑施工木脚手架安全技术规范	JGJ 164—2008
	建筑施工扣件式钢管模板支架技术规程	DB 33/1035—2006
	建筑施工工具式脚手架安全技术规范	JGJ 202—2010
	液压升降整体脚手架安全技术规程	JGJ 183—2009
	建筑脚手架用焊接钢管	YB/T 4202—2009
垂直运输机械	建筑起重机械安全评估技术规程	JGJ/T 189—2009
	建筑机械使用安全技术规程	JGJ 33—2001
	施工现场机械设备检查技术规程	JGJ 160—2008
	塔式起重机混凝土基础工程技术规程	JGJ/T 187—2009
	建筑施工塔式起重机安装、使用、拆卸安全技术规程	JGJ 196—2010

续表

类别	规范标准名称	规范标准编号
垂直运输机械	龙门架及井架物料提升机安全技术规范	JGJ 88—2010
	起重设备安装工程施工及验收规范	GB 50278—2010
	建筑施工升降机安装、使用、拆卸安全技术规程	JGJ 215—2010
现场防火	建设工程施工现场消防安全技术规范	GB 550720—2011
拆除工程	建筑拆除工程安全技术规范	JGJ 147—2004
安全防护	建筑施工作业劳动防护用品配备及使用标准	JGJ 184—2009
工程建设标准	《工程建设标准强制性条文》(房屋建筑部分)	2009 版

本章小结

本章主要介绍了建设工程安全监理相关的法律、法规、规章、标准等。重点介绍了《宪法》、《刑法》、《建筑法》、《安全生产法》、《条例》、《安全生产许可证条例》、《生产安全事故报告和调查处理条例》、《国务院关于进一步加强企业安全生产工作的通知》等部分内容,也介绍了最近的部门规章中有关安全监理的内容。最后罗列了安全监理相关法律、法规、规章和标准的目录,以便大家进一步去学习。

思考与拓展题

8—1 简述我国的安全生产法律体系的类别及其法律效力。

8—2 我国的标准是如何分类的?它们的关系如何?

8—3 工程监理单位违反国家规定,降低工程质量标准,造成重大安全事故的,对直接责任人员如何处理?

8—4 政府部门的安全生产监管制度和施工企业的安全生产管理制度各有哪些?

8—5 企业应当同时具备哪些安全生产条件才可以取得安全生产许可证?

8—6 “三类人员”指哪三类?

8—7 从 2009 年起,全面实施“365 安全生产行动计划”,以“三个确保”为目标,突出“六大重点领域”,强化“五项安全措施”,全面加强安全生产工作。简述“三个确保"、“六大重点领域”,“五项安全措施”的内容。

8—8 《国务院关于进一步加强企业安全生产工作的通知》[2010]23 号共九大部分,简述这九大部分的具体内容。

8—9 请结合你的实践工地,谈一下房屋建筑工程的哪些关键部位和关键工序需要旁站监理?

8—10 旁站监理人员的主要职责是什么?

8—11 旁站监理人员实施旁站监理时,发现施工企业有违反工程建设强制性标准行为的,应如何处理?

8—12 监理单位应该如何实施建设工程安全监理工作?

8—13　如何界定监理单位的安全生产监理责任？

8—14　施工单位拒绝按照监理单位的要求进行整改或者停止施工的，监理单位应向哪个部门报告？报告的形式有哪些？

8—15　落实安全生产监理责任主要采取哪些措施？

8—16　《建筑起重机械安全监督管理规定》监理单位应当履行哪些安全职责？

8—17　监理单位应当对专项方案实施情况进行现场监理，对不按专项方案实施的，应如何处理？

8—18　超过一定规模的危险性较大的分部分项工程专项方案应当由施工单位组织召开专家论证会，专家论证会成员由哪些组成？

8—19　超过一定规模的危险性较大的分部分项工程范围指哪些？

8—20　什么是高大模板支撑系统？

8—21　什么是特种作业操作证？有效期如何规定？

8—22　案例分析题

1. 张某是某路桥公司新聘用的试验人员。2011 年 7 月 8 日，张某检测土壤含水量的时候，不小心将一瓶酒精碰翻，地上的酒精与土样中燃烧的酒精很快相连并燃烧起来。这次火灾将实验室的部分设备烧毁，张某本人也在救火的过程中被轻度烧伤。事后，路桥公司要求张某为此事故负全部责任。张某以路桥公司没有告知作业场所和工作岗位存在的危险为由，要求路桥公司承担部分责任。但是路桥公司认为张某在进入新岗位之前并没有询问现场是否存在危险因素，已经放弃了知情权，自己就不需要为没有告知作业场所和工作岗位存在的危险因素而承担责任了。

【问题】

你认为路桥公司的观点正确吗？

2. 张某是项目经理部新聘用的员工，其职责是负责运输拌制水泥混凝土的材料。一天，项目经理要求张某将一些不合格的石料掺进合格的石料之中，但张某拒绝了这个要求。项目经理以张某没有按照劳务合同履行义务为由要求张某承担违约责任。

【问题】

你认为项目经理的理由成立吗？

3. 2011 年 10 月 6 日，某施工现场为了浇筑钻孔桩而钻了 10 处深 20 米、直径约 1.5 米的孔。为了避免有人掉入空中，在孔旁设立了明显的警示标志。但是，当晚这些警示标志被当地居民盗走。工人王某看到孔旁没有了警示标志，感到缺少了警示标志后容易出现安全事故，于是通告了自己宿舍的工友，提醒他们路过这些孔时要小心一些。次日晚，由工人落入孔中，造成重伤。

【问题】

你认为王某对此是否应承担一定责任？

参考文献

[1] 中华人民共和国．建筑施工安全检查标准 JGJ 59—2011[S]. 北京：中国建筑工业出版社，1999.

[2] 全国一级建造师执业资格考试用书编写委员会．建设工程项目管理[M]. 北京：中国建筑工业出版社，2011.

[3] 李世蓉，兰定筠．建设工程安全监理[M]. 北京：中国建筑工业出版社，2004.

[4] 中国交通建设监理协会．交通建设工程安全监理[M]. 北京：北京人民交通出版社，2007.

[5] 北京市建设委员会，北京市质量技术监督局．建设工程安全监理规程 DB 11/382—2006[S]. 北京：中国建筑设计研究院，2006.

[6] 陈立道．建设安全监理[M]. 北京：中国电力出版社，2002.

[7] 徐君伦．建设安全监理实用手册[M]. 上海：上海社会科学院出版社，2006.

[8] 中华人民共和国住房和城乡建设部，国家质量技术监督局．建设工程监理规范 GB 50319—2000[S]. 北京：中国建筑工业出版社，2000.

[9] 宣国年，徐登翰，沈万岳．建筑节能、安全生产、职业道德基本知识读本[M]. 杭州：浙江大学出版社，2010.

[10] 祁有红、祁有金．第一管理——企业安全生产的无上法则[M]. 北京：北京出版社，2007.

北京大学出版社高职高专土建系列规划教材

序号	书名	书号	编著者	定价	出版时间	印次	配套情况	
			基础课程					
1	工程建设法律与制度	978-7-301-14158-8	唐茂华	26.00	2012.7	6	ppt/pdf	
2	建设工程法规	978-7-301-16731-1	高玉兰	30.00	2012.4	9	ppt/pdf/答案	★
3	建筑工程法规实务	978-7-301-19321-1	杨陈慧等	43.00	2012.1	2	ppt/pdf	★
4	建筑法规	978-7-301-19371-6	董伟等	39.00	2012.4	2	ppt/pdf	★
5	AutoCAD 建筑制图教程	978-7-301-14468-8	郭　慧	32.00	2012.4	12	ppt/pdf/素材	★
6	AutoCAD 建筑绘图教程	978-7-301-19234-4	唐英敏等	41.00	2011.7	2	ppt/pdf	★
7	建筑 CAD 项目教程（2010 版）		郭　慧	37.00	2012.7	1	pdf/素材	
8	建筑工程专业英语	978-7-301-15376-5	吴承霞	20.00	2012.4	6	ppt/pdf	★
9	建筑工程制图与识图	978-7-301-15443-4	白丽红	25.00	2012.4	7	ppt/pdf/答案	★
10	建筑制图习题集	978-7-301-15404-5	白丽红	25.00	2012.4	6	pdf	
11	建筑制图	978-7-301-15405-2	高丽荣	21.00	2012.4	6	ppt/pdf	★
12	建筑制图习题集	978-7-301-15586-8	高丽荣	21.00	2012.4	5	pdf	
13	建筑工程制图	978-7-301-12337-9	肖明和	36.00	2011.7	3	ppt/pdf/答案	
14	建筑制图与识图	978-7-301-18806-4	曹雪梅等	24.00	2012.2	3	ppt/pdf	★
15	建筑制图与识图习题册	978-7-301-18652-7	曹雪梅等	30.00	2012.4	3	pdf	★
16	建筑构造与识图	978-7-301-14465-7	郑贵超等	45.00	2012.4	10	ppt/pdf	★
17	建筑制图与识图	978-7-301-20070-4	李元玲	28.00	2012.2	1	ppt/pdf	★
18	建筑制图与识图习题集	978-7-301-20425-2	李元玲	24.00	2012.3	1	ppt/pdf	★
19	建筑工程应用文写作	978-7-301-18962-7	赵立等	40.00	2012.6	2	ppt/pdf	★
20	建筑工程专业英语	978-7-301-20003-2	韩薇等	24.00	2012.1	1	ppt/ pdf	★
21	建设工程法规	978-7-301-20912-7	王先恕	32.00	2012.7	1	ppt/ pdf	
			施工类					
22	建筑工程测量	978-7-301-16727-4	赵景利	30.00	2012.4	6	ppt/pdf /答案	★
23	建筑工程测量	978-7-301-15542-4	张敬伟	30.00	2012.4	8	ppt/pdf /答案	★
24	建筑工程测量	978-7-301-19992-3	潘益民	38.00	2012.2	1	ppt/ pdf	★
25	建筑工程测量实验与实习指导	978-7-301-15548-6	张敬伟	20.00	2012.4	7	pdf/答案	
26	建筑工程测量	978-7-301-13578-5	王金玲等	26.00	2011.8	3	pdf	
27	建筑工程测量实训	978-7-301-19329-7	杨凤华	27.00	2012.4	2	pdf	★
28	建筑工程测量（含实验指导手册）	978-7-301-19364-8	石　东等	43.00	2012.6	2	ppt/pdf	★
29	建筑施工技术	978-7-301-12336-2	朱永祥等	38.00	2012.4	7	ppt/pdf	
30	建筑施工技术	978-7-301-16726-7	叶　雯等	44.00	2012.7	4	ppt/pdf /素材	★
31	建筑施工技术	978-7-301-19499-7	董伟等	42.00	2011.9	1	ppt/pdf	★
32	建筑施工技术	978-7-301-19997-8	苏小梅	38.00	2012.1	1	ppt/pdf	★
33	建筑工程施工技术	978-7-301-14464-0	钟汉华等	35.00	2012.1	6	ppt/pdf	★
34	基础工程施工	978-7-301-20917-2	董伟等	35.00	2012.7	1	ppt/pdf	★
35	建筑施工技术实训	978-7-301-14477-0	周晓龙	21.00	2012.4	5	pdf	★
36	房屋建筑构造	978-7-301-19883-4	李少红	26.00	2012.1	1	ppt/pdf	★
37	建筑力学	978-7-301-13584-6	石立安	35.00	2012.2	6	ppt/pdf	★
38	土木工程实用力学	978-7-301-15598-1	马景善	30.00	2012.1	3	pdf/ppt	★
39	土木工程力学	978-7-301-16864-6	吴明军	38.00	2011.11	2	ppt/pdf	★
40	PKPM 软件的应用	978-7-301-15215-7	王　娜	27.00	2012.4	4	pdf	★
41	工程地质与土力学	978-7-301-20723-9	杨仲元	40.00	2012.6	1	ppt/pdf	★
42	建筑结构	978-7-301-17086-1	徐锡权	62.00	2011.8	2	ppt/pdf /答案	★
43	建筑结构	978-7-301-19171-2	唐春平等	41.00	2012.6	2	ppt/pdf	
44	建筑力学与结构	978-7-301-15658-2	吴承霞	40.00	2012.4	9	ppt/pdf	★
45	建筑材料	978-7-301-13576-1	林祖宏	35.00	2012.6	9	ppt/pdf	★
46	建筑材料与检测	978-7-301-16728-1	梅　杨等	26.00	2012.4	7	ppt/pdf	★
47	建筑材料检测试验指导	978-7-301-16729-8	王美芬等	18.00	2012.4	4	pdf	
48	建筑材料与检测	978-7-301-19261-0	王　辉	35.00	2012.6	2	ppt/pdf	★
49	建筑材料与检测试验指导	978-7-301-20045-8	王　辉	20.00	2012.1	1	ppt/pdf	★
50	建设工程监理概论(第 2 版)	978-7-301-20854-0	徐锡权等	43.00	2012.7	1	ppt/pdf /答案	
51	建设工程监理	978-7-301-15017-7	斯　庆	26.00	2012.1	4	ppt/pdf /答案	★
52	建设工程监理概论	978-7-301-15518-9	曾庆军等	24.00	2012.1	4	ppt/pdf	
53	工程建设监理案例分析教程	978-7-301-18984-9	刘志麟等	38.00	2011.7	1	ppt/pdf	★
54	地基与基础	978-7-301-14471-8	肖明和	39.00	2012.4	7	ppt/pdf	★
55	地基与基础	978-7-301-16130-2	孙平平等	26.00	2012.1	2	ppt/pdf	

序号	书名	书号	编著者	定价	出版时间	印次	配套情况	
56	建筑工程质量事故分析	978-7-301-16905-6	郑文新	25.00	2012.1	3	ppt/pdf	★
57	建筑工程施工组织设计	978-7-301-18512-4	李源清	26.00	2012.4	3	ppt/pdf	★
58	建筑工程施工组织实训	978-7-301-18961-0	李源清	40.00	2012.1	2	pdf	★
59	建筑施工组织项目式教程	978-7-301-19901-5	杨红玉	44.00	2012.1	1	ppt/pdf	
60	生态建筑材料	978-7-301-19588-2	陈剑峰等	38.00	2011.10	1	ppt/pdf	
61	钢筋混凝土工程施工与组织	978-7-301-19587-1	高 雁	32.00	2012.5	1	ppt / pdf	
	工程管理类							
62	建筑工程经济	978-7-301-15449-6	杨庆丰等	24.00	2012.7	10	ppt/pdf	★
63	建筑工程经济	978-7-301-20855-7	赵小娥等	32.00	2012.8	1	ppt/pdf	
64	施工企业会计	978-7-301-15614-8	辛艳红等	26.00	2012.2	4	ppt/pdf	★
65	建筑工程项目管理	978-7-301-12335-5	范红岩等	30.00	2012. 4	9	ppt/pdf	★
66	建设工程项目管理	978-7-301-16730-4	王 辉	32.00	2012.4	3	ppt/pdf	★
67	建设工程项目管理	978-7-301-19335-8	冯松山等	38.00	2011.8	1	pdf	
68	建设工程招投标与合同管理	978-7-301-13581-5	宋春岩等	30.00	2012.4	11	ppt/pdf/ 答案 / 试题/教案	★
69	工程项目招投标与合同管理	978-7-301-15549-3	李洪军等	30.00	2012.2	5	ppt	★
70	工程项目招投标与合同管理	978-7-301-16732-8	杨庆丰	28.00	2012.4	5	ppt	★
71	建筑工程商务标编制实训	978-7-301-20804-5	钟振宇	35.00	2012.7	1	ppt	★
72	工程招投标与合同管理实务	978-7-301-19035-7	杨甲奇等	48.00	2011.8	1	pdf	★
73	工程招投标与合同管理实务	978-7-301-19290-0	郑文新等	43.00	2012.4	2	pdf	★
74	建设工程招投标与合同管理实务	978-7-301-20404-7	杨云会等	42.00	2012.4	1	ppt/pdf	
75	建筑施工组织与管理	978-7-301-15359-8	翟丽旻等	32.00	2012.2	7	ppt/pdf	★
76	建筑工程安全管理	978-7-301-19455-3	宋 健等	36.00	2011.9	1	ppt/pdf	
77	建筑工程质量与安全管理	978-7-301-16070-1	周连起	35.00	2012.1	3	pdf	
78	工程造价控制	978-7-301-14466-4	斯 庆	26.00	2012.4	7	ppt/pdf	★
79	工程造价管理	978-7-301-20655-3	徐锡权等	33.00	2012.7	1	ppt/pdf	
80	工程造价控制与管理	978-7-301-19366-2	胡新萍等	30.00	2012.1	1	ppt/pdf	★
81	建筑工程造价管理	978-7-301-20360-6	柴 琦等	27.00	2012.3	1	ppt/pdf	
82	建筑工程造价管理	978-7-301-15517-2	李茂英等	24.00	2012.1	4	pdf	
82	建筑工程计量与计价	978-7-301-15406-9	肖明和等	39.00	2012.4	9	ppt/pdf	★
84	建筑工程计量与计价实训	978-7-301-15516-5	肖明和等	20.00	2012.2	5	pdf	
85	建筑工程计量与计价——透过案例学造价	978-7-301-16071-8	张 强	50.00	2012.7	4	ppt/pdf	★
86	安装工程计量与计价	978-7-301-15652-0	冯 钢等	38.00	2012.2	6	ppt/pdf	★
87	安装工程计量与计价实训	978-7-301-19336-5	景巧玲等	36.00	2012.7	2	pdf/素材	★
88	建筑与装饰装修工程工程量清单	978-7-301-17331-2	翟丽旻等	25.00	2011.5	2	pdf	
89	建筑工程清单编制	978-7-301-19387-7	叶晓容	24.00	2011.8	1	ppt/pdf	★
90	建设项目评估	978-7-301-20068-1	高志云等	32.00	2012.1	1	ppt/pdf	★
91	钢筋工程清单编制	978-7-301-20114-5	贾莲英	36.00	2012.2	1	ppt / pdf	
92	混凝土工程清单编制	978-7-301-20384-2	顾 娟	28.00	2012.5	1	ppt / pdf	
93	建筑装饰工程预算	978-7-301-20567-9	范菊雨	38.00	2012.5	1	pdf/ppt	★
94	建设工程安全监理	978-7-301-20802-1	沈万岳	28.00	2012.7	1	pdf/ppt	
	建筑装饰类							
95	中外建筑史	978-7-301-15606-3	袁新华	30.00	2012.2	6	ppt/pdf	★
96	建筑室内空间历程	978-7-301-19338-9	张伟孝	53.00	2011.8	1	pdf	★
97	室内设计基础	978-7-301-15613-1	李书青	32.00	2011.1	2	pdf	
98	建筑装饰构造	978-7-301-15687-2	赵志文等	27.00	2012.4	4	ppt/pdf	★
99	建筑装饰材料	978-7-301-15136-5	高军林	25.00	2012.4	3	ppt/pdf	
100	建筑装饰施工技术	978-7-301-15439-7	王 军等	30.00	2012.1	4	ppt/pdf	★
101	装饰材料与施工	978-7-301-15677-3	宋志春等	30.00	2010.8	2	ppt/pdf	★
102	设计构成	978-7-301-15504-2	戴碧锋	30.00	2009.7	1	pdf	
103	基础色彩	978-7-301-16072-5	张 军	42.00	2011.9	2	pdf	★

序号	书名	书号	编著者	定价	出版时间	印次	配套情况	
104	建筑素描表现与创意	978-7-301-15541-7	于修国	25.00	2011.1	2	pdf	★
105	3ds Max 室内设计表现方法	978-7-301-17762-4	徐海军	32.00	2010.9	1	pdf	
106	3ds Max2011 室内设计案例教程(第2版)	978-7-301-15693-3	伍福军等	39.00	2011.9	1	ppt/pdf	
107	Photoshop 效果图后期制作	978-7-301-16073-2	脱忠伟等	52.00	2011.1	1	素材/pdf	★
108	建筑表现技法	978-7-301-19216-0	张　峰	32.00	2011.7	1	ppt/pdf	
109	建筑速写	978-7-301-20441-2	张　峰	30.00	2012.4	1	pdf	★
110	建筑装饰设计	978-7-301-20022-3	杨丽君	36.00	2012.2	1	ppt	
111	装饰施工读图与识图	978-7-301-19991-6	杨丽君	33.00	2012.5	1	ppt	
112	建筑装饰 CAD 项目教程	978-7-301-20950-9	郭　慧	32.00	2012.7	1	ppt/素材	
	房地产与物业类							
113	房地产开发与经营	978-7-301-14467-1	张建中等	30.00	2011.11	4	ppt/pdf	★
114	房地产估价	978-7-301-15817-3	黄　晔等	30.00	2011.8	3	ppt/pdf	★
115	房地产估价理论与实务	978-7-301-19327-3	褚菁晶	35.00	2011.8	1	ppt/pdf	★
116	物业管理理论与实务	978-7-301-19354-9	裴艳慧	52.00	2011.9	1	pdf	★
	市政路桥类							
117	市政工程计量与计价（第 2 版）	978-7-301-20564-8	郭良娟等	42.00	2012.7	1	Pdf/ppt	
118	市政桥梁工程	978-7-301-16688-8	刘　江等	42.00	2010.7	1	ppt/pdf	
119	路基路面工程	978-7-301-19299-3	偶昌宝等	34.00	2011.8	1	ppt/pdf/素材	
120	道路工程技术	978-7-301-19363-1	刘　雨等	33.00	2011.12	1	ppt/pdf	
121	建筑给水排水工程	978-7-301-20047-6	叶巧云	38.00	2012.2	1	ppt/pdf	
122	市政工程测量 (含技能训练手册)	978-7-301-20474-0	刘宗波等	41.00	2012.5	1	ppt/pdf	
	建筑设备类							
123	建筑设备基础知识与识图	978-7-301-16716-8	靳慧征	34.00	2012.4	7	ppt/pdf	★
124	建筑设备识图与施工工艺	978-7-301-19377-8	周业梅	38.00	2011.8	1	ppt/pdf	★
125	建筑施工机械	978-7-301-19365-5	吴志强	30.00	2011.10	1	pdf/ppt	★

请登录 www.pup6.cn 免费下载本系列教材的电子书(PDF 版)、电子课件和相关教学资源。
欢迎免费索取样书，并欢迎到北京大学出版社来出版您的大作，可在 www.pup6.cn 在线申请样书和进行选题登记，也可下载相关表格填写后发到我们的邮箱，我们将及时与您取得联系并做好全方位的服务。
联系方式：010-62750667，yangxinglu@126.com，linzhangbo@126.com，欢迎来电来信咨询。